Büttner/Ende (Hrsg.): Und wenn sie nicht gestorben sind …

Und wenn sie nicht gestorben sind …

Lebensgeschichte und historische Realität

Jahrbuch der Kindheit
Band 5

Herausgegeben von Christian Büttner
und Aurel Ende

unter Mitarbeit von
Donata Elschenbroich,
Hermann Müller,
Ulrike Reich-Büttner

Beltz Verlag
Weinheim und Basel 1988

Über die Herausgeber: Christian Büttner ist promovierter Psychologe und Mitarbeiter der Hessischen Stiftung für Friedens- und Konfliktforschung in Frankfurt.
Aurel Ende ist Historiker und Soziologe in Frankfurt.

CIP-Titelaufnahme der Deutschen Bibliothek

Und wenn sie nicht gestorben sind ... : Lebensgeschichte u. histor. Realität / hrsg. von Christian Büttner u. Aurel Ende unter Mitarb. von Donata Elschenbroich ... – Weinheim ; Basel : Beltz, 1988
(Jahrbuch der Kindheit ; Bd. 5) (Reihe Pädagogik)
ISBN 3-407-34022-2
NE: Büttner, Christian [Hrsg.]; 1. GT.

Lektorat: Peter E. Kalb

Satz: Satz- und Reprotechnik, 6944 Hemsbach
Druck und buchbinderische Verarbeitung: Druckhaus Beltz, 6944 Hemsbach
Umschlaggestaltung: Atelier Warminski, 6470 Büdingen 8
Printed in Germany

ISBN 3 407 34022 2

Inhaltsverzeichnis

Editorial

Das vorliegende fünfte Jahrbuch der Kindheit unterscheidet sich äußerlich nicht von den vorausgegangenen Bänden. Im Gegensatz zu den ersten vier Bänden enthält dieser Band jedoch überwiegend in Auftrag gegebene Arbeiten und nicht Aufsätze, die mehr oder weniger zufällig bei der Redaktion eingingen. Wir sind sicher, daß dies zur Qualität des Bandes beigetragen hat, dessen Spannbreite sich von der für viele Menschen wichtigen Lebenslüge über die brutale Realität von Kindern in der Dritten Welt bis zum Wahrheitsgehalt von Märchen erstreckt.

Außer den regelmäßigen Beiträgen zur Geschichte der Kindheit wird sich das nächste Jahrbuch im wesentlichen mit der aktuellen Wahrnehmung des Kindes in der sogenannten Postmoderne beschäftigen. Für die Zusendung von Arbeiten zu dem Thema sind Redaktion und Herausgeber auch weiterhin dankbar.

Die Themenblöcke dieses Bandes betreuten:
„Lebensläufe/Lebenslügen“: Christian Büttner; „Hochbegabung“: Ulrike Reich-Büttner und Hermann Müller; „Die verdrängten Kinder“: Aurel Ende; „Schuld und Verantwortung“: Christian Büttner; „Geschichte der Kindheit“: Aurel Ende.

Christian Büttner
Aurel Ende

I

Lebensläufe/Lebenslügen

Lebensläufe und das Erzählen von Lebensgeschichte hat zumeist den Zweck, sich in einem akzeptablen Lichte anderen und sich selbst darzustellen. Werner Helsper zeigt am Beispiel eines Jugendlichen, welche Verzerrungen in einer solchen Lebensgeschichte auftreten können und wie sie zu erklären sind. Anne Springer und Udo Rauchfleisch ziehen Verbindungslinien in den Lebensgeschichten Erwachsener zu deren Kindheit. Anne Springer berichtet von dem Versuch der Kinder nationalsozialistischer Väter, die elterliche Schuld mit einer Übernahme der Opferposition in die eigene Lebensgeschichte zu integrieren. Udo Rauchfleisch stellt mehrere Funktionen vor, die eine phantasierte Lebensgeschichte haben kann.

Werner Helsper

Idealität und Lebensgeschichte – zur Wirkung des Imaginären bei der Selbstthematisierung

Das sprechende und das gesprochene Subjekt

„Geschichten erzählen“ ist eine schillernde Tätigkeit. Einerseits eröffnen diese Geschichten Einsichten, schließen etwas auf und machen Konkretes zugänglich. Zugleich sind diese Geschichten auch Phantasiegebilde, beinhalten Traumhaftes und bringen Bilder „verdichteter“ Welten hervor. Andererseits aber steht der Geschichtenerzähler auch in der Nähe des Lügners, haftet Geschichten doch oft der Geruch von Unwahrem, Phantastischem oder Unglaubhaftem an. Geschichten sind eben nicht die Realität, sondern zehren vom realen Leben, dessen vielfach gebrochene und verschlüsselte Verarbeitung und Deutung sie sind. Alltags-Geschichten, Liebes-Geschichten, Lebens-Geschichten sind eben nicht der Alltag, die Liebe oder das Leben, sondern sie sind – zumindest einerseits – immer auch Mythenbildungen in denen Unerträgliches verarbeitet, Ersehntes eingelöst und Schmerzhaftes geheilt wird.

Was aber geschieht, wenn die vielen Geschichten, die vom Leben zehren ohne es zu sein und ohne ein getreues Abbild wiederzugeben, zu einer einzigen, zusammenhängenden Lebensgeschichte geformt werden? Welches Subjekt, in welcher sozialen Situation, von welcher Subjektposition aus, mit welcher Absicht, mit welchem Motiv und Anspruch spricht über welches Subjekt? Zuerst einmal ist da das „sprechende Subjekt“, der konkrete Einzelne zu einem bestimmten Zeitpunkt seines Lebens, der über sich redet, rekonstruiert, Erinnerungen hervorsprudelt und Aussagen über sich selbst in der Gegenwart erzeugt. Dieses sprechende Subjekt, das „grammatikalische Ich“ der sprachlichen Bewegung, bringt im Erzählen von Lebensgeschichten Bilder seiner selbst hervor, objektiviert und fixiert sich zum „gesprochenen Subjekt“ oder „Subjekt der Aussage“. Die Lebensgeschichte ist somit als Abfolge der Erzeugung von Beschreibungen des Selbst in Beziehung zu anderen in sozialen Situationen zu fassen, als Erzeugung von sich aneinanderreihenden Selbstbildern. Dabei gibt es, wie Phil Cohen feststellt, einen komplexen und verborgenen Zusammenhang zwischen sprechendem und gesprochenem Subjekt:

„(hier) arbeitet eine ganze Reihe unausgesprochener Subjekte bei der Entstehung dieser Texte mit, die das ergeben, was wir als verborgene Lebensläufe beeichnen könnten; diese sind ein Netz, in welchem Asoziationen aus Vergangenheit, Gegenwart und Zukunft verwoben sind, selektive und kombinierte Erinnerungen, Phantasien und Wahrnehmungen, die allesamt einer Reihe von zugrundeliegenden Motiven entsprechen. Man weiß bereits, daß diese Motive normalerweise aus bestimmten strategischen Familienpräsentationen herrühren, die die Funktion haben, eine positive Identität beziehungsweise eines lebensgeschichtliche Kontinuität herzustellen.“[1]

Das sprechende Subjekt aber trägt zum Zeitpunkt seiner Erzählungen über sich diese unausgesprochenen Subjekte in sich, erzeugt dadurch im Reden über sich zugleich ein Schweigen, im Erkennen ein Verkennen, im Erklären ein Verklären. Ist es in der Auseinandersetzung mit Fremdem, etwa in Form ästhetischer Produkte oder der Geschichten Anderer, möglich, nahezu unauffällig im Fremden das Eigene zu thematisieren, gegen die Widerstände und Ängste die der eigenen Lebensgeschichte gelten, so wird in der vorrangigen Thematisierung des Eigenen die ganze Bandbreite der Widerstände, der Zensur und Abwehrprozesse virulent, die in der indirekten Thematisierung des Eigenen im Fremden unterlaufen werden können.[2]

Das sprechende Subjekt, das zum Zeitpunkt x seine Lebensgeschichte in Form von aneinandergereihten Selbstbildern und -thematisierungen konstruiert, ist aber auch ein gespaltenes Subjekt. Als Erzähler seiner Lebensgeschichte wird das Subjekt als kompetenter, reflexiver Gestalter und Organisator seiner Lebensgeschichte angesprochen, als Subjekt des Sekundärprozesses. Als „Ich“, ausgestattet mit umfassenden Kompetenzen, ist es der souveräne Konstrukteur seiner Lebensgeschichte, das diese autonom verantwortet und nachvollziehbar rekonstruieren kann. Zugleich aber ist das sprechende Subjekt auch Subjekt des Unbewußten, des Traums, der alltäglichen Fehlleistungen und damit Subjekt des Primärprozesses, der Verdichtungs- und Verschiebungsarbeit, in dem das Eine für das Andere stehen kann, in dem die logischen Strukturen und der Widerspruch von Ja und Nein außer Kraft gesetzt sind.

Elisabeth Lenk folgert, daß, je schärfer der Bruch zwischen dem Subjekt des Primär- und des Sekundärprozesses, zwischen Traum und Wachen ist, „desto mehr muß der Eindruck entstehen, jeder Mensch sei aus zwei Hälften zusammengesetzt, aus zwei Wesen, die völlig verschiedene, einander widersprechende Wünsche und Bedürfnisse haben.“[3]

Allerdings ist diese Dichotomie noch zu vereinfachend. Das sprechende Subjekt ist – als kompetenter Erzähler und Rekonstrukteur seines Lebens – das autonome, vernünftige, selbstreflexive Subjekt, zugleich aber im Sprechen auch das moralische Subjekt der Verbote und Gesetze, also das Subjekt des Über-Ichs, schließlich das Subjekt der Ideale und Phantasmen, damit das Subjekt des Imaginären, aber gleichzeitig auch noch das Subjekt der abgewehrten Wünsche und Sinnlichkeit wie auch das, das dem gesellschaftlichen Realitätsprinzip zu gehorchen trachtet. Das sprechende Subjekt zum Zeitpunkt x ist somit ein vielfach gespaltenes und inkonsistentes.

Damit aber stellt sich die Frage, welches Subjekt spricht? Denn je nachdem welches der angesprochenen Subjekte gerade das Wort führt, kommt es zu einem davon strukturierten Bild der eigenen Person. Wird die Sprache durch das moralische Subjekt der verinnerlichten Verbote, des Gesetzes und der Schuld strukturiert, so tendiert die Lebengeschichte zur Lebensbeichte [4], zur Selbstanklage und Selbstbezichtigung oder – unter dem Vorzeichen idealer Moralität – zum Freispruch, in dem das Subjekt der ausgeschlossenen Wünsche und Sinnlichkeit zum Schweigen gebracht wird. Wird das Sprechen von den Phantasmen, den Idealen und Größenansprüchen strukturiert, dann tendiert die Lebensgeschichte zum Idealentwurf, in dem das

Subjekt der lebengeschichtlichen Traumata, von Abhängigkeit, Schwäche und Ohnmacht zum Schweigen gebracht wird.

Je nachdem, welche Subjektposition dominiert, wird die Lebensgeschichte zum Privatmythos oder individuellen Märchen, „gestrickt“ nach gesellschaftlich vorgegebenen Mustern: etwa im Stil von „Hans im Glück“, diversen Heldenmythen, etwa im Sinne „von einem der auszog das Fürchten zu lernen“, dem Mythos des kometenhaften Aufstiegs aus dem Nichts à la „Aschenputtel“ oder – modernisierter – vom Tellerwäscher zum Millionär oder diversen Mystifikationen in Form heutiger Film-Märchen.

Jede Subjektposition aber, wenn auch kulturell und individuell unterschiedlich strukturiert, kommt den anderen in die Quere. Die wenigsten Lebensgeschichten sind hermetisch geschlossene, konsistente und bruchlose Darstellungen, und diejenigen, die so erscheinen, legen gerade dadurch den Verdacht nahe, in besonderem Maße durch Abwehr und Entthematisierung gekennzeichnet zu sein. Im Abbrechen und Unterbrechen von Erzählungen, im Stocken, Versprechen und Verbessern, in Gedächtnislücken und Schweigen und in inkonsistenten Erzählungen und Bildern des Selbst, offenbart sich das sprechende Subjekt im Reden über sich als inkonsistentes, so sehr es sich auch bemüht ganze, stimmige und zusammenpassende Bilder und damit ein homogenes Selbst zu erzeugen, Kohärenz und Kontinuität herzustellen, sich damit als identisch zu erweisen und sei es auch darin, vernünftige Erklärungen von Widersprüchen anzubieten.[5]

Ideal-Selbst und Lebensgeschichte

Was aber strukturiert die Rede des sprechenden Subjekts über sich selbst? Von den verschiedenen Subjektpositionen, die hier nicht im Detail ausdifferenziert werden können, soll das Hineinreichen des Imaginären, des Ideal-Selbst in die Erzeugung der Lebensgeschichte näher skizziert werden.

Für Phil Cohen ist es der Familienroman[6], phantasierte Familiengeschichten von Kindern und Jugendlichen über ihre

„Traum-Eltern“, die den Stoff bilden, „aus dem Autobiographien gemacht werden“.[7]

Was hier für die Liebesobjekte der Kindheit, die Selbst-Objekte, wie Kohut sie nennt, behauptet wird, der Versuch, sie vor Entwertung und Herabsetzung zu schützen, sie ideal zu erhalten, besitzt auch Gültigkeit für das eigene Selbst. Ähnlich wie die frühen Elternbilder allmächtige, vollkommene und allwissende Züge tragen, so ist auch die erste Selbstform des Kindes eine fiktiv-imaginäre, die als Ideal-Selbst oder Größen-Selbst bezeichnet wird.[8] Dieses erste auf Verkennung und Verkehrung beruhende Selbst zerbricht schließlich aufgrund der zunehmenden Ichentwicklung des Kindes, das sich schließlich als getrenntes, abhängiges und hilfloses Wesen wahrnimmt und damit aus der imaginierten Vollkommenheit und Souveränität in die Erfahrung von Ohnmacht, Schwäche und Verletzbarkeit stürzt. Es entsteht eine „narzißtische Wunde“, eine Kluft zwischen Ideal-Selbst und entwertetem Real-Selbst, die es – eines der zentralen Tiefenmotive der Subjektentwicklung – zu schließen oder zumindest zu tarnen gilt.[9]

Ein zentraler Vorgang der Bearbeitung dieser „narzißtischen Wunde“ ist die Herausbildung von Selbst-Idealen, die an soziokulturell spezifisch ausgeformten Werten und Idealen orientierte Leitbilder bereitstellen, denen das Subjekt zu entsprechen versucht, um seine kindlich-imaginäre Vollkommenheit in gesellschaftlich-kulturell vorgegebene und symbolisch strukturierte Formen zu überführen. Darauf weist bereits Freud hin:

„Diesem Idealich gilt nun die Selbstliebe, welche in der Kindheit das wirkliche Ich genoß. Der Narzißmus erscheint auf dieses neue ideale Ich verschoben, welches sich wie das infantile im Besitz aller wertvollen Vollkommenheiten befindet. Der Mensch hat sich hier, wie jedesmal auf dem Gebiete der Libido, unfähig erwiesen, auf die einmal genossene Befriedigung zu verzichten. Er will die narzißtische Vollkommenheit seiner Kindheit nicht entbehren (...) Was er als sein Ideal vor sich hin projeziert, ist der Ersatz für den verlorenen Narzißmus seiner Kindheit, in der er sein eigenes Ideal war.“[10]

Wenn das Subjekt sich zu stark von seinen Idealen, seinem idealen Selbstbild und oft latenten Größenansprüchen entfernt, dann drohen Entwertung, Depression oder Selbstverachtung. Allerdings gibt es auch hier Bewältigungsformen im Sinne der Herausbildung privater Mythen, der Erzeugung von „Selbstromanen“ und kleinen Stilisierungen, durch die – zumindest auf der Ebene der Selbstdarstellung und - präsentation – mittels kognitiv strukturierter Selbstbilder ein Stück der Vollkommenheit und Idealität gerettet werden soll, die real verloren gegangen ist. Wenn die kindliche Vollkommenheit schon nicht real erhalten werden kann und auch ihre Überführung in symbolisch strukturierte Selbst-Ideale schwierig ist, dann bieten sich imaginäre Lösungen in Form der Mythenbildung an, etwa die Inszenierung der Lebensgeschichte als Heldenepos, als Geschichte ständigen Fortschritts, als Star- oder Geniemythos.

Lebensgeschichte als Heldengeschichte, aber als Heldengeschichte voller Mühsal und Entbehrung, die von Niederlagen, Tod und Gefahr überschattet ist, die aber durch alle Bedrohungen hindurch zum „möglichen Unmöglichen“ verstößt, sich in aller Lebensgefahr „unverwundbar“ erweist, so lesen sich etwa die autobiographischen Berichte und Erlebnisschilderungen von Extrem-Alpinisten, deren Lebenserzählungen durchdrungen sind von der Bemühung, das Leben als Realisierung des Ideal-Selbst vorzustellen.[11] Eine Zusammenstellung verschiedener Passagen aus Reinhold Messner's autobiographischem Fazit „Überlebt. Alle 14 Achttausender“ mag diese verdeutlichen:

1. Der Anspruch – das „mögliche Unmögliche“:

„Im Bergsteigen einen Schritt weiterzugehen als die Vorgänger, ließe sich mit einem Quantensprung vergleichen. Wie oft habe ich die Grenze verschoben, jene imaginäre Grenze, die man momentan für das Unmögliche hält, die aber trotzdem verschiebbar ist. Jedes momentan Unmögliche ist im Grunde nur ein Tabu, das es zu verschieben gilt, und so können wir uns langsam jenem absolut Unmöglichen nähern, das nie jemand erreichen wird, das aber der magische Punkt ist, der das Abenteuer, die Ungewißheit am Leben erhält.“ (S.73)

2. Niederlagen und Tod – Tod im Eis und die ständige Herausforderung des Eises:

„Am dritten Tag dieses qualvollen Abstiegs – wir waren schon weit unten im flachen Gletscher, und ich ging voraus, um nach dem Weg zu suchen – kam Günther nicht mehr nach. Erst als ich zurückging und die große Lawine sah, die inzwischen abgegangen war, ahnte ich, daß er darunter begraben liegen mußte, daß ich allein war. Aber ich konnte nicht begreifen, daß er tot war. Er, der mich auf Hunderten von schweren Routen begleitet hatte, er sollte nicht mehr mit mir zusammen sein! Mit ihm hatte mich das Gefühl verbunden, gemeinsam unverwundbar zu sein. Warum ließ er mich auf diesem Weg durch Felsen, Eisbrüche und Hochtäler allein? Einen Tag und eine Nacht lang suchte ich nach ihm. Mitten in dieser gigantischen Gletscherwelt zwischen den Eistrümmern, ausgedörrt, mit Erfrierungen an Händen und Füßen erlebte ich erstmals den Wahnsinn. Ich wußte nicht mehr, wer ich war, noch was ich tat. Ich konnte kaum noch gehen. Trotzdem setzte ich meinen Abstieg fort, kroch abwärts. Als ich zu Holzfällern kam, die mir den Weg ins Tal zeigten, erwachte ich aus einer Gleichgültigkeit, wie sie dem Sterben vorausgeht. Ich brauchte viele Jahre, um diese Nanga-Parbat-Expedition und den Tod meines Bruders zu bewältigen. (...) Mit dem Verlust des Bruders wurde mir erstmals ganz bewußt, wie sehr das Bergsteigen mit dem Tod zusammenhängt, wie gefährlich es ist. Jeder Bergsteiger, der den Tod nicht als mögliche Konsequenz einer großen Tour versteht, ist ein Narr. Ich begriff aber auch, daß ich die Tragödie am Nanga Parbat nicht rückgängig machen konnte. Nach einem halben Jahr Pause fing ich mit dem extremen Bergsteigen wieder an. Bei Null. Nach den Amputationen konnte ich im Fels nicht mehr so gut klettern wie früher. Also steckte ich all meine Begeisterung in die großen Berge, wo es in erster Linie Eis gibt." (S. 27f).

3. Neuanfang und Hochgefühl – Wiederherstellung der Unverwundbarkeit im Alleingang am Todesberg

„Dieser Alleingang begann im hinteren Diamir-Tal, etwa an der Stelle, wo ich 1970 am Gletscherrand verzweifelt auf meinen Bruder gewartet hatte. (...) Am anderen Morgen um 5.02 Uhr – ich hatte mich gerade im Schlafsack aufgesetzt, um Tee zu kochen – gab es plötzlich eine Erschütterung. Wenige Sekunden später ein Krachen und Tosen rings um mich her. Ich riß den Zelteingang auf, schaute hinaus und sah, daß von allen Flanken, links und rechts, über und unter mir gewaltige Schneemassen zu Tal stürzten. Diese Schneemassen sammelten sich unten zu einer einzigen Lawine. Mehrere Kilometer weit überflutete sie das Diamir-Tal (...) Ich konnte also nicht mehr über den Weg zurück, den ich im Aufstieg genommen hatte. Nicht auszudenken, was passiert wäre, wenn ich einen Tag später unterwegs gewesen wäre. Trotz der Tatsache, daß mein Rückweg abgeschnitten war, kam so etwas wie Übermut auf. Im Bewußtsein, nur mit Glück überlebt zu haben, setzte ich meinen Weg fort. Als ob Glück sich potenzieren müßte. Ich kam mir vor wie ein Schatten, der nicht verwundbar war. Jetzt hatte ich keine Angst mehr. Es gab kein Zurück, es gab nur ein Nach-Vorn. In einem Zustand des Hochgefühls stieg ich weiter. Der Himmel über dem Nanga Parbat erschien mir als schwarze Unendlichkeit. (S. 30)

4. Der Übermensch und die Unsterblichkeit:

„Ich habe alle Achttausender ohne Sauerstoffmaske bestiegen, so wie ich nie in meinem Leben einen Bohrhaken geschlagen habe. (...) Der Bohrhaken macht es rein theoretisch möglich, das Ungewisse, das, was dem Bergsteigen die Spannung gibt, auszuschalten. Gerade dieses „vielleicht Unmögliche" ist wichtig. Ich hätte mich selbst betrogen, wenn ich es durch ein technisches Hilfsmittel von vornherein annulliert hätte. Ich wußte 1978, daß ich es mit einem Sauerstoffgerät schaffen würde, auf 8500 Meter zu klettern, aber das wollte ich nicht. Ich wollte sehen, ob ich mit meinen Kräften, mit all meinen Zweifeln und Ängsten fähig war, so weit in dieses „mögliche Unmögliche" vorzustoßen. Als Mensch und nicht als Maschinenmensch. (...) Ich bin nicht stolz auf diesen „Rekord", den ich nicht als solchen empfinde. Ich bin nicht stolz auf diesen Erfolg, den ich mir lange gewünscht habe. Ich bin nur stolz, daß ich überlebt habe." (S. 14f)

Lebensgeschichte als vorgestellte Heldengeschichte wäre der Versuch, dem Streben nach Vollkommenheit, gegen alle Niederlagen, Erniedrigungen und Schwächen zur Geltung zu verhelfen:

„Der Held vollbringt erstaunliche Taten, und wegen dieser Taten wird er geliebt. (...) Diese Macht des Helden ist zugleich der neubelebte Narzißmus der frühen Kindheit und das Ziel der Sozialisation: Wer so wird wie er, gewinnt das frühkindliche Paradies in sozialer Form zurück, indem die Augen aller Erwachsenen bewundernd auf ihm ruhen. (...) Der Held ist einerseits unbeugsam und unabhängig, andererseits muß ihn sein endlich errungener Sieg immer knapp an der vollständigen Niederlage vorbeiführen. Der narzißtische Gewinn liegt nicht darin, einen ursprünglich paradiesischen Zustand dauernd beizubehalten, sondern im Gegenteil aus Erniedrigung und Schwäche wieder aufzutauchen und dann, erschöpft aber stolz, den Sieg davonzutragen.“[12]

Die Erzählungen zur eigenen Lebensgeschichte werden somit – neben anderem – wesentlich von der Wiederherstellung des Ideal-Selbst mitstrukturiert, vom Versuch die Spannungen von Macht und Ohnmacht, von Bewunderung und Entwertung, von Stärke und Schwäche, von Abhängigkeit und Unabhängigkeit und von Mangelhaftem und Vollkommenem aufzuheben oder zumindest abzuschwächen. In mehr oder weniger deutlicher Form gibt Bastian, der kindliche „Held“ aus Michael Endes „Unendlicher Geschichte“, eine der Grundfiguren des autobiographischen Erzählers ab: Er, der von den anderen herumgestoßen und gehänselt wird, der nicht für voll genommen wird, sich in eine Mülltonne stecken und sich alles gefallen läßt, so gut wie nichts kann, ein „Schwächling“ und „Angsthase“ ist, dick, unbeholfen und allein, „also ein Versager auf der ganzen Linie“, träumt sich in eine Phantasiewelt hinein, in der er sein genaues Gegenteil wird: schlank, stark, mutig, schön, von vielen bewundert.

Einem ähnlichen Muster folgen etwa auch Erzählungen Jugendlicher über ihren Alltag: Dessen Leere, Langeweile und Monotonie, das Immergleiche wird oft nach dem Muster von Abenteuer- oder Actionfilmen in eine spannungs- und actiongeladene Abfolge von Thrill-Situationen verwandelt. Das Empfinden eigener Leere und Langeweile, Gefühle der Unterlegenheit, Ohnmacht und Schwäche werden damit in Abenteuer- und Heldenmythen transformiert und in den Selbstdarstellungen und Stilbildungen von Arbeiterjugendlichen, etwa Rockern, Straßencliquen oder Skins in eine Pose von Macht und Stärke verkehrt.[13]

Bei Angehörigen der Mittelklassen, der intellektuellen und Bildungseliten, aber durch die Ausbreitung von Individualisierungsprozessen inzwischen auch in anderen sozialen Milieus, tritt die Darstellung der Betonung von Besonderheit, Einzigartigkeit, Individualität, Autonomie, von Bildung, Wissen, ästhetischen oder intellektuellen Kompetenzen an die Stelle des körperlichen Ideal-Selbst.[14]

Daß es sehr schwer ist, sich von dem Hineinwirken des Imaginären in die Darstellung der eigenen Lebensgeschichte frei zu machen, zeigte sich etwa bei hochreflexiven und um die verzerrende Wirkung des Ideal-Selbst wissenden Feldforschern, in ihren – im Rahmen der Feldforschung durchgeführten – biographischen Erzählungen zu ihrer Jugend in Familie, Schule und Freizeit.[15] So verkehrte etwa einer der Feldforscher – ohne daß er etwas offensichtlich „falsch" darstellte – durch leichte Altersvorverlagerungen und Betonungsverschiebungen seine Randständigkeit gegenüber der expressiven Hippie- und Protestkultur, zu deren innerem Kern er gerne gehört hätte, zu einer Art Zugehörigkeit.

Zugleich stellte er seinen Wechsel zur Protestkultur der Endsechziger, insbesondere seine ausgedehnte Lektüre kritischer Bücher und seine literarische und ästhetische Jugendproduktion als Ausdruck und Herstellung von Autonomie gegenüber seiner Herkunftsfamilie dar. Dabei unterschlug er in diesem Privatmythos der autonomen, kritisch-intellektuellen Selbstbefreiung im Schatten des Autonomie-Ideals, daß sein Lesen, seine intellektuelle Beschäftigung, seine „literarische" Tätigkeit in Form von Gedichten, Erzählungen und Kurzgeschichten, schließlich seine „journalistische" Betätigung als Redakteur der Schülerzeitung, die Realisierung eines abgesperrten mütterlichen Wunsches war, was sich in häufigen Parallelisierungen und Analogiesierungen seines Lebens und Schreibens mit dem Lesen und Schreiben seiner Mutter als Jugendlicher ausdrückte. Ihr, als ausgezeichneter Schülerin, als „begabter" Aufsatzschreiberin und sprachlich starken Schülerin in einer Volksschule eines kleinen, weitgehend katholischen Dorfes im Faschismus, wurde durch ihren Lehrer eine Volontärstelle bei einer großen Zeitung eröffnet, die sie aufgrund der Kriegswirren und der elterlichen Reaktionen nicht wahrnehmen konnte. Der „fremde" mütterliche Wunsch, der ihr verstellt wurde, nach intellektuellem Ausbruch und literarischer Selbstreinigung, also das „Begehren des Anderen" und damit

Heteronomie, bildete die reale Grundlage der mythologisierten kritisch-literarischen Autonomie dieses Feldforschers.

Im folgenden soll die Auswirkung der Idealität auf die Lebensgeschichten und Erzählungen von Jugendlichen an einem Fallbeispiel konkretisiert werden. Aus Platzgründen muß hier auf die Darstellung der Rettung der elterlichen Idealität in Erzählungen Jugendlicher zu ihrer Kindheit verzichtet werden.[16] Die folgende Fallstudie verdeutlicht demgegenüber den Versuch, das eigene Selbst als vollkommenes, allmächtiges und souveränes zu konstruieren, quasi als Verkehrung erlittener kindlicher Traumatisierungen.[17]

Kindliches Trauma und adoleszente Idealität: Der Tod und die unendliche Leistungsprogression zur Unantastbarkeit[18]

Herrmanns Lebensgeschichte, er ist zum Zeitpunkt seiner Erzählungen 18 Jahre alt und steht wenige Monate vor dem Abitur, liest sich wie eine unendliche Geschichte stetig fortschreitender Progression und Vervollkommnung. Es ist der als Bildungsgeschichte erzählte Mythos des Aufstiegs vom Tellerwäscher zum Millionär, vom Bildungs-Nichts zum Bildungs-Großkapitalbesitzer, eine Märchen- oder Traumkarriere vom verachteten Versager zum bewunderten „Könner".

Herrmanns Lebensgeschichte als Bildungsgeschichte, entlang den Meilensteinen des biographischen Schulweges, setzt mit seinem Versagen an. Seine Kindheit wurde vor allem auch durch den Alkoholismus seines Vaters, eines mittleren kaufmännischen Angestellten, geprägt, was schließlich zu einer Entziehungskur mit längerer Abwesenheit seines Vaters führte. Allerdings bringt Herrmann sein frühes Scheitern im 3. Grundschuljahr nicht mit diesen Belastungen in Zusammenhang, sondern er führt sein Versagen entweder auf äußere Gründe, wie eine Abfolge von Krankheiten mit längerem Fehlen in der Schule, oder eigene Haltungen gegenüber dem schulischen Lernen zurück. Dabei steht die Darstellung seiner ersten Grundschuljahre, vor allem mit dem schließlich noch erreichten Übergang zur Realschule, schon unter dem Vorzeichen eigener Durchsetzungsfähigkeit und der Überwindung widriger äußerer Bedingungen:

H: Als der wegging (sein Vater, W. H.), das hat mir überhaupt nix gemacht, das fand ich *sehr positiv*, zumal ich ja sehr an meine Mutter geklammert war. Von daher war das für mich nicht so wichtig. (...) Als mein Vater zurück war, da sind halt so Strukturen gelaufen wie: Vater verdient Geld, sorgt für die Familie und so. Und mein Vater hat dann auch so'ne Art Hausmeisterfunktion übernommen in dem Haus, wo wir wohnen und das ist auch bis heute so geblieben. Also er hat sich, wie man so sagt, rehabilitiert in dieser Gesellschaft und auch resozialisiert dementsprechend. Und, ja ... ich wollte dann weitermachen, wie ich zur Schule ging. Ich bin dann im dritten Grundschuljahr sitzen geblieben, war also ziemlich mies, war auch 60 Tage nicht in der Penne. Hatte einen langen Krankenhausaufenthalt hinter mir. ... Ich hatte damals so Schwierigkeiten mit Hals, Nase, Ohren, Blinddarm und dann hatte ich meine Stirnhöhlenoperation zu dem Zeitpunkt bekommen, und das hat halt Zeit in Anspruch genommen. Und da hab ich das nicht mehr gepackt. Ich war auch damals in der Schule, wie soll man sagen, nicht so der Beflissenste. Ich hatte also den Trieb nicht. (Lachen) Und dann hab ich das dritte Grundschuljahr wiederholt und find das eigentlich ganz positiv, daß ich das getan hab, denn ich hatte dann im nächsten Jahr einen ganz guten Anschluß. Und dann hab ich also dann, nachdem ich dann die Grundschule hinter mir hatte, bin ich dann auf die Realschule gegangen, gegen das Streben von den Elt/ ... von den *Lehrern*. Ich sollte damals auf die Hauptschule gehen, weil notenmäßig ich nicht, oder wie die Leute mich beurteilt haben, so von der Reife her auch nicht in der Lage sein sollte, eine Realschule zu *packen*. Ja, ich bin dann aber trotzdem auf die Realschule gegangen, weil *ich* das persönlich auch wollte, und weil meine Eltern das schon unterstützt haben, meinen Willen.

Seine Realschulgeschichte erzählt Herrmann als ständigen Leistungsfortschritt und Verbesserung. Obwohl er mit Vorurteilen und Ablehnung von Lehrern zu kämpfen hatte, etwa seiner Klassenlehrerin, und er zu denen gehörte, die sie „absägen wollte ständig", entwickelte er daraus eine Haltung „dagegen zu kämpfen" und steigerte sich von Jahr zu Jahr:

H: Also ich hab angefangen, mein erstes Zeugnis vom 5. Schuljahr, das war 4,1 und ich bin nachher abgegangen mit 1,9. Ich meine, so von der Leistung her ist das eine unwahrscheinliche Steigerung gewesen für mich. Und das ist für mich eine persönliche Leistung, die ich mir sehr hoch anrechne. (...) Und ja ... das fing an eigentlich im 7. Schuljahr. Das sehe ich heute auch so, wenn ich in die Zeugnisse sehe, daß ich da echt angefangen habe zu streben. Also meinen Ehrgeiz entwickelt zu haben. Vielleicht weniger der Fächer wegen, weil mich die Fächer interessiert haben, als einfach um/ ... da auch zu überleben. Da weiß ich/ ... mir war klar, ich mußte, ich *mußte* in den Noten *unantastbar* sein, sonst/sonst ... kann ich mir da nichts erlauben.

Aber nicht nur in den fachlichen Leistungen stellt Herrmann seine Lebensgeschichte als ständig aufsteigende Linie zur Unantastbarkeit dar, sondern zugleich entwickelt er ein starkes schulpolitisches Engagement, setzt sich mit der Schulgesetzgebung und ministeriellen Erlassen auseinander, trägt Konflikte mit Lehrern aus, bis auf die Ebene von Gerichtsverhandlungen, die er gewinnt. Er aktiviert die SV-Arbeit, sorgt für „Nachwuchs" in der Schülervertretung, setzt einen SV-Raum durch, kurz: er wird jemand, der eine „unwahrscheinliche Veränderung" durchmacht, „durch das Interesse, durch das öffentliche Interesse, was ich bekommen habe. Nicht von anderen bekommen habe, sondern für die Öffentlichkeit".

Diese Formulierung weist in ihrer Unbestimmtheit auf zweierlei hin: Was Herrmann negiert, die Relevanz des öffentlichen Interesses, das er durch seine Aktivitäten erhalten hat, für seine „unwahrscheinliche Veränderung", ist in der anfänglichen Formulierung genauso enthalten, wie die Aussage, daß er selbst ein Interesse an „öffentlichen Belangen" entwickelt hat. Die öffentliche Anerkennung, das formuliert er in der ersten verdichteten Äußerung, hat bei ihm diese „unwahrscheinliche Veränderung" wesentlich mitbewirkt. Diesen Veränderungsprozeß hin zum öffentlichen, schulpolitischen Engagement beschreibt Herrmann folgendermaßen:

H: Ich hab mich also in der SV aktiviert, Klassensprecher, hab mich direkt in das höchste Gremium der Schule wählen lassen, war Mitglied der Schulkonferenz, und da immer meinen Senf reingegeben und reingebuttert und immer nur unter der Perspektive: Ich kann hier was, ich kann den Leuten was an den Kopf werfen, die können mir fachlich nix. ... Die können mich nicht drücken in den Noten. Und dann hab ich da immer meine Meinung gesagt

Insgesamt faßt Herrmann seine Entwicklung, die Progression seiner Lebensgeschichte als „ständige Erweiterung" seiner Grenzen zusammen:

I: So du hast doch auch gesagt, es gab auch Punkte, wo du keinen Nerv mehr hattest. Ich denk mir, das war doch auch eine ungeheure Belastung unter der du standest, also all das, was du an der Schule gemacht hast und was du leistungsmäßig in fünf Jahren erreicht hast, das so umzukehren und zu verändern, das ist doch auch eine wahnsinnige psychische und physische Anstrengung.

H: Ja ... eine *totale* Anstrengung. Aber ich hatte immer ein festes Ziel, weißt du, was mir gesagt hat, das mußt du erreichen. Das war/ ... mir ist damals die Realschulzeit leichter gefallen, weil ich ein bißchen weiter geguckt habe. Ich habe nämlich auf das Abi geguckt. Wo ich gesehen hab: Abi, ahh so! Dann ist die Realschule nur so ein Zwischending und dann ging das auch relativ glatt. Und ich war so *richtig drin*, ich weiß nicht, wie man das erklären soll, aber so im Leistungstrott richtig drin. Ich hab/ ... weiß ich nicht. Ich hab meine Grenzen ausgebaut. Ich bin oft bis an die Grenzen meiner Belastbarkeit gegangen. Ich weiß nicht, wie das ist, wenn du so Sport treibst. Du erreichst/ ... da erweiterst du deine sportlichen Leistungen auch, diese Grenzen, ne. Und so ist das bei meiner Leistung auch.

In Fortsetzung der Erzählung seiner Lebensgeschichte als ständiger Grenzerweiterung, wobei die Formulierung des Ausbaus der Grenzen auch die andere Bedeutung hat, daß die ständige Grenzerweiterung zugleich auch eine Grenzverfestigung und -befestigung darstellt, stellt Herrmann seine Lebensgeschichte unter das Vorzeichen der „Absolutheit". Absolutheit und Vollkommenheit bilden Herrmanns Anspruch an sich, mit der Kehrseite größter Angst vor Unsicherheit und Versagen. Zugleich stellt Herrmann in seinen Lebensgeschichten diesen Anspruch als in seinem Lebensverlauf eingelösten dar:

H: Hab ich mir einen zeitlichen Druck gemacht. Hab ich auch gepowert. Hab ich tagtäglich nen Plan aufgestellt. Das und das willste erreichen, ne, schaffen! Das waren also meistens fachliche Sachen. Und als ich die fertig hatte, dann waren es dann, okay, waren es halt zwölf, aber ich hatte sie fertig. Das war dieser Druck, ne.

I: Den du dir selbst ...?

H: Ja, den hab ich mir selbst gemacht.

I: Aber weswegen?

H: Ich glaub, einer meiner größten Ängste ist, nicht mehr akzeptiert zu sein. Wie soll ich das erklären? ... Dazu gehört/ ... nicht mehr akzeptiert zu sein? (leise) ... Dazu gehört zum Beispiel die Aufrichtigkeit zu mir selbst, ne. Also daß ich zu dem stehe, was ich tue. Daß ich das vertreten kann. Daß, wenn ich was sag, daß ich das auch meine. Und wenn dann jemand sagt: „Hier, hör mal zu, das und das hast du gesagt", daß ich halt dazu stehen kann, daß ich das erklären kann, wenn ich muß. Dazu gehört die Angst ... oder dazu gehört das Bestreben *absolut* zu sein. Ich wollte immer absolut sein.

I: Was heißt das, absolut sein?

H: Absolut? Dazu gehört erstmal der Standpunkt: Der Mensch kann *alles*! Das hab ich durch meine/ ... durch meine bis dahin bestehende Geschichte gekonnt, daß ich das, was ich leisten wollte, gepackt hab. *Alles gepackt hab*! Ist mir nix passiert, was ich nicht konnte. Was ich mir vorgenommen hab, das ist geschehen. (...) Ich hab gesagt: Wenn du das begreifen willst, dann kannst du das auch! Und das hat auch hingehauen und von daher hatte ich auch den Anspruch absolut zu sein. Also das heißt, Wissen zu akkumulieren, mit Leuten zu reden, Background, also Allgemeinwissen zu haben. Über alles reden zu können. Nix falsch zu machen und vor allem in dem was ich mache, das hundertprozentig zu machen, was teilweise für mich auch ein Verhängnis ist, weil sehr, sehr viel Arbeit bedarf.

I: Also alles möglichst vollkommen und perfekt zu machen?

H: Ja, ganz genau so. Dazu gehört auch der Punkt so vorherzubestimmen, ... was ich machen werde und was nicht, Also die Zukunft vorherzubestimmen. ... Heißt also, daß ich nicht in den Tag hineinleben kann. Davor hab ich unheimliche Angst, daß mir das passiert. Daß ich auf einmal nicht mehr weiß, was passiert. Flexibilität gehört darein. Ich hab große Angst, daß ich irgendwie enttäuscht werden kann, weil ich darüber nicht nachgedacht hab, weil mir das nicht in den Sinn gekommen ist, irgendwas.

I: Also daß du irgendwas machst, was du dir nicht vorgestellt hast. Und wenn du genau und richtig drüber nachgedacht hättest, dann hätte dir das eigentlich klar sein müssen.

H: Ja, ja so. Das hätte mir dann ein Polster, ein Sicherheitspolster gegeben, weil ich hätte große Angst davor, weißte, fast auf einmal nackt auf dem Boden zu stehen.

Schließlich formuliert und konkretisiert Herrmann für sich die Aussage, daß „der Mensch alles kann“, und daß dies durch seine Lebensgeschichte belegt wird, in der er „alles gepackt“ hat und die er als ständige Realisierung seines Willens – quasi gottähnlich: „Und mein Wille geschehe“[19] – begreift, am Beispiel der Entwicklung und Bedeutung von „Intellektualität“ und Wissensprogression (Wissen ist Macht) aus:

H: Ich will jetzt über das Philosophieren nicht so viel sagen. Das hat was mit Intellektualität zu tun, und ich hoffe das ist rausgekommen, daß es für mich ein Bestreben ist, intellektuell zu sein. Das ist für mich ein Bestreben ... irgendwo ... fachliches Wissen in schwierigerer Form zu beherrschen. Also *Wissen*, kognitives Wissen, also nicht hier das manuelle Werken und so, sondern das kognitive Umgehen mit einer schwierigen Materie. Sei es sowas wie Psychologie oder so. Irgendwie auf einer abstrahierten Ebene auch argumentieren zu können. ... Ohne daß ich auch meinen persönlichen Background dabei verliere. Also was so Beispiele angeht... Ich weiß nicht/... weiß nicht, vielleicht ist da auch/... ist da auch ein Klischee drin, daß ich sag... *Akademiker*, find ich toll! Weiß ich... die geistige Elite oder so, das meine ich damit. Und ich möchte eigentlich ganz gerne dazu gehören. (...) Ich hab gemerkt ... oder für mich so als Punkt erkannt, ... daß ich, wenn ich *was will*, wenn ich was begreifen *will*, daß ich *das kann*. Früher oder später. Mit mehr oder weniger Energie, ... daß ich das kann. ... Daß ich also auch in der Lage bin schwierige Materie zu begreifen. Und ... aus diesem Punkt heraus, daß ich eigentlich, was *ich will kann*, daß ich *alles kann*, was ich will, ... hat sich bei mir eben das Bild auch gefestigt, daß so Intellektualität oder geistiges Wissen ... nicht, ja ... vielleicht nicht *jeder so kann*. Ich weiß nicht, das widerspricht sich, weil der Mensch kann alles.

Mit diesen Formulierungen stellt Herrmann seine Lebensgeschichte endgültig als Realisierung seines Ideal-Selbst dar: Hier zentriert um Intellektualität, um kulturelle Kompetenz und Bildungskapital, zentriert um die Vorstellung einer Allmacht des „Begreifens“. Die Formulierung aber, in der dieser Allmachts-

und Allwissenheitsanspruch deutlich wird, „was ich will kann, daß ich alles kann, was ich will“, macht skeptisch. Denn wenn Wille und Kompetenz identisch werden, dann wird zugleich der Verdacht nahegelegt, daß nur das gewollt wird, was gekonnt wird. Und zugleich erhält dieses Idealbild nie endender Vervollkommnung und Leistungsprogression an anderer Stelle Risse. Ist die Darstellung der eigenen Absolutheit und Vollkommenheit, die Aussage, daß er der absolute Herr seines Lebens ist, der alles steuert wie er will, der absolut seiner selbst mächtige Souverän seines Schicksals[20], schon von der Thematisierung „großer Angst“ begleitet, und damit erscheint die Thematisierung des eigenen Selbst als absoluter Souverän zugleich als die Bannung absoluter Angst, so erhält dieses Idealbild vollendeter Steuer- und Kontrollierbarkeit der eigenen Person an anderer Stelle die Bedeutung eines zwanghaften Selbstzerstörungsprozesses:

H: Ja, solche Sachen sind negative Begleiterscheinungen, daß ich zum Beispiel Tabletten brauch. Die nehm ich aber in Kauf. Vielleicht bin ich sogar abhängig von dem Zeug, weiß ich nicht. Ich hab es bisher noch nicht abgesetzt. Daß ich zum Beispiel Nerventabletten brauch, daß ich Aufputschmittel brauch und solche Sachen. Daß ich zum Beispiel die Spritzen brauch, weil ich genau weiß, wie ich mich vor Klausuren fühle und beug dementsprechend vor.

I: Wie fühlst du dich denn vor Klausuren?

H: Ja, als ich mal versucht hab ohne Spritzen auszukommen, da konnt ich mich also zweimal in der Klausur übergeben, ... weil/ mein... die innerliche Nervosität das nicht ausgehalten hat. Und... das riskier ich erst gar nicht. Hab ich viel zuviel Angst vor. Ich hab mich jetzt echt so medikamentös vorbereitet, daß mir nichts passieren kann von daher. (...)

I: Aber du sagst ja auch; es geht nicht anders. Wenn ich die nicht nehme, dann geht das in der Schule nicht.

H: Ja sicher ging das. Wenn ich will, dann kann ich die absetzen. Aber das sind Konsequenzen, die ich im Moment nicht eingehen will. Weil ich dann mit Sicherheit in meinen Leistungen abfallen würde. Und das will ich nicht. Das kann kann ich nicht, ich weiß es nicht. Dann ist für mich/... dann bin ich mir selber nicht mehr gerecht geworden.

Die unaufhörliche Progression der Leistungsfähigkeit, das Thema der stetigen Vervollkommnung der Bildungsgeschichte hin zum

Superlativ der „geistigen Elite“, erhält hier eine Wendung: Nur wenn Herrmann sich entsprechend präpariert, mit einer guten Sortierung von Medikamenten versieht, ist ihm der ständige Leistungsausbau möglich. Die Formulierung, daß, als er sich einmal nicht medikamentös vorbereitet hatte, „die innerliche Nervosität das nicht ausgehalten hat“, verdeutlicht, daß Herrmann etwas in sich verspürt, das ihm nicht gehorcht, das ihn in der Körpersprache überwältigt und das ihm fremd ist. Dieses „Fremde“ in sich, kann er seinem Willen nur unterwerfen, wenn er zu Psychopharmaka greift. Dieses Verhalten sich selbst gegenüber, das die Progression zur Vervollkommnung erst ermöglicht, bezeichnet Herrmann selbst an anderer Stelle als Tendenz sich „kaputt“ zu machen oder als „Selbstzerstörungsprozeß“. Der Vervollkommnungsprozeß schlägt in dieser Thematisierung in einen Destruktionsprozeß um, der in Herrmanns Darstellung zugleich die Form eines Zwanges annimmt. Zwar versucht Herrmann auch die „medikamentöse Behandlung“ als souveränen Akt zu tarnen, als etwas, das er beliebig abstellen könnte, wenn er nur wollte und damit als einen Vorgang, der seinem Willen unterworfen bleibt. Letztlich aber formuliert er ein Paradox: „Wenn ich will, dann kann ich die absetzten. (...) Und das will ich nicht, das kann ich nicht.“ Was er wollen könnte, kann er nicht wollen, weil damit seine Leistungen beeinträchtigt würden und damit sein Selbstbild desjenigen, der aus dem Nichts zum souveränen Allwissenden aufgestiegen ist, zerstört würde. Und daraus resultiert das Paradox, daß er sich nur dann gerecht wird, wenn er selbstdestruktiv seinem Zwang zur Vervollkommnung folgt, sich immer wieder unter „Druck setzt“ das „bestmögliche rauszuholen“, ständig weiter zu gehen, obwohl ihm ein Einser-Abitur sicher ist:

H: Aber das reicht mir nicht, weil ich weiß, ich habe Grenzen. Ich hab/... ich kann noch leisten. ... Ich/... ich würde sagen, ich gehe ständig an meine Leistungsgrenzen.

Erhält in diesen Äußerungen Herrmanns Selbstbild des souveränen Vervollkommnungsprozesses, in dem ihm alles möglich ist, alles aus eigener Kraft, Verantwortung und Willen heraus gelingt, schon die Bedeutung des Zwanghaften und erscheint dieser Prozeß, sozusagen als seine Kehrseite, auch als Destruktionsvorgang, so wird an anderen Stellen seiner Erzählungen deutlich, daß Herrmann nicht alles gelingt. Einige seiner zentralen Wünsche kann er sich, gerade wegen seiner hohen Anspruchshaltungen, nicht erfüllen.

H: Kontrollieren tu ich immer. Werd ich auch, wenn ich mein Abi hab. Weiß ich genau. ... Das ist eine Frage des Wunsches. Ich *wünsch* mir, daß ich *mal unberechenbar* bin. ... Wünsch ich mir! Kann ich nicht.

I: Was meinst du damit?

H: Daß ich auch gut in den Tag hinein leben kann. ... Das kann ich nicht.

I: Aber du hast eben auch gesagt, da hast du auch Angst vor in den Tag hinein zu leben.

H: Ja, ja. Hab ich Angst vor. Aber ich möchte das können. ... Mal an nix denken, ... einfach mal so ... ja ... hmm ... einfach genießen. (...) Ich möchte einmal so wirklich von Lust sagen können: Scheiß auf alles! ... Klack! Es gibt, manchmal da gibt es Tage, da hab ich das. Aber da hab ich das unter Alkohol.

Was Herrmann nicht kann, ist Wünschen. Obwohl er alles kann, was mit Können einhergeht und mit Leistungsansprüchen, obwohl er alles beherrscht, was mit Kontrolle, vor allem auch Selbstkontrolle zu tun hat, endet sein Können und sein Wille jenseits der idealen Ansprüche. Er muß alles können und kann deswegen nicht wünschen.

Und schließlich erweist sich Herrmanns Selbstdarstellung, die Erzählung seiner Lebensgeschichte als ideal sich vervollkommnender Bildungsgeschichte mit den Merkmalen zunehmender Vollkommenheit, der Entwicklung von Unantastbarkeit, von Besonderheit, souveränem Leistungsvermögen, Selbststärke und -vertrauen, vollendeter Selbstkontrolle und schließlich Allmacht in Form der Bestimmung seines Lebensschicksals als im Gegenteil begründet. Er berichtet schließlich, wenn auch nur sehr knapp, eine Szenenfolge seiner Kindheit, die eher die Bedeutung größter Ohnmacht, Hilflosigkeit, Verlassenheit und Ausgeliefertseins hat:

H: Ja, die erste Zeit war eigentlich ziemlich problematisch. ... Doch. War *sehr* problematisch. Ich war also mehr oder weniger ein ungewolltes Kind. ... Nicht, weil meine Mutter Kinder haßt, sondern einfach, weil die familiäre Situation ziemlich mies war. ... Meine Mutter hatte zu dem Zeitpunkt/... ja, da noch nicht, aber so, wo ich, ich glaub, wo ich zwei oder drei Jahre alt war, einen Selbstmordversuch hinter sich, ... weil mein Vater Alkoholiker war und/... oder ist, .,.. war, ... nein *ist*, jetzt akut wieder, und es deshalb bei uns Streß gab. ... Meine Mutter wurde geschlagen... und meine Mutter war also nach gängigem Argument an allem schuld, was so in der Familie gelaufen ist. (...) Und ich hab mich sehr an meine Mutter geklammert, ... weil... irgendwo, weil das war für sie wohl der einzigste Punkt noch so Liebe zu erfahren... und... weiß nicht so wie das so ist, aber so Wärme zu erfahren, das fand ich unheimlich positiv, unheimlich wichtig und von daher habe ich auch jetzt noch ein sehr inniges Verhältnis zu meiner Mutter. (...) Mir fallen ab und zu noch Bilder ein, wie meine Oma väterlicherseits, wie die meine Mutter die Treppe runtergeschubst hat und so. ... Und... ich hab das gesehen. ... Oder die Geschichte, wo meine Mutter/... der/... das hab ich noch so im Kopf, wo meine Mutter, die ist aus dem 2. Stock gesprungen aus dem Fenster, durch eine Glasveranda durch und das hab ich gesehen. Ich hab nicht gesehen, wie sie gesprungen ist, aber ich hab sie unten auf dem Boden gesehen, und diese Sachen hab ich im Kopf.

Was in dieser Erzählungspassage vor allem auffällt ist, daß die Grenze zwischen ihm und seiner Mutter fließend wird. Die Darstellung, daß er sich sehr an seine Mutter geklammert hat und „auch jetzt noch ein sehr inniges Verhältnis“ zu ihr besteht, zeigt sich im Verschwimmen der Personengrenzen: Die Begründung dafür, daß Herrmann sich sehr an seine Mutter klammerte, der einzigste Punkt noch Liebe zu erfahren, wird für eine Mutter formuliert. Die durchaus sinnvolle Erklärung, daß Herrmann sich an seine Mutter klammerte, weil er Liebe suchte wird damit umformuliert in: Herrmann klammerte sich an seine Mutter, weil das für sie die einzige Möglichkeit war Liebe zu erfahren. Die eigene Haltung wird so in einem mütterlichen Wunsch nach Liebe begründet. Im darauffolgenden Satz aber erscheint Herrmann wieder als Subjekt, das Wärme erfährt, eine Position der Zuneigungssuche, die er vorher für seine Mutter formuliert hat.

Wenn somit bis an die aktuelle Sprachstruktur dieser Aussagen die „Verklammerung“ von Herrmann mit seiner Mutter deutlich wird, so muß der Selbstmordversuch seiner Mutter für ihn bedeutet haben, daß er mit ihr auf dem Boden lag. Ohnmacht, Hilflosigkeit, Schwäche, Ausgeliefertsein und Angst bilden damit die emotionalen Gehalte dieser Szene. Seine Formulierung, daß er Streben, Leisten, Planen und Kontrollieren muß aus der Angst, sonst auf einmal „nackt auf dem Boden zu stehen“, korrespondiert mit dieser erzählten kindlichen Szene, in der er mit seiner Mutter auf dem Boden lag.

Kann somit Herrmanns Selbstdarstellung als Versuch verstanden werden, seine Lebensgeschichte als Verkehrung dieser kindlichen Traumatisierung zu erzählen, und erscheint sie als angestrengter Versuch Ohnmacht in Allmacht, Unsicherheit in Sicherheit, äußerste Verletzlichkeit in Unantastbarkeit, Entwertung in souveräne Selbststärke zu verkehren, mit den schon skizzierten Rissen dieser Selbstdarstellung, so schlägt das Bild, das Herrmann von sich selbst aufrecht zu erhalten versucht und konstruiert, schließlich gänzlich um: Letztlich reicht die Verklammerung mit der Lebensgeschichte seiner Mutter, mit ihrem Schicksal in die Gegenwart hinein. Am Grunde der Darstellung seiner Lebensgeschichte als fortschreitender Progression hin zur Vollkommenheit und als Realisierung des Ideal-Selbst in der kulturellen Form kritischer Intellektualität, stehen eigene Selbstmordgedanken und das Gefühl, daß das „Leben beschissen ist“. Die glanzvolle Geschichte der fortschreitenden Vollendung des eigenen Selbst zum Ideal-Selbst verkehrt sich in eine „beschissene“ Geschichte:

H: Ja... das ist schwierig nochmal nachzuvollziehen. Wenn ich das heute so sehe, was aus meiner Mutter so geworden ist, das spielt ja dabei eine Rolle und das nochmal so rekonstruiere, dann tut/... dann bin ich eigentlich unheimlich resigniert (leise, traurig). ... Ich/... ich... such, ... ich such eigentlich Fehler nie bei den Leuten, sondern eher immer im gesellschaftlichen Rahmen. ... Bin zutiefst, echt *zutiefst* resigniert und so erschrocken, wenn ich das so sehe, ... weil... ich hab oft auch solche... Selbstmordgedanken einfach, weil... das ist einfach nur der letzte Weg hier raus zu gehen. ... Das ist so beschissen. ... Ich kann heute, kann ich das verstehen. Das verbindet, solche Situationen, solche Entschlüsse, die meine Mutter gefaßt hat, die verbinden mich unheimlich da, *unheimlich*... da. ... Das ist schwierig zu beschreiben, so eine Emotion, sehr schwierig. ... Aber ich versuchs mal so. ... Also... wir stecken, wir sind auf einem Boot, so ungefähr, meine Mutter und ich, ... weil... sie macht sich darüber nix vor, daß das Leben beschissen ist und ich mach es mir eigentlich auch nicht mehr. (...) Wenn ich nicht so feige wäre, würde ich einen Strick nehmen. Und meine Mutter auch.

Anne Springer

Die Wiederkehr des Verdrängten in der Maskierung als Opfer

> "...; inwendig aber sind sie
> reißende Wölfe (Matth. 7,15)

Alle Lebensläufe sind Konstruktionen, mit denen der Autor eine für sein Wohlergehen benötigte Konsistenz erzeugt und mit denen er glaubt, sich der Welt präsentieren zu können, ohne beschämt zu sein oder sich der Beschämung auszusetzen. Der Wunsch, mit diesem Bedürfnis nach Stimmigkeit eine Biographie zu erzählen, besser gesagt; zu berichten, resultiert aus einem Fortbestehen der heutzutage nicht mehr zeitgemäßen Illusion, es gäbe und würde von einem erwartet: so etwas wie eine ganze Person, ein in sich geschlossenes Ich mit einem dementsprechend schlüssigen Lebenslauf. Seit der Entdeckung Freuds, daß das Ich (auch als Schreiber der eigenen Lebensgeschichte) nicht mehr Herr im eigenen Hause ist, geht dies alles eigentlich nicht mehr – aber ich kenne keinen Menschen, mich eingeschlossen, der bei klarem Verstand seinen Lebenslauf im Stil des Joyce'schen „Ulysses" erzählen würde.

Als Psychoanalytikerin bin ich täglich mit Lebensläufen befaßt, mit Lebensgeschichten, die von den Verfassern vor sich selbst und anderen nicht mehr konsistent erzählt werden konnten, deren Brüche und deren Flickwerk zur Überwindung der Brüchigkeit unerträglich geworden waren – die Verfasser wurden zu Patienten. Wir verstehen unsere Patienten, unsere Analysanden, als Menschen, die in den Raum und in die Seele des Analytikers hinein immer aufs neue ihre aus Geschichten bestehende Geschichte erzählen und diese dabei umschichten, umgruppieren, um Vergessenes, um Verleugnetes und Verdrängtes erweitern. Als Analytikerin soll ich die sein, die – resonant über die eigene Geschichte – an den Revisionen und Utopien dieser Lebensläufe teilnimmt, die ihren Lebenslauf vom Gegenüber kreuzen und beeinflussen läßt.

Analytiker betrachten den mitgebrachten Lebenslauf des Patienten als nicht mehr bruchlos gelingendes Phantasieren über sich selbst. Die „Lüge" des Lebenslaufs ist für uns Ausdruck der unbewußten Phantasie, die so ihre mitteilbare Form der Symbolisierung gefunden hat. Eine Gestaltungsmöglichkeit für einen unbewußten Inhalt zu finden, heißt unter Berücksichtigung der Forderungen der Über-Ich/Ich-Ideal-Struktur, kreativ zu sein unter Nutzung aller Strategien, die das Ich zur Verfügung stellt. Lebensläufe werden vom Ich kreiert, als Kompromißbildungen unter dem Druck kontrovers andrängender Wünsche und Ängste in Bezug auf die Gestaltung unserer Beziehung zu uns selbst und zur Welt um uns herum. Im psychoanalytischen Sinn ist so der für erzählbar gehaltene Lebenslauf immer Symptombildung und spiegelt wie das Symptom als Teil und Ausdruck einer neurotischen Erkrankung den Vorgang der Abwehr *und* das Abgewehrte wieder.

Lebensläufe enthalten im Gewand der für sozial akzeptabel gehaltenen Erzählung persönliches Verdrängtes, aber auch kollektiv verdrängte und abgespaltene Inhalte.

So enthalten wohl alle Lebensläufe ihre „Lügen" in der ganzen Bandbreite von bewußter Vortäuschung falscher Tatsachen über das Verschönern, das Vertuschen bis hin zum Weglassen für „unschön" gehaltener Dinge. Diese „Lügen", besser gesagt, diese Phantasien, werden vom Erzähler seines Lebenslaufs mehr oder weniger intensiv geglaubt, wenn sie ihm als Lüge bewußt sind. Wohl immer fordert aber die Lüge zu ihrem Entdecktwerden auf, da das sich in ihr verbergende persönliche und kollektive Verdrängte sich Gehör verschaffen will. Dies gilt in besonderem Maße für die nicht bewußten „Lügen"anteile von Lebensläufen, nämlich für die ihm unbewußt unterlegten und ihn prägenden Phantasien.

Ich will nun versuchen, mich mit einer besonderen Art des Phantasierens über sich selbst auseinanderzusetzen, mit einer speziellen Form des individuellen und kollektiven Familienromans, die ihren Ausdruck findet im Phänomen der „jüdischen Identifizierung" als Chiffre für eine besondere Form der Opferidentifizierung im Nachkriegsdeutschland und bei den Kindern der Nachkriegsgenerationen.

Der Familienroman

Freud beschrieb 1909 den „Familienroman der Neurotiker“[1] als eine spezifische Form des Umphantasierens der eigenen Familiengeschichte. In diesem Phantasieren verändere das Subjekt die Tatsachen seiner Abstammung. Der spätere Neurotiker halte unbewußt an einer Kindheitsphantasie fest, er stamme nicht von seinen realen Eltern ab, sondern beide Eltern oder ein Elternteil seien eigentlich andere, „bessere“ Menschen. (Bei Freud sozial höhergestellte Personen). Er führte die Entstehung dieser Phantasien auf den vom Ödipuskomplex ausgehenden Druck zurück. Ihre Ausarbeitung und der Glaube an den Wahrheitsgehalt dieser Produkte seien u. a. motiviert durch Wünsche nach Rache an den Eltern, deren einstmalige Idealisierung der späteren Wahrnehmung des Kindes nicht standhält durch den Wunsch nach eigener Größe sowie durch das Bedürfnis nach Umgehung der Inzestschranke. Nun dürfte diese Umformung der Eltern-Imagines nicht zufällig ganz bestimmte Bilder verwenden, um die realen Eltern wieder zu den Personen zu machen, die das Kind erneut lieben kann. Als Beispiel für solche Wunscheltern nennt Freud im hier verwendeten Text den „Schloßherrn oder Gutsbesitzer auf dem Lande“, ... (die) „Fürstlichkeit in der Stadt“ (S. 229). Immer reflektiert wohl die Wahl dieser Modelle einerseits eine soziale Wirklichkeit der betreffenden Zeit, andererseits kann wohl davon ausgegangen werden, daß es sich um Modelle handelt, die in irgendeiner Form im inneren Universum der Eltern eine Rolle spielten und auch weiterhin dort ihre Wichtigkeit haben. Mit anderen Worten: das Kind, das sich als Abkömmling z. B. adliger Eltern phantasiert, agiert, sofern es sich im weiteren Leben bewußt oder vorbewußt mit dieser Phantasie identifiziert, an sie glaubt, mit hoher Wahrscheinlichkeit die Identifikation mit Imagines, die im Innern der Eltern wirksam waren.

Es ist außerdem davon auszugehen, daß diese Imagines bei den

Eltern in deren Über-Ich und Ich-Idealbildung eine Rolle spielten – im Über-Ich als Chiffre für Forderungen und Verbote, im Ich-Ideal als Chiffre für das Bestreben, positiven Vorbildern ähnlich zu sein.

Die soziale Wirklichkeit der Zeit (ablesbar z.B. an der Vorstellung, daß ein Gutsbesitzer etwas „Großes" sei) wird durch das Über-Ich und die Ich-Ideale der Eltern transportiert: „die Einsetzung des Über-Ichs (kann) als ein gelungener Fall von Identifizierung mit der Elterninstanz beschrieben werden"[2], und weiter: „So wird das Über-Ich des Kindes eigentlich nicht nach dem Vorbild der Eltern, sondern des elterlichen Über-Ichs aufgebaut; es erfüllt sich nach dem gleichen Inhalt, es wird zum Träger der Tradition, all der zeitbeständigen Wertungen, die sich auf diesem Wege über Generationen fortgepflanzt haben"[3]. Das Ich-Ideal des Kindes bildet sich aus einer Konvergenz von kindlicher Selbstbewunderung (Narzißmus) und Identifizierungen mit den Eltern und anderen bewunderten Erwachsenen (oder Jugendlichen in der Adoleszenz) und den kollektiven Idealen. 1932[4] beschrieb Freud zusammenfassend das Über-Ich als eine verbindende Struktur, der drei Funktionen zugeschrieben werden, „die Selbstbeobachtung, das Gewissen und die Idealfunktion". Das Gewissen stehe im Zusammenhang mit dem Schuldgefühl, die Idealfunktion sei mit dem Gefühl der Minderwertigkeit (der Scham) in einen Kontext zu bringen. Schuld- und Schamgefühl sind also deutlich zu unterscheiden als unterschiedliche Gefühle, die sich aus Konflikten unterschiedlicher Substrukturen des Über-Ichs mit dem Ich ergeben.

Wenn sich nun in Deutschland Kinder und Enkel der Tätergeneration als einzelne Individuen oder in Gruppen als „Juden" oder als „jüdisch" oder als „leidend wie die Juden" bezeichnen und erleben, so stoßen wir damit auf eine spezielle Form eines Familienromans. Bezeichnen sich so auf der Ebene des unbewußten Phantasierens doch nicht-jüdische Menschen als Kinder der Juden, die real die Opfer ihrer Eltern waren, d.h. als Kinder der Toten. Da der Familienromananteil der „jüdischen Identifizierung" dieser Kinder und Enkel im Unbewußten verborgen liegt, „verschwindet" im Bewußtsein dieser Kinder, die sich als Opfer erleben, die Realität der wirklichen Opfer.

Über-Ich und Ich-Ideal der Kinder sind durch Spaltungen gekennzeichnet, die die Spaltung der elterlichen Über-Ich/Ich-Ideal-Struktur, die nicht durch Trauer und Totenklage überwunden wurde, fortführt und widerspiegelt. „Du sollst töten“ und „Du darfst nicht töten“ sowie „Du sollst den Führer als dein Ideal erleben“ und „Du sollst einen Demokraten zu deinem Ideal erheben“ stehen unverbunden in der Psyche der Kinder nebeneinander, und die „bösen“ Anteile müssen über Reaktionsbildungen und spezifische Projektionsbildungen abgewehrt werden. So entstehen Ideale der Friedfertigkeit und ein Erleben des nuklearen, ökologischen oder innenpolitischen Bedrohtseins, die in Deutschland ihren speziellen “Beigeschmack“ haben. Eine Parole, die in Frankfurt im Verlauf der Auseinandersetzungen um den Bau der Startbahn West auftauchte, lautete: „Die Juden wurden in Gaskammern vergast, wir auf der Straße“. [5]Einerlei, welche politische Einstellung man als Bürger dieses Landes zum Bau der Startbahn West hat – es stellt einen erheblichen Unterschied dar, ob eine derartige Parole innerhalb oder außerhalb Deutschlands formuliert wird. Aus dem Munde der Enkel der Tätergeneration klingt sie ebenso falsch wie latent richtig. Sie ersetzt die Tränen um die wirklich Vergasten, ohne daß dies den Sprechenden bewußt wäre.

Es sei nun genauer betrachtet, welche einzelnen Phänomene individualpathologischer und gesellschaftlicher Art sich unter dem Oberbegriff der „jüdischen Identifizierung“ versammeln lassen.[6]

Jüdische Identifizierung

Die *Angehörigen der Tätergeneration*, d.h. der Generation der Erwachsenen, die das 3. Reich in Deutschland als politisch aktive Erwachsene erlebten, sind in ihrer Selbstdarstellung in großer Häufigkeit eher die Opfer als die Täter und Mitwisser der Zeit. Befragt von ihren Kindern oder im allgemeinen Erzählen ihrer Lebensgeschichten dominiert das Erleben von Verlust, Flucht, Vertreibung voller Armut und Hunger. Hinter diesem ja wirklich

Erlittenen verschwindet die Täter- und Mitwisserseite. Daß sie in oft quälender Weise vorhanden ist, zeigt sich in Leerstellen (auf die Nachfrage der Kinder kommen keine oder verschwommene Antworten) oder im offenen oder verdeckten an die Kinder erteilten Frageverbot: „Wenn du nachfragst, quälst du uns!" oder „Fragt uns nicht, wenn wir antworten, werdet ihr uns nicht mehr lieben können, und wir brauchen eure Liebe, um uns nicht selbst noch mehr hassen zu müssen!" Die Eltern phantasieren sich als potentielle Opfer ihrer Kinder, und die fragenden Kinder werden durch die Verschiebung der Nazi-Imago stigmatisiert. Die Kinder stehen – gefangen im unbewußten Beziehungsgefüge der Familie – andererseits unter dem Druck der Versuchung, sich mit dieser auf sie verschobenen Imago zu identifizieren. Die Frage an die Eltern wird zur Inquisition, oder es geschieht die Entgleisung einer ganzen Gruppe der Kindergeneration in den Terrorismus, an dessen Ende dann in gespenstischer Weise wieder – neu erbaute Gefängnisse mit KZ-Strukturen stehen. Wenn sich in Stammheim das Verdrängte reinszenierte, so lud dies dann in tragischer Weise wiederum zur Verwechslung zweier Realitäten ein: nämlich Stammheim als KZ zu bezeichnen, gegen es zu kämpfen, als sei es das wirkliche KZ und darüber das wirkliche KZ zu vergessen.

Ein nicht gerade kleiner Anteil der Tätergeneration betrieb 1945 und danach das Installieren von Lebenslügen durch die Annahme neuer Identitäten.

In diesem Zusammenhang sei als paradigmatisch die literarische Gestaltung eines solchen Identitätswechsels zitiert:

„Als Junge hatte ich einen jüdischen Freund", sagte Max Schulz „und der hieß Itzig Finkelstein! Und der hatte blondes Haar und blaue Augen. Und noch so manches andere, was ich nicht hatte. Ich hatte auch einen jüdischen Meister. Und der hieß Chaim Finkelstein. Und das war ein Meister, sag ich Ihnen... ein richtiger Meister. So einen kann sich jeder wünschen.

Und mit den Finkelsteins ging ich oft in die Synagoge. Und am Sabbat-Abend, da saß ich mit ihnen am Tisch. Und auch am Passahfest. Und vielen anderen jüdischen Feiertagen. Und ich kann beten wie ein Jude. Und vieles andere, was die Juden können.

Und wissen Sie", sagte Max Schulz... „seit Monaten denke ich darüber nach, wie ich am besten untertauchen soll... und je mehr ich nachdenke, desto öfter sage ich mir: ‚Max Schulz! Wenn es ein zweites Leben für dich gibt, dann solltest du es als Jude leben.' Und schließlich... wir haben den Krieg verloren. Und die Juden haben ihn gewonnen. Und ich, Max Schulz, war ein Idealist. Aber ein besonderer Idealist. Einer, der sich das Mäntelchen nach dem Wind hängt. Weil er weiß, daß es sich leichter an der Seite der Sieger lebt als an der Seite der Verlierer. So ist das. Und verdammt will ich sein, wenn das nicht so ist. Und die Juden haben den Krieg gewonnen."[7]

Der ehemalige SS-Mann Max Schulz, der „Held" in Edgar Hilsenraths Roman „Der Nazi und der Friseur" entschließt sich, nach Übernahme der Identität des ermordeten Juden und Jugendfreundes Itzig Finkelstein nun als Jude in Israel zu leben. Er wandert dorthin aus, ausgestattet mit einem Startkapital in Form eines Sackes jüdischer Goldzähne aus dem Lager und etabliert sich in Israel als Friseur. Viele Jahre später, als er vor seinem Tod ein Geständnis versucht, gilt sein Erzählen der Wahrheit als Anzeichen seiner Verrücktheit. Keiner glaubt ihm. Zum erstenmal in seinem Leben erlebt er wirkliche Angst. Er stirbt an dieser Angst und mit der Angst, die seine Opfer vor ihrem Tod erlebt hatten. Bis dahin hatte er sich mit jener Schläue durchs Leben getrickst, die er – gemeinsam mit dem Antisemitismus aller Zeiten – für eine „Tugend" der Juden gehalten hatte.

Hilsenrath versucht hier in exemplarischer Art die literarische Gestaltung einer Form von kollektiver Lebenslüge: „Ich bin nicht Täter, sondern Opfer, das wirkliche und real existierende Opfer bin ich." Max Schulz/Itzig Finkelstein ist aber auch, einladend zur Verkennung der Realität, das angeblich am Leben gebliebene Opfer. Sein „Überleben" signalisiert: es sind gar nicht alle ermordet, ein Opfer lebt, die Opfer leben. (Die reale Schuld existiert nicht und keine Notwendigkeit zur Scham.)

Politisch war die deutsche Nachkriegsgeschichte im Westen und im Osten durch die Anlehnung der Tätergeneration an die Sieger geprägt. Diese Anlehnung ermöglichte die Abspaltung von eigener Schuld am Krieg und an der Vernichtung und die Projizierung des Bösen auf die Gegner des „eigenen" Siegers, an dessen Siegeridentität man so partizipieren konnte. Parallel zu dieser Entwicklung inszenierte sich jedoch der jetzige Zustand, der dadurch gekennzeichnet ist, daß wir in einem Land leben, das wie wohl kaum ein anderes Gebiet dieser Erde vollgestopft ist mit Vernichtungswaffen aller Art. Die Nachkriegspolitik hat dieses unser Täterland in ein Opferland der neuen drohenden Vernichtung verwandelt[8]. Die zur Sicherung dieses Vernichtungspotentials notwendigen Maßnahmen drohen dabei wahrscheinlich strukturelle Entwicklungen mit sich zu bringen, die die demokratischen Grundrechte beeinträchtigen können[9]. Einerlei, wie dicht oder undicht die Zäune um die Plutoniumfabriken sind, sie repräsentieren ein Bewachungssystem, das sich schon heute weitgehend der „normalen“ Rechtssprechung und Verwaltung entzieht.

Andererseits – wie bereits Stammheim (s. oben) – laden diese Zäune wiederum zu einer Verwechslung zweier Realitäten ein: entsprechend der Aufforderung der Eltern zur Verschiebung der Vernichtungsbilder konnten sich die Kinder und Enkel der Tätergeneration wiederum als Opfer der alliierten Sieger fühlen. Zu welchen grotesken Geschichtsverzerrungen dieser Mechanismus bei politisch engagierten Enkeln der Täter, die es „gut“ meinen, führen kann, ist beispielsweise ablesbar im Text des Eröffnungsbeitrags zum „Nürnberger Tribunal“ 1984 der Grünen. Aus Platzgründen kann hier nur auf den Text verwiesen werden[10].

Kinder der Täter

Die Kinder der Kriegsgenerationen erlebten ihre Eltern und zum Teil auch sich selbst als Opfer eines verlorenen Krieges. Dies entsprach sowohl der Wahrnehmung der realen Not der Nachkriegsjahre als auch der neuen Opferidentifizierung der Tätergeneration. So beschreibt z. B. die Tochter eines Vaters, der ein hoher SS-Offizier gewesen war, diesen als einen „... nervösen, zittrigen Mann, ständig in Angst lebend, daß die Polizei ihn holen würde. Wir lebten zu viert in einem Zimmer, der Vater hatte keine Arbeit, wagte sich nur nachts auf die Staße. Sehen so machtgierige

Unmenschen aus, die Millionen anderer auf dem Gewissen haben? Ich konnte mir meinen Vater nie als einen solchen vorstellen..."[11]. Ein Kollege schildert seinen Nachkriegsvater folgendermaßen: „Nach dem Krieg war der Vater, Nazi und Parteimitglied, aus einem Entnazifizierungslager zurückgekommen. Ich habe ihn ausgemergelt in Erinnerung, verstört, gescheitert und beschämt. In meinem Unbewußten habe ich die beiden Lagertypen, diese alliierten Gefangenenlager und die Konzentrationslager der Nazis, wohl miteinander vermischt. Während ich mich für die Vorpubertät an eine liebevolle Beziehung mit ihm erinnern kann, erlebte ich ihn später voller Selbst- und Menschenverachtung. Anscheinend konnte er nur vor sich und ich vor ihm bestehen, indem er manisch anmutend ständig Leistung, ‚Pflichterfüllung' von sich selbst und den anderen forderte." Ein 43jähriger Patient berichtet: „Meine Eltern waren beide fleißig und ängstlich, irgendwie grau. Ihre größte Angst war, wieder alles zu verlieren wie 45. Über die Zeit vor 45 sagte Vater immer nur: Da war ich Soldat, hoffentlich gibts sowas nie wieder. Und meine Mutter: Ich war eine junge Frau und hatte nichts vom Leben. Heute zittern sie um die Aktienkurse und haben Angst, wenn ich nach Hause komme, weil ich in den letzten Jahren soviel gefragt habe. Wenn ich Vater nach dem 3. Reich gefragt habe, hat er nur wütend gesagt: das kannst du nicht verstehen, das hast du schließlich nicht miterlebt. Er kriegt dann immer so ein Zittern, und meine Mutter beschwört mich, ihn nicht zu quälen."

Die Kinder dieser Täter und Mitwisser in ihrer Erscheinungs- und Selbstdarstellungsform als Opfer wurden häufig zu Opfern der Täterseite ihrer Eltern. Das nationalsozialistische Gedankengut saß ja trotz des Wechsels auf die Opferseite fest in den Köpfen der Eltern. Es prägte die Familienstrukturen, besonders aber den Umgang mit den Separations- und Autonomiebestrebungen der Kinder und deren Wünschen nach Entwicklung einer eigenen Emotionalität, die diesen Eltern, deren Schuld im Nichtaufbegehren und im Delegieren eigener Persönlichkeitsanteile an die Führerfigur bestanden hatte, unerträglich sein mußten bis hin zur Bestrafung der Kinder durch sadistische Abwertung, Verhöhnung und körperliche Mißhandlung. Diese Kinder wurden Opfer von Täter-Eltern, die für ihre Geschichte und innerhalb der Familie ihre Täterschaft verleugneten und von den Kindern verlangten, diese Verleugnung zu glauben. Unter diesen Kindern scheint es relativ verbreitet zu sein, ihr Schicksal in Form der „jüdischen Identifizierung“ darzustellen. An einzelnen Fallbeispielen ist ablesbar, wie diese Identifizierung eine mehrfache Funktion erfüllt. Sie benennt die von den Eltern verleugnete historische Täterseite der Eltern und weist hin auf die von den Eltern verschwiegenen Opfer und auf die magische Wiederbelebung der Opfer durch die Verschiebung der Opferimago auf die eigenen Kinder.

Fallbeispiel 1

Der Patient, der bereits oben in bezug auf seine Eltern zu Wort kam, bis zur Grenze der Selbstaufopferung in einem Sozialberuf tätig, beginnt eine psychoanalytische Behandlung wegen quälender Angstanfälle, die mit dem drohenden Tod eines Onkels einsetzten. Er liebte diesen sehr, brauchte ihn als gute, d.h. emotional lebendige und stabile Vaterfigur, da er den tatsächlichen Vater nur als entweder schwach und konturlos oder durchbruchhaft brutal zuschlagend erlebt hatte. Über-Ich und Ich-Ideal des Patienten erschienen vordergründig fast ausschließlich geprägt durch sein Engagement in der 68er Studentenbewegung. Er definiert sich bis heute als „linker Moralist“. Für sein Kindheits- und Jugendschicksal, das er durch emotionale Kälte und materielle Verwöhnung gekennzeichnet erlebt hatte, formulierte dieser Patient über lange Strecken der Behandlung hinweg immer wieder in der einen oder anderen Form: „Ich bin der Jude der Familie, meine Eltern waren eigentlich der SS-Mann und die Aufseherin.“ Er fuhr angstgejagt hoch aus dem Nachtschlaf, phantasierte sich als plötzlich erblindet. In seinen Träumen „suchten“ sich seine Ängste immer wieder Bilder ganz spezifischer Art: er träumte sich immer wieder als Opfer von Gestapo- und SS-Männern, die ihn mißhandelten, demütigten und im Traum an den Rand des Suizids brachten. Er träumte sich, eingeschlossen in einen Viehwaggon, auf dem Weg ins KZ, oder war im Traum ein unmittelbar von der Deportation Bedrohter. Auffällig an diesen

Träumen war für mich, daß er die Personen seiner Peiniger in Naziuniformen kleidete, die Gesichter aber immer nur schemenhaft erkennen konnte und daß er sein eigenes Alter und sein Äußeres als Traumfigur ebenfalls nur vage beschreiben konnte. Auffällig war auch die merkwürdig anmutende Sicherheit, bei den Peinigern in den Träumen könne es sich nur immer wiederkehrend um seinen Vater handeln. Einerseits gelang über die Bearbeitung des Traummaterials das Beseitigen ausgedehnter Kindheitsamnesien, wobei durch die Eltern zugefügte körperliche und seelische Mißhandlungen dem Patienten erst nach und nach erinnerlich wurden. Andererseits stieß, auch nach längerer psychoanalytischer Arbeit, das Bemühen um die Bewußtmachung eigener aggressiver und destruktiver Anteile auf ganz erhebliche Schwierigkeiten. Über die Traumbilder und wieder zur Verfügung stehende Erinnerungen war Böses zwar „gut" in der Vaterimago untergebracht. Der Patient wunderte sich jedoch zunehmend sowohl über sein Sich-jüdisch-Fühlen als auch über die Tatsache, daß bisheriges Nachfragen und Erforschen der Familiengeschichte keine exponierte Täterfigur hatte zum Vorschein bringen können. Mit fortschreitender Arbeit, in deren Verlauf sich viele einzelne Ängste des Patienten entschlüsselten als Teil eben dieser unbewußten „jüdischen Identifizierung" (so kann er z. B. erstmals jetzt seit Jahren wieder ohne Panik ein Geschäft betreten, nachdem eine unbewußt gebliebene Phantasie, er dürfe als Jude dort nicht einkaufen, weil dann von der Verhaftung bedroht, hatte bewußt und nun überprüfbar werden können), rückte allmählich die Figur des guten Lieblingsonkels immer mehr in den Vordergrund. Kurz bevor dieser Onkel dann tatsächlich nach einiger Zeit starb, erlebte der Patient in einer Behandlungsstunde einen heftigen Wutanfall, auf eben diesen Onkel gerichtet. Abgesehen von dem tiefen Erschüttertsein des Patienten über das Ausmaß potentiell in ihm vorhandener Wut konnte er nun in der Folgezeit Stück für Stück einzelne Details aus der Geschichte des Onkels, die er ab und an gehört, aber in Isolation voneinander gehalten bzw. verdrängt hatte, erinnern und Verbindungslinien zwischen ihnen ziehen. Am vorläufigen Ende dieser – uns beide beängstigenden – Rekonstruktionsarbeit war klar, daß dieser Onkel ein relativ hochrangiger NS-Jurist und Verwaltungsfachmann gewesen war. Als ältester Bruder des Vaters des Patienten hatte er sich u. a. dergestalt für das „Wohl der Familie“ engagiert, daß er dafür gesorgt hatte, daß sein jüngster Bruder, der Homosexueller gewesen war, in ein KZ deportiert wurde. Es hatte also in der Familie des Patienten einen Täter *und* einen Deportierten gegeben, und der Patient hatte sich einseitig auf die Seite der Opferidentifizierung geflüchtet. Diese Identifizierung hatte er mit solcher „Gründlichkeit“ betrieben, daß er sowohl in seiner Persona[12] als auch in seiner Lebensgestaltung fast wie die Karikatur eines Juden gewirkt hatte. D. h., er hatte sich zu dem Juden gemacht, den es eben in dieser Überzeichnung im Kollektiv nur als Produkt der Unterdrückung gegeben hat (der scharfsinnige Denker, der schlaue Jude, der ängstliche, nicht-aggressive Jude) – alles nur allzu bekannt aus dem antisemitischen Bilderkatalog.

Neben der Prägung durch die spezifischen Abwehrstrategien des Patienten (Bravheit, masochistische Unterwerfung, Intellektualisierung und Affektvermeidung) war das Übertragungs- und Gegenübertragungsgeschehen dieser Behandlung über lange Strecken gekennzeichnet durch die massive latente Aggressivität dieses Mannes. In meinen Gefühlen und Phantasien pendelte ich zwischen diffusen Schuldgefühlen, sadistischen Impulsen und Phantasien, massiver Wut und immer wieder plötzlich einbrechender Vernichtungsangst. Dabei legten sich vor die Wut und die Angst immer wieder emotionale Leere und Dumpfheit, ein Nichtverstehen, das Ausdruck meiner partiellen Einfühlungsverweigerung war und das ich jetzt als Widerspiegelung des „cordon sanitaire“ begreife – als Zeichen für das Bestehen jener emotionalen „Sicherheitszone“, die so häufig die Beziehung von Kindern der Nachkriegsgenerationen zu ihren Eltern prägt[13]. Mit Hilfe dieses „cordon sanitaire“ hatte der Patient mich und sich selbst über lange Strecken der Behandlung vorm Durchbrechen der in der Figur des Nazi-Onkels gebundenen Destruktivität bewahren können. Als dann die Schutzmaßnahmen in einer späteren Behandlungsphase sowohl von seiner als auch von meiner Seite her nicht mehr aufrechtzuerhalten waren, war das, was da sich als destruktives Potential im analytischen Raum entfaltete und auch wieder in ihm gebunden werden mußte, für den Patienten und für mich nur schwer erträglich und aushaltbar[14].

Darstellungen ähnlicher, mehr oder weniger „gelungener“ Opferidentifikationen finden sich in den Publikationen von Sichrovsky[15] und Westernhagen[16]. Zur psychoanalytischen Behandlung von Patienten mit vergleichbarer Problematik sei hier verwiesen auf die Arbeiten von Hardtmann[17], Dreifuss[18] und Wilke[19].

Fallbeispiel 2

Es soll nun über einen Patienten berichtet werden, dessen besondere Problematik darin besteht, daß sich in seiner Psyche Täter- und Opferseite bekämpfen, so, daß ihn dieser Kampf fast zu zerreißen droht. Sein – von ihm so formuliertes – Behandlungsziel könnte wohl auch eine Utopie für uns alle darstellen; „Ich muß lernen, mit den Mördern *und* den Toten zu leben, ohne eine Seite wegzutun, sonst wird alles Lüge, oder ich bin ein Nichts, das sich genauso gut umbringen könnte.“

Der Patient (zu Behandlungsbeginn 30 Jahre alt) wünschte nach mehreren Klinikaufenthalten psychoanalytische Behandlung. Er hatte telefonisch wegen eines Therapieplatzes nachgefragt und während des Telefonats berichtet, der ihn jetzt überweisende Psychiater habe gesagt, er sei sicher, daß ich für sein besonderes Problem Verständnis haben würde. Bei dieser Äußerung hatte ich in mir auffälliger Weise den Eindruck, als eine Art „Mitverschwörer“ angesprochen zu werden. Im Erstinterview erzählte der Patient, ein Mann von zierlicher, fast schmächtiger Statur, in dessen eher konturlosem Gesicht mir die Augen mit ihrem fast flehenden, aber auch forschendem Ausdruck auffielen, erst von den Klinikaufenthalten. Anlaß waren die Umwelt besorgt stimmende suizidale Handlungen gewesen, die auf Phasen von Betriebsamkeit bis in eine tiefe Erschöpfung hinein gefolgt waren. In den Kliniken sei es dann geborgen und sicher für ihn gewesen, „da drin durfte es mir endlich schlecht gehen, schließlich ging es ja allen da schlecht“. Das Ergebnis des letzten Klinikaufenthaltes, der nun schon einige Jahre zurücklag und nach dessen Beendigung er mit wachsender Sicherheit und bescheidenem materiellen Erfolg als selbständiger Handwerker hatte arbeiten können, schilderte er so: „Da habe ich rausgekriegt, daß ich nämlich in diesem Land ein Fremder bin. Ich bin Jude und homosexuell und habe meine Heimat in Frankreich." Er habe in Berlin ständig in wechselnder Folge Verlorenheits- und Panikgefühle, höre im Radio keinen deutschen Sender und könne es hier nur aushalten, weil auf dem Konto immer Geld für die Flugticket „irgendwohin" sei, „aber ich habe Angst, mir einen Paß zu besorgen". Er habe in Berlin außerdem in den letzten Jahren gute Freunde gefunden, „die meisten sind Juden, oder sie sind mir vertraut aus den alten linken Zeiten, aber jetzt sind mir die Linken suspekt, über Israel reden die unbewußt manchmal wie die Nazis."

Während des Erstinterviews ist der emotionale Hintergrund dieser Äußerungen für mich eher verschwommen. Ich bin auf diffuse Weise schockiert, bemerke – etwas beschämt – eine innere Weigerung, mich einzufühlen (was mir sonst bei Konfrontationen mit derartigen Lebensschicksalen nicht in solchem Umfang passiert). Ich registriere auch einen leichten Ärger, der mir vielleicht eine innere Distanzierung erleichtern soll: auch in diesem Gespräch war in der Haltung des Patienten die am Telefon schon bemerkbare, um Einverständnis nicht werbende, sondern sie voraussetzende Beziehungsphantasie deutlich mitgeschwungen. Ärgerlich reagiere ich im Erstgespräch auch auf die affektive Verschwommenheit. Daß es sich hier um genuine Gegenübertragungsphänomene handelte, erwies sich im späteren Behandlungsverlauf. Ich entschließe mich im Erstinterview, meinem Bedürfnis, etwas klarer zu sehen (die „Verschwommenheit", die ja auch das Gesicht des Patienten charakterisierte, zu differenzieren), durch Nachfragen bezüglich der Fakten nachzugehen. Das tue ich sonst im allerersten Gespräch eher nicht. Ob er mir Näheres über seine Herkunft erzählen möchte? Es kam wieder eher Verschwommenes, aus dem sich aber Folgendes destillieren ließ: ein Großvater auf Mutters Seite der Familie war jüdisch, hatte in Frankreich gelebt, und der Patient hatte hierüber und über viele Aufenthalte in Frankreich tatsächlich eine sehr intensive Beziehung zu dem Land und den Leuten aus Großvaters Dorf, er war zwar jetzt manifest homosexuell, aber diese Partnerwahl war unterlegt von einem Gefühl der Vorläufigkeit und der „immer noch besseren Wahl" nach mehreren unglücklich geendeten heterosexuellen Beziehungen. Später wurde deutlich, daß der Patient zunächst bei neuen Bekanntschaften und in einigen Beziehungen zu ihm eher fremd bleibenden Menschen immer auf diese Art und Weise seine Geschichte erzählte und diese in dem Moment selbst auch glaubte. Bestehen blieb – und jetzt wirklich mein Mitgefühl erregend – das vom Patienten erlebte Leiden, wie er es vorher beschrieben hatte, das sich im Gespräch auch formulieren ließ als das Unglück, nicht zu wissen, wer er nun wirklich sei, wo er einmal fraglos hingehören könne, ein tiefes Gefühl von Zerrissenheit, das nicht völlig durch diagnostische Kategorien erfaßbar war.

Wir vereinbarten eine Behandlung, jedoch auch ein zweites Vorgespräch zur Vorbereitung des Antrags auf Übernahme der Kosten durch die Krankenkasse.

In diesem Gespräch erklärte der Patient spontan, er stehe zu seinem Entschluß zur Analyse, aber meine Bewegtheit am Ende des ersten Gesprächs habe ihn auch etwas geängstigt. Er wolle mir noch sagen, daß er im Alltag doch ganz stabil sei, wenn nichts „Besonderes" passierte. Er könne sich „sehr hart" herannehmen, aber das überforderte ihn eben ständig. Einige Zeit später im Gespräch – eher zusammenhanglos – berichtete er gefühlsmäßig völlig neutral, der Großvater väterlicherseits habe sich in englischer Kriegsgefangenschaft umgebracht, er sei „irgendwas Höheres bei der SS" gewesen, „aber mein Vater hat erzählt, er hat mit zwei jüdischen Kindern gespielt".

(Der Vater wurde 1934 geboren!)

Dieser Patient konnte nur mittels einer besonderen Symptombildung, sichtbar werdend im mir präsentierten Lebenslauf, extreme Loyalitätskonflikte im Zusammenhang mit den Beziehungen zu beiden Eltern vorübergehend überdecken. Für sein bewußtes Alltagsleben hatte er die Opferidentität „gewählt", um so wenigstens zeitweise der Spannung seiner inneren Täter-Opfer-Konstellation nicht allzu sehr ausgesetzt zu sein. Mit dieser Maskierung wollte er nicht entdeckt werden (die haltungsmäßige Einladung, an der Verschwörung teilzuhaben) und doch wollte er hinter der Maske mit seiner anderen Hälfte auch gefunden werden (das schnelle, fast erleichterte Offenbaren der „Lüge") und die Aufforderung zum Entdecktwerden über das Anbieten der

„Verschwommenheit". Ich wurde geradezu eingeladen, hinter der Maskierung als Opfer nach dem Tatsächlichen zu suchen, nach dem wirklich Geschehenen.

In seinem Leiden erlebte und schilderte der Patient sich, als erlebe er die Verfolgungen, die er damals als Opfer wirklich erlebt hätte – als potentielles Opfer seines Großvaters – tatsächlich in der Jetzt-Zeit. Jeder Behördenangestellte wird ihm *heute* zum Gestapomann. Über die Schilderung und partielle Identifizierung mit einer „Unwahrheit" weist er auf eine Wahrheit hin. Bewahrt er durch diese Inszenierung Wahrheit auf, die andere nicht mehr für wahr haben wollen?

Die analytische Arbeit mit diesem Patienten sollte mich später unweigerlich mit der in ihm aufbewahrten Wahrheit konfrontieren. Bereits im Initialtraum (dem ersten, zur Stunde mitgebrachten Traum) wird er, geflohen aus einem KZ, panikerfüllt im Wald sitzend, von zwei Bluthunden bewacht *und* beschützt. Die Bluthunde bringt er in Verbindung mit amerikanischen Gefängnissen und Negersträflingen. Die Merkwürdigkeit, daß diese Symbole der Macht ihn schützen und wärmen, für ihn vielleicht Menschen zerreißen würden, wie sie dies für Hitler und seine Gefolgsleute seinerzeit tatsächlich taten, bleibt ihm noch in gnädiger Weise fern.

Später bringt er dann ein von ihm gemaltes Bild mit. Ich bin zunächst gespannt, warum der sehr wortmächtige Patient an dieser Stelle zum nonverbalen Ausdruck greift. Wir betrachten gemeinsam das Bild, der Patient hat dort u.a. Tote, die von den Nazis ermordet worden waren, durch Berge von Schädeln dargestellt. Ich bin zunächst wie gelähmt, psychisch betäubt, dann dreht er das Bild zu sich herum, so daß ich es nun auf den Kopf gestellt sehe. Mir wird plötzlich eiskalt: er hat massenhaft das Zeichen des SS-Großvaters gezeichnet.

Die Verlegung des Verfolgtseins in die Gegenwart, d.h. auch die Verschiebung der wirklichen Täter (weg vom eigenen Großvater) und damit auch diesen hinauswerfend aus dem eigenen Innern prägt natürlich in besonderer Weise das Übertragungs- und Gegenübertragungsgeschehen in dieser Behandlung. Obwohl der Patient gelegentlich über meine familiäre Herkunft phantasiert, ist es für ihn erleichternd, daß er nichts weiß, so kann er mich als das ihm nicht gegebene Dritte phantasieren als Hoffnung für sich selbst.

Aber: wenn ich für ihn zu plötzlich in der Dämmerung die Lampe neben meinem Sessel anknipse, bin ich Nazi, und natürlich auch immer dann, wenn wir in die Nähe einer wichtigen Funktion seiner Opferidentifizierung kommen, die darin besteht, ihn vor tabuisierten eigenen aggressiven Regungen zu schützen. Wie stark Aggressives und Destruktives in ihm enthalten ist, merkt der Patient erst allmählich über die Reflexion seines Umgangs mit sich selbst, er beginnt zu erschrecken über die ihm innewohnende Nazimentalität, mit der er den eigenen Körper traktiert („ich nehme mich hart ran", s.o.).

Eine Reise nach Amerika wird ihm zum wichtigen Erlebnis und zum Anlaß, eine Utopie für sich selbst zu formulieren: „Früher hatte ich das diffuse Gefühl, dorthin könne ich flüchten. Jetzt war es so, daß ich gedacht habe, dort kann ich hingehen und alle Erinnerungen mitnehmen und doch ich selbst sein."

Analog zur Gespaltenheit des Patienten wandern meine Gefühle und Phantasien in den Stunden oft sehr schnell wechselnd zwischen Wut, Angst und Trauer.

Ich weiß nicht, ob er für beide Teile in sich (für den im KZ umgekommenen Großvater und für den SS-Großvater) jeweils ein Grab finden wird und wieweit oder wie nah die Gräber werden auseinanderliegen müssen, damit er leben kann.

Für mich ist wichtig: soll die Arbeit mit diesem Patienten einigermaßen geglückt verlaufen, dann werde ich bereit sein müssen, ihn sowohl in die Opferidentifikation hinein als auch in die Täteridentifikation hinein zu begleiten. Dies wird nur möglich sein, wenn es gelingen kann, die Erinnerung an die realen Opfer und an die realen Täter zu bewahren.

Es hieße wohl, einen folgenschweren Irrtum zu begehen, meinte man, in der psychoanalytischen Arbeit seien die beiden Beteiligten nur mit der Privatheit einer persönlichen Geschichte befaßt, d.h. mit dem „persönlichen Unbewußten". Es ist vielmehr davon auszugehen, daß die in Träumen und Phantasien und Identifizierungen zutagetretenden Bilder auch kollektiv verdrängte Geschichte dem Tageslicht zugänglich machen.[20]

„Falsche“ Identifizierungen[21] bewahren kollektiv Verdrängtes auf, damit es gefunden, erinnert und beachtet werde.

Udo Rauchfleisch

Die psychodynamische Bedeutung der Lebenslüge: ihre kompensatorische und stabilisierende Funktion

Relling: „Ich sorge dafür, daß das Flämmchen der Lebenslüge in ihm nicht erlischt ...
die Lebenslüge, das ist das stimulierende Prinzip ... wenn Sie einem Durchschnittsmenschen seine Lebenslüge nehmen, so bringen Sie ihn gleichzeitig um sein Glück."

Henrik Ibsen: Die Wildente. 5. Akt

Die zitierte Passage aus Henrik Ibsens Drama „Die Wildente" läßt erkennen, daß die „Lebenslüge" eine für das psychische Gleichgewicht und mitunter sogar für das Überleben eines Menschen wichtige Funktion erfüllt. Der Betreffende spürt zwar in der Regel, daß das Bild, das er von seiner eigenen Person und seinem Leben vor sich selbst und anderen aufrechterhält, nicht der Realität entspricht. Er klammert sich jedoch, geradezu verzweifelt, an diesen „Mythos" – und dies um so mehr, je offenkundiger die Fragwürdigkeit seines Selbstverständnisses wird. Allfällige Versuche der Umgebung, eine Korrektur dieses Bildes vorzunehmen, beantwortet der Betreffende häufig mit abruptem Rückzug oder verbissener Verteidigung. Aus beiden konträren Verhaltensweisen spricht die tiefe Verletztheit, die der an einer Lebenslüge festhaltende Mensch erlebt, wenn das von ihm errichtete Bild in Frage gestellt wird.

Die bisherigen Ausführungen könnten den Eindruck erwecken, ein solcher Mensch baue sich seine Lebenslüge bewußt auf und wehre sich gegen eine Korrektur, um an seinem positiven Bild von sich festhalten zu können. Zu einer derartigen Annahme könnte auch die Bezeichnung „Lebens-*lüge*" verleiten. Man täte einem solchen Menschen jedoch bitter Unrecht, wenn man annähme, er suche mit einer banalen „Lüge" einen Ausweg aus einer konfliktreichen Situation. Ich werde im vorliegenden Beitrag anhand der kasuistischen Beispiele vielmehr zeigen, daß die Lebenslüge oft mit großem Leid bezahlt wird. Der betreffende Mensch sieht sich aber – trotz dieses hohen Preises – zum Aufbau einer Lebenslüge gezwungen, da sie ihm das einzige Mittel zu sein scheint, mit dessen Hilfe er sein inneres Gleichgewicht zu erhalten und der drohenden Dekompensation zu entgehen vermag.

Der Begriff „Lebens-*lüge*" signalisiert indes etwas Wichtiges im Hinblick auf die Interaktion zwischen dem eine Lebenslüge verwendenden Individuum und seinen Beziehungspersonen: Mit dieser Bezeichnung wird ausgedrückt, daß die Umwelt das Unrealistische des präsentierten Bildes spürt und ihrerseits mit aggressiven Impulsen (moralisierend, verurteilend) darauf reagiert. Es liegt also offensichtlich für die Umwelt in diesem Verhalten eine Provokation, während der Betreffende sein Selbstkonzept mit allen ihm zur Verfügung stehenden Mitteln zu verteidigen sucht. Die dabei spürbar werdende Verzweiflung läßt erahnen, daß die Lebenslüge nicht einer momentanen „Laune" entspringt, sondern – wie es der Begriff *Lebens*-lüge ja andeutet – eine zentrale Bedeutung für die Existenz eines solchen Menschen besitzt.

Ich sehe vor allem die folgenden *vier Funktionen*, welche die Lebenslüge erfüllen kann:

1. Sie dient der Kompensation eines narzißtischen Defizits.
2. Sie ist Ausdruck eines „falschen Selbst" (i. S. von Horney, 1939, und Winnicott, 1960), das zur Stabilisierung der Persönlichkeit benötigt wird.
3. Sie dient der Kontrolle wichtiger Bezugspersonen.
4. Sie ermöglicht es, an einer für die Integration der Persönlichkeit wichtigen negativen Identität festzuhalten.

Diese vier Funktionen finden sich zwar nicht immer in „reiner" Form. Untersucht man aber die Biographien von Menschen mit Lebenslügen, so läßt sich doch oft ein Schwergewicht im einen oder anderen Bereich feststellen. Zur Veranschaulichung möchte ich zu jeder der vier genannten Funktionen ein bzw. zwei kurze kasuistische Beispiele geben.

Es sei jedoch ein genereller Hinweis vorausgeschickt: Die folgenden Ausführungen sollten nicht in dem Sinne mißverstanden werden, als sei die Lebenslüge in jedem Falle ein pathologisches Phänomen. Anhand der kasuistischen Beispiele wird deutlich werden, daß die Lebenslüge eine die Persönlichkeit stabilisierende, mitunter sogar eine lebensrettende Funktion erfüllt. Es erschiene mir deshalb fragwürdig, hier in vereinfachender Weise von „Pathologie“ zu sprechen. Hinzu kommt, daß gewisse Verzerrungen im Selbstkonzept – wenn auch in unterschiedlicher Ausprägung – bei vielen Menschen zu finden sind. Auch aus diesem Grunde dürfte eine eindeutige Unterscheidung zwischen „pathologischer Lebenslüge“ und „normalem Selbstbild“ in der Praxis schwierig und theoretisch fragwürdig sein. Diese Überlegungen sind mir insofern wichtig, als ich zur Verdeutlichung meiner Thesen kasuistische Vignetten gewählt habe, die recht ungewöhnliche Lebenschicksale darstellen.

1. Die Lebenslüge als Kompensation eines narzißtischen Defizits

Ein vielfach straffällig gewordener junger Mann berichtete mir, als ich erstmals mit ihm zusammentraf, folgende Lebensgeschichte:

Er sei das einzige Kind eines Artistenpaares, das früher wegen seiner schwierigen Trapezakte berühmt gewesen sei. Er habe als Kind den Eltern als Partner gedient, bis er im Alter von fünf Jahren durch einen Absturz vom Trapez schwer verletzt worden sei. Während seines langen Aufenthaltes im Spital seien die Eltern mit ihrer Truppe weitergezogen und hätten ihn alleine zurückgelassen, zumal er für sie aufgrund seiner bleibenden Behinderung (der Patient demonstrierte mir bei diesen Worten eine tatsächlich bestehende Behinderung in der Beweglichkeit seines Schultergelenkes) als Partner „uninteressant und nur noch eine Belastung“ gewesen sei. Er sei in der Folge in Heimen aufgewachsen. Den Vater habe er niemals wieder gesehen. Soweit er informiert sei, hätten sich die Eltern später getrennt. Der Vater sei mit einer Artistengruppe in die USA gegangen und lebe jetzt dort. Auch die Mutter habe er während zwanzig Jahren nicht gesehen. Erst vor kurzer Zeit habe er ihre Adresse in Erfahrung gebracht und habe die Mutter daraufhin aufgesucht. Der junge Mann schilderte diese Lebensgeschichte und das jüngste Zusammentreffen mit der Mutter in so überzeugender Weise und mit so starker emotionaler Beteiligung, daß ich in keiner Weise an der Wahrheit seines Berichtes zweifelte. Später erwies sich diese „Biographie", die der junge Mann übrigens auch anderen Personen als seine Lebensgeschichte darstellte, hingegen in allen Punkten als unwahr.

Dieser Bericht ist in zweifacher Hinsicht bemerkenswert: Zum einen entsprach er in keinem Punkt der äußeren Realität, zum anderen ließ er bei mir und anderen Gesprächspartnern durch die Art der Darstellung und die eingestreuten „Beweise" (tatsächliche Behinderung des Schultergelenks, emotionale Ergriffenheit) nicht den geringsten Zweifel an der Wahrheit der Mitteilungen aufkommen. Was mag diesen jungen Mann bewogen haben, im Gespräch mit mir ein solches Bild seines Lebens zu entwerfen? Offensichtlich war es *für sein Erleben entscheidend,* daß er sich mir beim ersten Zusammentreffen in dieser Weise präsentieren konnte. Dies muß für ihn ein sehr dringliches Anliegen gewesen sein, denn er nahm das Risiko in Kauf, daß ich spätestens beim Studium seiner Akten die wahren Sachverhalte erfahren würde.

Betrachtet man seine pseudologische Darstellung unter dem Gesichtspunkt, welche Funktion sie für sein psychisches Gleichgewicht erfüllte, so wird deutlich, weshalb er gerade diese Art von Lebenslüge aufgebaut hatte: Seine tatsächliche Biographie war dadurch gekennzeichnet, daß er als jüngstes von sechs Kindern bei Eltern aufgewachsen war, die unter gravierenden sozialen und persönlichen Schwierigkeiten in einer sehr spannungsreichen Ehe lebten. Von frühester Kindheit an hatte er von Seiten seiner Umgebung Zurückweisung, Desinteresse und Entwertung erlebt. In keinem Bereich seines Lebens war es ihm gelungen, auf einer *realistischen* Ebene eine Kompensation dieser Mangelerfahrungen zu finden. Seine schon früh beginnende dissoziale Fehlentwicklung hatte – trotz seiner durchschnittlichen Intelligenz – schulische und berufliche Erfolge verunmöglicht. Er hatte sich zunehmend in Delikte verwickelt, mußte wiederholt Haftstrafen verbüßen und befand sich, als ich mit ihm zusammentraf, innerlich und äußerlich in einer desolaten Situation. In dieser Lage stellte seine pseudologische „Biographie“ eine letztlich wirkungsvolle Kompensation seine zentralen Insuffizienzgefühle und seines narzißtischen Defizits dar. In grandioser Weise deutete er in seinem Bericht die bedrückende Realität um: Nun war er nicht mehr der aus mißlichen Familienverhältnissen stammende, von niemandem beachtete, sich durch nichts Positives auszeichnende Mensch, sondern das ehemals umjubelte Wunderkind, dessen Kunststücken hoch oben in der Zirkuskuppel Tausende mit angehaltenem Atem folgten. Ohnmacht wird in dieser Lebenslüge in Allmacht, Unbeachtetheit in grenzenlose Bewunderung, Insuffizienz in Grandiosität verkehrt.

Allerdings vermochte auch die pseudologische Darstellung die tiefe Einsamkeit dieses Menschen nicht ganz zu leugnen. Selbst in diesem Bericht präsentierte er sich noch als ein „Im-Stich-Gelassener“, der er (wenn auch nicht in so konkreter Weise wie in der pseudologischen Darstellung) tatsächlich innerlich war! Es scheint mir keine zu weit gehende Spekulation zu sein, wenn ich vermute, daß die Lebenslüge diesen jungen Mann vor einer Dekompensation – und damit wohl auch vor einem Suizid – bewahrte. Er hatte seine verzerrte Deutung wie einen Schutzschild zwischen sich und die bedrückende Realität geschoben. Die Lebenslüge stellte damit für ihn eine *narzißtische Kompensation* dar und scheint mir insofern durchaus mit der von Morgenthaler (1987) beschriebenen *Plombenfunktion* vieler sogenannter „perverser“ Manifestationen vergleichbar zu sein.

Eine solche Funktion erfüllen häufig auch *Tagträume*, die – wenn sie, wie im folgenden Beispiel, in exzessiver Weise entwickelt werden – eine wichtige Rolle beim Aufbau einer Lebenslüge spielen können.

Eine junge Patientin, die in emotional und materiell äußerst kärglichen Verhältnissen aufgewachsen war, hatte sich in ihren Tagträumen zunehmend eine eigene – kompensatorische – Welt aufgebaut. Je bedrückender die äußere Realität für sie wurde, desto mehr zog sie sich in ihre Tagträume zurück. Sie verbrachte schließlich, auf ihrem Bett liegend, etliche Stunden des Tages damit, ihren Phantasien nachzuhängen. Während sie in ihrer realen Umgebung nur Mißerfolge und Ablehnung erlebte, sah sie sich in ihren Tagträumen als Herrscherin über eine paradiesische

Südseeinsel, umgeben von Menschen, die sie liebten, sie verehrten und ihr völlig ergeben waren. Im Gegensatz zu den „grauen Hinterhaushöfen“ ihrer Kindheit und der „kalten Atmosphäre“ im Elternhaus herrschte auf ihrer Phantasieinsel „immer strahlender Sonnenschein und wohlige Wärme“.

Diese Tagträume, welche die Patientin anfangs bewußt herbeizuführen suchte, begannen mit der Zeit zunehmend ein Eigenleben zu entwickeln und drängten sich ihr schließlich auch gegen ihren Willen auf (vgl. Rauchfleisch, 1981). Das Reich ihrer Phantasien wurde für sie mehr und mehr zu einer zweiten Existenzform. Diese bot ihr auf der einen Seite eine Kompensation ihres erheblichen narzißtischen Defizits. Auf der anderen Seite entfernte sie sich durch das Leben in der Tagtraumwelt verhängnisvollerweise aber auch immer weiter von der äußeren Realität und war – in fast süchtiger Weise – in ihrer illusionären Vorstellungswelt gefangen.

2. Die Lebenslüge als Manifestation eines „falschen Selbst“

Die vielleicht extremste Form, welche die Lebenslüge annehmen kann, finden wir bei transsexuellen Menschen. Es sind bekanntlich Personen, die von der Vorstellung erfüllt sind, dem Gegengeschlecht anzugehören. Im Gegensatz zum Transvestitismus wird nicht nur gegengeschlechtliche Kleidung getragen, sondern eine operative Angleichung an das Gegengeschlecht angestrebt. An Stelle einer individuellen Lebensgeschichte möchte ich im folgenden die für das Thema der Lebenslüge wichtigsten Merkmale nennen, die ich aufgrund meiner Erfahrungen aus Begutachtungen in der Psychiatrischen Universitätspoliklinik Basel und aus z. T. jahrelangen psychotherapeutischen Begleitungen solcher Patienten als charakteristisch für sie erachte (s. Rauchfleisch, 1986).

Im Zentrum des Erlebens transsexueller Menschen steht die – unerschütterliche – Überzeugung, nicht dem biologischen Geschlecht, sondern dem Gegengeschlecht anzugehören. Die

Patienten berichten in der Regel, diese Vorstellung habe von frühester Kindheit an bestanden. Soweit mir Akten aus der Kindheit (Kindergartenzeit, schulpsychologische Untersuchungen) zugänglich waren, bestätigen diese, zumindest bei einem Teil von Transsexuellen, ihre Darstellung. In Übereinstimmung mit den Beobachtungen anderer Autoren (z.B. Stoller, 1975) konnte ich mich anhand von Fotos aus der Kinderzeit dieser Patienten ferner davon überzeugen, daß die männlichen Transsexuellen als Kinder oft ausgesprochen hübsch waren und sich offenbar – unter anderem – aus diesem Grunde den Müttern als Identifikationsobjekte besonders anboten.

Obwohl die Ursachen des Transsexualismus bisher nicht eindeutig geklärt werden konnten, dürfte in psychodynamischer Hinsicht ein wesentlicher Faktor in der mangelhaften Abgrenzung zwischen Eltern und Kind liegen. Der spätere Transsexuelle muß den Eltern zur Erfüllung ihrer (vorwiegend narzißtischen) Bedürfnisse dienen, in diesem Falle: sein biologisches Geschlecht verleugnen und sich, als Extremform eines „falschen Selbst", als Angehöriger des anderen Geschlechtes erleben. Mitunter tritt die narzißtische Dimension in der Interaktion zwischen den Familienmitgliedern deutlich beim gemeinsamen Gespräch mit den Eltern hervor. So erwähnte etwa die Mutter eines jungen männlichen Transsexuellen, für ihren Ehemann sei vor der Geburt des Sohnes der Gedanke, sie könne eine Tochter gebären, unerträglich gewesen. „Eine Tochter wäre sein Tod gewesen!" Daß der Patient in diesem Falle aber nicht nur Objekt zur Austragung der ehelichen Konflikte, sondern auch narzißtisches Substitut für die Mutter war, zeigte wenig später eine weitere Aussage von ihr: Sie verwies darauf, daß der (erwachsene!) Sohn nach einem von ihr bis ins Detail entworfenen Plan beaufsichtigt und „vor allem Bösen beschützt" werden solle (d.h. unter allen Umständen in der symbiotischen Verstrickung mit ihr verharren solle). Unterstützung heischend, fügte sie, an mich gewendet, hinzu: „Wir wollen doch unser Werk nicht gefährden!"

Der Transsexuelle konfrontiert uns, wie erwähnt, mit einer Extremvariante einer Lebenslüge, die in diesem Falle bis tief in den Kern der Selbstidentität reicht. Mit der Leugnung der Geschlechtszugehörigkeit, dieser Grunddimension der menschlichen Existenz, unternimmt der transsexuelle Mensch den Versuch, einen Ausweg aus dem ihm unerträglichen Identitäts- und Beziehungsdilemma zu finden. Die Erfahrungen mit Transsexuellen (mit und ohne operative Angleichung an das Gegengeschlecht) zeigen zwar, daß es letztlich ein ineffizienter Versuch ist und daß sie auf diesem Wege weder eine stabile Selbstidentität noch eine wirkliche Selbstakzeptanz zu erreichen vermögen. Doch wird gerade an diesem Extrembeispiel auch deutlich, daß eine Lebenslüge, selbst wenn sie wie hier ein „falsches Selbst“ besonders krasser Art darstellt, eine für das Individuum hilfreiche Funktion erfüllen kann. Vielen Transsexuellen bliebe angesichts ihrer symbiotischen Verstrickung und Identitätsdiffusion ohne diese Kompensation wohl nur die psychotische Dekompensation oder der Suizid. In diesem Sinne ist der Hinweis eines transsexuellen jungen Mannes zu deuten, der viele Jahre nach einer operativen Angleichung an das weibliche Geschlecht anläßlich eines katamnestischen Gespräches sagte, er bereue die Operation zwar nicht, „aber vorher hatte ich als letzte Strohhalme in meinem Leben zwei Dinge: ‚Operation‘ und ‚Suizid‘. Jetzte habe ich nur noch eines“!

3. Die Lebenslüge als Mittel zur Kontrolle wichtiger Beziehungspersonen

Ein junger Mann suchte psychotherapeutische Hilfe, nachdem er viele Jahre lang ein naturwissenschaftliches Studium betrieben hatte, ohne je eine Zwischen- oder Abschlußprüfung zu absolvieren. Versuche, eine im Studiengang notwendige schriftliche Arbeit fertigzustellen, waren trotz etlicher Anläufe immer wieder gescheitert. Der Student blieb jeweils bereits in den Vorbereitungen „stecken“, indem er umfangreiche Stoffsammlungen anlegte, bis ins letzte Detail festgelegte Arbeitspläne aufstellte und schließlich „den Wald vor lauter Bäumen nicht mehr sah“.

Er war als mittleres von drei Kindern in einem durch strenge Normen geprägten Elternhaus aufgewachsen. Zu den Geschwistern, die er als von den Eltern bevorzugt empfand, unterhielt er eine stark rivalisierende, neiderfüllte Beziehung. Den Eltern gegenüber ließ er eine ausgeprägte Ambivalenz erkennen: Einerseits litt er unter der von ihnen ausgehenden Kontrolle und Einengung, der er sich unterworfen fühlte. Andererseits empfand er voller Bitterkeit, daß er von ihnen nicht die gewünschte Zuwendung und Unterstützung erhalten hatte. Er führte ein sozial und emotional extrem eingeengtes Leben, völlig gefangen in einem Netz von Zwangsritualen und Zwangsbefürchtungen der verschiedensten Art.

In der psychoanalytischen Behandlung kristallisierte sich zunehmend deutlicher heraus, daß sein Lebensentwurf hieß: „Ich möchte den Eltern (und zum Teil auch den Geschwistern) als lebender Vorwurf vor Augen stehen und sie dafür bluten lassen, daß sie mich zurückgesetzt und in meiner Expansivität eingeschränkt haben". Im Zusammenhang mit diesem von Racheimpulsen beherrschten Selbstverständnis tauchten bei ihm Vorstellungen auf wie die, *er* sei der eigentliche Mächtige der Familie, er werde die Eltern bis auf den letzten Tropfen Blut aussaugen, sie sollten für das ihm Angetane büßen, er sei wie ein Ameisenlöwe, der seine Opfer in den Sandtrichter locke und verschlinge, und ähnliches. Dabei bestand für ihn ein hoher sekundärer Krankheitsgewinn darin, daß die Eltern ihn wegen seines „unendlichen" Studiums finanziell unterhielten. Jeden Schritt aus dieser Situation heraus empfand er aufgrund seiner Racheimpulse und seines Bedürfnisses nach einem masochistischen Triumph als „Niederlage".

Angesichts dieser psychodynamischen Konstellation bedeutete es für den Patienten eine tiefe Erschütterung, als er in der Behandlung zu realisieren begann, daß die Eltern sich keineswegs von ihm als „lebendem Vorwurf" quälen und aussaugen ließen und daß – in der Neuauflage der Neurose in der Übertragung – auch der Therapeut keineswegs ein hilflos im Netz des Patienten zappelndes Opfer war. Immer deutlicher wurde für den Patienten, daß sein Selbstentwurf, ein allmächtiger Manipulator zu sein, eine Lebenslüge war. Was ihm bisher als scheinbar unangreifbare „Bastion hoch oben in den Bergen" (wie es in einem seiner Träume hieß) erschienen war, erwies sich nun als Fiktion, die ihm wie Sand zwischen den Fingern zerrann.

Es war für diesen jungen Mann ein schmerzlicher Prozeß, in der psychoanalytischen Behandlung zu erleben, daß seine Hoffnung, mit Hilfe dieser Lebenslüge die Eltern strafen und von ihnen doch noch die so lange ersehnte Zuwendung erzwingen zu können, eine sich nie erfüllende Illusion darstellte. All die Opfer, die er durch seine neurotische Symptomatik mit ihrer extremen Einengung auf dem „Altar der Lebenslüge" gebracht hatte, waren im Grunde vergeblich. Nicht die Eltern hatten gelitten, sondern in erster Linie *er selber*!

Die psychoanalytische Aufdeckung dieser Lebenslüge war für ihn zwar schmerzlich, stellte aber zugleich den Beginn einer neuen Entwicklung dar und eröffnete ihm damit bisher unbekannte Freiräume. Eindrücklich hat der Patient selber diese Wandlung am Ende der Psychoanalyse in den beiden folgenden Träumen zum Ausdruck gebracht:

„Ich fuhr mit der Hand über den linken Oberarm. Da merkte ich, daß dort eine mittlerweile verheilte Wunde war. Es war eine riesige, abgeschürfte, jetzt vernarbte Wunde".

„Ich war an einem Bächlein, das durch Wiesen lief. Es war wie dort, wo ich als Kind gespielt habe. Es hingen Zweige über dem Bach, im Bach war heller Kies. Da erweiterte sich das Bächlein zu einem Meeresarm, zu einer Bucht mit einem Leuchtturm. In der Ferne sah ich einen Hügelzug".

4. Die Lebenslüge als Versuch, an einer negativen Identität festzuhalten

Immer wieder ist man als Psychotherapeut erschüttert, mit Menschen konfrontiert zu sein, die unter innerlich und äußerlich desolatesten Bedingungen aufgewachsen sind. Es mutet bisweilen wie ein böser Fluch an, daß sich die unheilvollen Beziehungserfahrungen der Kindheit wie ein roter Faden durch ihr weiteres Leben ziehen.

Es wäre jedoch ein Irrtum anzunehmen, diese Menschen seien passive Opfer solcher sich immer wiederholender ungünstiger Lebensumstände, und es komme in der Therapie lediglich darauf an, ihnen einen sie akzeptierenden Rahmen und „bessere" Beziehungserfahrungen anzubieten. Geschieht dies, so spürt man als Therapeut plötzlich einen hartnäckigen Widerstand von seiten der Patienten, bis hin zu einem abrupten Rückzug, in Extremfällen sogar psychotische Reaktionen. Spätestens an dieser Stelle wird erkennbar, daß der Betreffende von sich das Bild eines stets benachteiligten, ausgenutzten und abgelehnten Menschen geradezu verzweifelt aufrechtzuerhalten sucht. Jede neue, korrigierende Beziehungserfahrung vermag er deshalb nicht etwa als hilfreich zu erleben. Er empfindet sie vielmehr im Gegenteil als Bedrohung der (für die Integration seiner Persönlichkeit notwendigen) negativen Identität. Die beiden folgenden kasuistischen Vignetten mögen der Veranschaulichung dieser These dienen:

Das erste Beispiel betrifft eine junge Patientin, die wegen vielfältigen (frei flotierenden und phobisch gebundenen) Ängsten, Impulsdurchbrüchen aggressiver und sexueller Art sowie erheblichen Kontaktproblemen die psychotherapeutische Sprechstunde aufsuchte. Sie berichtete davon, in einem von Aggressivität und sexueller Verwahrlosung geprägten Elternhaus aufgewachsen zu sein. Ihre frühkindlichen Erfahrungen faßte sie anschaulich mit den Worten zusammen: „Um mich selber ging es nie! Meiner Mutter war ich völlig gleichgültig, nur brauchbar, wenn ich für sie log (dem Vater gegenüber diverse außereheliche Beziehungen der Mutter deckte). Und für den Vater war ich nur Blitzableiter für die Wut, die er eigentlich auf die Mutter hatte. Über mich wurde immer nur verhandelt wie über eine Ware".

Aus diesem Erlebenskomplex hatte sich bei der Patientin ein negatives Selbstkonzept entwickelt, das sie mit den Worten umriß: „Jetzt will ich gar nicht mehr wissen, was ich will und fühle. Es wäre besser gewesen, die Mutter hätte mich gleich abgetrieben". In allen ihren Kontakten wiederholte sie das Beziehungsmuster der frühen Kindheit und sah sich damit immer wieder in ihrer Vorstellung bestätigt: „Alle lehnen mich ab und nutzen mich aus".

Bezeichnenderweise brachte ihr bei dieser psychodynamischen Konstellation die wohlwollende, sie bestätigende Präsenz des Therapeuten keineswegs eine Entlastung, sondern stürzte sie in tiefe Verwirrung und löste bei ihr Ausbrüche von Haß und

Verzweiflung aus: „Jetzt, nachdem alle immer nur auf mir herumgetrampelt haben, soll ich plötzlich etwas Gutes kennenlernen? Nun soll ich etwas für mich selber tun? Es ist so furchtbar! Das ertrage ich nicht!"

Je deutlicher sich herauskristallisierte, daß sie sich heute, als Erwachsene, *selber* in der Rolle der Abgelehnten, Ausgenutzten festhielt, desto größer wurde ihre Verwirrung und desto verzweifelter klammerte sie sich an das Bild ihrer negativen Identität. Die Tatsache, daß diese – ihr als Kind vielleicht aufgezwungene – Rolle heute nicht mehr der äußeren Realität entsprach, sondern von ihr selber aufrechterhalten wurde, ließ auch für sie zunehmend deutlicher werden, daß sie eine Lebenslüge aufgebaut hatte.

Die Verzweiflung, mit der die Patientin an diesem Bild von sich festhielt, und die Panik, die sie ergriff, als sie sich der Fragwürdigkeit ihres Selbstverständnisses bewußt wurde, lassen zweierlei erkennen: Zum einen zeigt sich an diesem Beispiel, daß das negative Selbstbild bei solchen Menschen tief im Kern ihrer Persönlichkeit verankert ist. Zum anderen wird sichtbar, daß neue, „bessere" Erfahrungen – zumindest zunächst – keine Entlastung bedeuten, sondern als zentrale Infragestellung erlebt werden. Mögen die Erfahrungen der Kindheit und ihre Wiederholungen im späteren Leben auch noch so schmerzlich gewesen sein, so bilden sie doch eine Orientierung, ein Selbstgefühl, daß zumindest eine gewisse Stabilität vermittelt. Auch wenn der betreffende Mensch zumeist tief im Inneren spürt, daß das Festhalten an diesem Bild in der Gegenwart eine Lebenslüge bedeutet, so kann er dieses Bild doch nicht aufgeben, da ihm damit die einzigen Koordinaten seines Lebens genommen würden.

Wie erwähnt, kann es in der Therapie beim Erleben „besserer" Erfahrungen und bei der Entdeckung eigener „guter" Seiten bei Patienten sogar zu psychotischen Reaktionen kommen. Der Illustration diene die folgende Episode aus der psychoanalytisch orientierten Therapie eines Patienten mit schwerer dissozialer Fehlentwicklung:

Der junge Mann war in innerlich und äußerlich desolaten familiären Verhältnissen aufgewachsen und hatte niemals Zuwendung und Anerkennung um seiner selbst willen erfahren. Er machte eine schwere dissoziale Fehlentwicklung durch und mußte wegen vielfältiger Delikte (Sachbeschädigung, Körperverletzung und Diebstähle) wiederholt Haftstrafen verbüßen. Als ich mit diesem Patienten im Rahmen einer vom Gericht angeordneten Psychotherapie zusammenkam, hatte er von sich das Bild eines Menschen entwickelt, der vor allem wegen seiner Impulsivität und Gewalttätigkeit von seiner Umwelt gemieden wurde und sich selber als „abgrundtief böse" erlebte (zur Frage der vom Gericht auferlegten Behandlungen s. Rauchfleisch, 1985, und Perrez und Rauchfleisch, 1985). Obwohl er auch positive Seiten besaß und etwa im sozialen Bereich durchaus zu mitmenschlichem Interesse und zur Sorge für ihm nahestehende Menschen fähig war, hielt er doch geradezu unerbittlich an seinem negativen Selbstverständnis fest.

In einer Therapiestunde berichtete er mir von einem Traum, der ihn sehr merkwürdig berühre: Er habe von einer schönen Blume geträumt, die er zu seinem eigenen Erstaunen einer anderen Person gegeben habe. Diese habe sich über diese schöne Blume sehr gefreut. In meiner Intervention wies ich vor allem auf die Tatsache hin, daß er nicht, wie er selber meine, nur Böses in sich habe, sondern auch andere Seiten besitze und anderen Menschen etwas „Schönes" zu geben vermöge. Der Patient war durch diese Intervention sehr betroffen, schwieg längere Zeit und fragte dann – sichtlich verängstigt – plötzlich, indem er auf ein auf meinem Tisch liegendes schwarzes Buch wies, ob er dieses Buch einmal ansehen dürfe. Während er das Buch in die Hand nahm und durchblätterte, berichtete er, er habe plötzlich den Eindruck gehabt, dieses Buch müsse das 6./7. Buch Moses sein. Es sei ein „Gegenbuch zur Bibel, in dem alles Böse der Welt steht ... Es ist ein Buch, das nur Hexen und Zauberer besitzen, um daraus ihre geheimen Kräfte zu bekommen". Offensichtlich war es bei diesem Patienten zu einer kurzdauernden paranoiden Übertragungsreaktion gekommen, wobei es ihm allerdings schnell gelang, den Realitätsbezug wiederherzustellen.

Es war eindrücklich zu erleben, daß die vom Patienten selber im Traum vorgenommene Korrektur seiner negativen Identität bei ihm eine zentrale Verunsicherung auslöste, die zu der erwähnten psychotischen Übertragungsreaktion führte. Diese Episode läßt auch erkennen, warum solche Menschen sich – obwohl sie spürbar unter ihren negativen Selbstbildern leiden – doch nicht davon trennen können, sondern sich, sobald diese in Frage gestellt werden, geradezu verzweifelt daran klammern: Die negative Identität ist die einzige Koordinate, die ihrem Erleben eine gewisse Struktur gibt. Es besteht bei ihnen die – wie das zuletzt zitierte Beispiel zeigt: berechtigte – Angst, ohne diese als Koordinate dienende „Lebenslüge" einer Dekompensation ausgeliefert zu sein.

Schlußbemerkungen

Die zitierten Beispiele sollten aufzeigen, daß Lebenslügen stets eine bestimmte Funktion erfüllen. Man könnte sogar, etwas vereinfachend, sagen: Je weiter diese Selbstkonzepte von den Bedingungen der äußeren Realität abweichen und je unnachgiebiger der betreffende Mensch an ihnen festhält, desto wichtiger sind sie offensichtlich für die Integration seiner Persönlichkeit.

Aufgrund dieser Überlegungen bin ich der Ansicht, daß wir beim Zusammentreffen mit Menschen, die eine „Lebenslüge" aufgebaut haben, größte Zurückhaltung üben sollen. Wir müssen uns darüber klar sein, daß die verzerrten Selbstbilder eine für den Betreffenden wichtige Stabilisierungsfunktion erfüllen. Jede Infragestellung ist deshalb ein riskantes Unterfangen. Erst wenn – etwa im Rahmen einer Psychotherapie – neue, tragfähige Koordinaten aufgebaut worden sind, darf man es wagen, die bisher als Basis dienende Lebenslüge mit der Realität zu konfrontieren und behutsam abzubauen.

Völlig unangebracht, ja gefährlich, erscheint mir indes die Einführung moralischer Argumente, die unglücklicherweise der Begriff „Lebens-*lüge*" suggerieren könnte. Untersucht man Fälle, in denen etwa Bezugspersonen unter dem „Deckmantel" der moralischen Entrüstung einen Menschen zur Aufgabe seiner Lebenslüge bewegen möchten, etwas genauer, so läßt sich leicht feststellen, daß hier keineswegs echte Sorge um den Mitmenschen vorliegt. Die wahre Triebfeder ist in diesen Fällen vielmehr ein aggressiver Impuls der scheinbar „besorgten“ Beziehungspersonen.

Insofern stellt *Henrik Ibsens* zitierte „Wildente“ nicht lediglich die dramatische Deutung eines unheilvollen Umgehens mit einer „Lebenslüge“ dar. Moralischer Druck und Wahrheitsfanatismus können vielmehr den Menschen, dessen Lebenslüge von der Umgebung rücksichtslos zerschlagen wird, tatsächlich in den Tod treiben.

II

Hochbegabung

Dieses vielschichtige Phänomen wird in seiner weltweiten Aktualität unter wichtigen Gesichtspunkten angesprochen, wobei sich Problemhorizonte entfalten.

Hermann Müller geht in Form eines Essays ein auf ideologische und vorurteilshafte Verfremdungen und Blockierungen in Zusammenhängen geschichtlicher Bewußtseinsentwicklungen und gegenwärtiger konträrer Positionen. Er zeigt auf, daß die Bemühungen einer methodischen und effizienten Förderung von Hochbegabung zu problematischen Verkürzungen geführt haben.

Erwin Hilgendorf bietet einen umfassenden Bericht über Hochbegabtenförderung. Dies geschieht in einem akzentuierten und anschaulichen Ländervergleich der Konzepte und Maßnahmen in China, Großbritannien, Israel, Japan, der Sowjetunion und der USA, der interessante Einblicke gewinnen läßt in unterschiedliche Konzepte und Erfahrungen mit ihnen.

Christa Hartmann und Ursula Hellert informieren eingehend über Erfahrungen einer freien Schule in der Hochbegabtenförderung. Sie veranschaulichen wie Begabungen in Vermittlungszusammenhängen ausgelotet und differenziert gefördert werden. Aufschlußreich ist vor allem in einer Fallbeschreibung die Situation begabter Mädchen dargestellt.

Hermann Müller

Hochbegabte: Heißes Eisen, Zukunftssicherung oder Dimensionen der Identität?

Bei einer Auseinandersetzung mit dem Thema „Hochbegabte“ gewinnt man leicht den Eindruck, sich in einem Labyrinth mit vielen Sackgassen zu befinden. Da ist das soziale und kulturelle, das nationale und rassistische Vorurteil, das verkündet, die eigene Schicht, Kultur oder Rasse sei in höchster und unwiderruflicher Weise begabt und es als Rechtfertigung benutzt, diesen behaupteten Vorrang mit Gewalt zu verwirklichen. Das äußert sich aktuell im Satz eines rechtsradikalen südafrikanischen Politikers: „Wir werden das Land mit der Intelligenz regieren, die wir unseren rein weißen Genen verdanken.“ Solche Diffamierungen haben Tradition. Wie einen Schock hat zu Beginn der nationalsozialistischen Herrschaft den jungen Adorno die Verordnung getroffen, daß kein jüdischer Schüler Klassenprimus werden dürfe. Weiter zurück im 19. Jahrhundert gab es in den USA unter Strafandrohung das Verbot, den Negersklaven Lesen und Schreiben beizubringen, durchaus in der Absicht, die Behauptung, Neger seien dafür unfähig, als selbsterfüllende Prophetie zu erzwingen. Die Anfänge dieser Vorurteile sind in der abendländischen Kultur eingewoben. So prägten die Griechen das Wort „Barbaren“ für die Fremden als die Kulturlosen und das Wort „Banausen“ für die Angehörigen unterer Schichten. Sie stellten die Behauptung auf, daß die Tüchtigsten, die Besten, die Aristokraten auch herrschen sollten. Und die Aristokraten gingen davon aus, daß ihre Tüchtigkeit sich von daher beweise, daß es ihnen gelungen sei, die Macht zu erringen. Dabei hat es in der frühen Antike durchaus Versuche gegeben, die Gefahr einer „Machtergreifung“ einzuschränken, etwa durch den Ostrakismos, das Scherbengericht. So ritzten in Athen die Bürger auf Tonscherben als den damaligen Stimmzetteln den Namen desjenigen ein, den sie für den im heutigen Sinne „Cleversten“ hielten, also für besonders geschickt und erfolgreich. Wer die meisten Stimmen erhielt, mußte die Stadt für mehrere Jahre verlassen. Es war durchaus eine ehrenhafte Verbannung, der Verbannte verlor nicht Hab und Gut, aber auch die anderen sollten ihre Chance behalten. Platon hat versucht, einen dauernden Zusammenhang zwischen höchster Begabung und Macht herzustellen mit der Forderung, daß diejenigen, die den größten Anteil am Nous, an der Vernunft haben, die Philosophen also, auch die Regierenden werden sollten. Wenn dies nicht gegeben sei, so müsse man eben die Herrschenden zu Philosophen erziehen. Das hat er dann auch bei dem Tyrannen Dionysos in Syrakus versucht, und sein Nachfolger Aristoteles ist der Hauslehrer des jungen Alexander geworden.

Heute steht ein anderer Widerspruch im Vordergrund, der als Konflikt zwischen Begabtenförderung und Chancengleichheit bewußt ist. Dabei ist die Überzeugung verbreitet, daß man nur eines haben kann, entweder die elitäre Förderung einer Minderheit oder die allgemeine Förderung für alle. Konsens besteht darin, daß Bildung, die Förderung von Bildung, unabhängig sein muß von materiellen Bedingungen, von sozialen Einflüssen, von frühen Festlegungen des Bildungsganges. Eine Bildung, die rigide nur die Begabtesten ausliest, schädigt die, die dabei auf der Strecke bleiben. Wenn man bedenkt, daß es früher durchaus möglich war, daß in einem Gymnasium von 100 Sextanern nur 15 bis 20 das Abitur bestanden, so ergibt sich schon die Frage, was mit den „Hinausgeprüften“ geworden ist, wie sie mit der seelischen Stigmatisierung, der abgebrochenen Bildungsentwicklung fertig wurden. Und wenn einem Professor unter seinen Studenten – Studentinnen zählten erst gar nicht mit – nur die interessant waren, die als Mitarbeiter, Kollegen oder zuletzt als Nachfolger in Frage kamen, was war dann mit den anderen? Auch wenn sie Studienräte und Direktoren wurden, sie litten meist an ihrem gekränkten Leitbild. Die geläufige Klage, Perlen vor die Säue werfen zu müssen, kam aus dem Bewußtsein, ein verhinderter Wissenschaftler zu sein, mit seiner Begabung nicht zum Zuge gekommen zu sein.

Auch heute noch sind Befürchtungen berechtigt, daß Kinder, die keinen fliegenden Start, die keinen „Schrittmacher“ haben, schon aus dem Rennen geworfen worden sind, bevor sie sich warm gelaufen haben. Freilich sind auch entgegengesetzte Befürchtungen begründet. Diese laufen darauf hinaus, daß die Durchsetzung von Chancengleichheit in kurzschlüssiger Weise durch Nivellierung der Begabungsentwicklung erstrebt wird, daß „individuelle Alleingänge“ mißachtet und kollektive Bildungsprozesse gefördert werden. Wenn man die Schwelle so zieht, daß bei gutem Willen und gemeinsamen Bemühungen alle sie schaffen können, dann sind sie oft zu niedrig gezogen. Der kritische Pädagoge Heydorn hat frühzeitig das Bemühen um Chancengleichheit vor der Gefahr gewarnt, daß dabei statt einer Gleichheit für alle eine Benachteiligung für alle entstehen könne. Individuelles Interesse und Streben kann nicht generell negativ als Strebertum abgetan werden, und affirmative kollektive Einbindungen können sich auch als Behinderung von Begabungsentwicklung erweisen.

In jüngerer Zeit haben sich die Forderungen nach verstärkten Bemühungen um Begabte gehäuft. Sie sind begleitet von Befürchtungen einer mangelhaften Nutzung von Begabungsreserven oder gar von einem Schwinden dieser Reserven. Die Bundesrepublik brauche wie jede Gesellschaft, jedes Gemeinwesen, Begabungseliten, um ihren hohen wirtschaftlichen und kulturellen Standard erhalten und weiterentwickeln zu können. Begabtenförderung wird als entscheidende Zukunftsinvestition angesehen, andernfalls drohe ein Rückschritt auf den Stand eines Entwicklungslandes. Deshalb müsse schon jetzt dafür gesorgt werden, daß nach dem Jahr 2000 die Begabungen vorhanden sind, um mit neuen Entdeckungen und Erfindungen, mit wissenschaftlichen und kulturellen Leistungen im notwendigen Fortschritt weltweit mithalten zu können. Schon jetzt bei über 2 Millionen Arbeitslosen mangele es an hochqualifizierten Fachkräften und Persönlichkeiten in Leitungsfunktionen.

Die Begabtenförderung sieht sich auf die Potentiale angewiesen, die die Natur zur Verfügung stellt. Nur die Menschen können extrem gefördert werden, die dafür Voraussetzungen mitbringen. Wie groß das Geschenk der Natur an die Menschen ist, darüber gibt es nur vage Vorstellungen, wobei man zwei wissenschaftliche

Lager unterscheiden kann. Die eine Seite geht von einer allgemeinen Begabtenquote aus, die generell für alle Völker und wohl auch alle Zeitalter gleich wäre. So gibt es Annahmen, daß etwa 1–2 Prozent aller Kinder eines Jahrgangs in weltweitem Rahmen hochbegabt seien. Das Spektrum der Annahme reicht allerdings von 0,1 Prozent als absolut Hochbegabte oder hält es für günstiger, die besten 5 Prozent eines Jahrgangs oder einer Bevölkerung als hochbegabt anzusprechen. Die andere Seite sieht Begabung ungleichmäßig unter den Völkern verteilt. Danach gibt es Völker mit größeren und solche mit kleineren Anteilen von Hochbegabten. In solchen Zusammenhängen wird die vorauszusehende Bevölkerungsschrumpfung in Deutschland in den nächsten Jahrzehnten mit großer Sorge betrachtet. Denn danach, so meint man, würde auch die Zahl der Hochbegabten und somit hoch zu qualifizierenden Fachleute zurückgehen und die führende wirtschaftliche Position, auf die wir angewiesen sind, nicht mehr zu halten sein. Auch die Entwicklungsländer würden unter dem Mangel an diesem weiterzugebenden know how leiden. Bei einer Zuwanderung von Ausländern wird von manchen Wissenschaftler daran gezweifelt, daß diese in größerer Zahl auch Hochbegabte einbringe. Dieser Schlußfolgerung muß widersprochen werden. In Deutschland gibt es genug geschichtliche Beispiele dafür, wie Einwanderungen Entwicklungs- und Erfolgsschübe gebracht haben. Ein nachdrückliches Beispiel dafür sind die Hugenotten. Auch heute gibt es neben der Arbeitsmigration, wo vor allem Arbeitskräfte für unbeliebte und körperlich anstrengende Arbeit gesucht werden, auch Arbeitswanderungen von Hochbegabten aus Entwicklungsländern in hochentwickelte Industrieländer, vor allem in die USA und europäische Länder. Man kann diese Wanderung auch als brain drain bezeichnen, als Abfluß von Begabung, Intelligenz und Fähigkeiten. Die Industrieländer bieten hohe und gut bezahlte Arbeitsplätze, sie sparen Geld für Ausbildung und Qualifikation, die Herkunftsländer freilich verlieren Potentiale an Begabung.

Daß die Natur ihr Unternehmen „Mensch“ mit einer doch recht hohen Kapitaleinlage an Begabung ausgestattet hat, heißt nicht, daß diese Einlage unkündbar ist. Nicht ganz ohne Grund ist der Verdacht aufgekommen, daß die Natur im Menschen nicht mehr ihr Geniestück sieht, das mit seinen Pfunden wuchert, sondern daß für sie der Mensch sich als „Irrläufer“ herausgestellt hat und die Natur jetzt für diese Fehlinvestition so etwas wie ein Konkursverfahren abwickelt. Das Bewußtsein ist durchaus verbreitet, daß die Natur den Menschen abschreibt. Dabei scheinen sich vorurteilsvolle Meinungen zu bestätigen, früher seien die Menschen begabter, intelligenter und tüchtiger, fleißiger und erfolgreicher gewesen, wobei in großer Eintracht über die Jahrhunderte hinweg jeweils die Älteren den Jüngeren vorwarfen, sie taugten nicht mehr viel, sie selber seien da aus ganz anderem Holz geschnitzt gewesen.

Freilich gibt es auch andere Erklärungen für Niedergänge und Substanzverluste, die nicht von einem unmittelbaren Einwirken der Natur ausgehen, sondern von kulturellen Vermittlungen, denen freilich auch der Charakter von Naturgesetzlichkeit angesonnen wird. Es handelt sich, genauer gesagt, um Kulturzyklentheorien, nach denen zwangsweise jede Kultur ihren Aufstieg hat, mit einem hohen Maß an Begabungen und Leistungen, und ebenso ihren Abstieg mit einem unaufhaltsamen Schwinden von Begabung und Leistung. Als nach dem 1. Weltkrieg das Buch „Der Untergang des Abendlandes“ von Spengler erschien, hatte es einen ungeheuren Erfolg und zwar nicht wegen seines Inhaltes, der recht „trocken“ war und nur von den Wenigsten gelesen wurde, sondern wegen seines Titels, welcher der allgemeinen Mentalität entsprach. Begabung ist demnach eine kulturelle Energie, die im typischen Verlauf einer Kultur in einer jungen Phase aufleuchtet und sich dann verbraucht.

So wird heute auch der große wirtschaftliche Welterfolg der Japaner gesehen, wobei der Satz „Die Japaner kommen“ wie eine Drohung klingt. Japan erscheint als Land einer Begabungsschmiede, in der immer mehr junge Menschen zu immer höheren Leistungen qualifiziert werden. Es gibt Untersuchungen, die nachweisen wollen, daß im Laufe weniger Generationen der durchschnittliche Intelligenzquotzient in Japan rapide gestiegen ist, und andere, daß der Intelligenzquotient in USA sich auf einer bedenklichen Mittelmäßigkeit einpendelt. So zweifelhaft auch solche Behauptungen sind, so sicher ist es auch, daß es weltweit einen harten Wettbewerb um intensive Förderung und Nutzung von Begabung gibt. Auch China hat nach der Kulturrevolution heute die Begabtenförderung intensiviert. Abschreckend wirkt das Beispiel Kambodschas nach mit einer weitgehenden Vernichtung von Intelligenz. Aber auch der Haß des Nationalsozialismus gegen die „zersetzende“ jüdische Intelligenz hat mit der Vertreibung von Schriftstellern, Malern, Musikern, Wissenschaftlern und Ingenieuren zu einer großen Verarmung geführt.

Bei der bisherigen Untersuchung der Entwicklung und Bedeutung von hoher Begabung steht der allgemeine Nutzen im Vordergrund des Interesses, etwa nach dem Grundsatz: Jede Gesellschaft braucht für ihr Überleben, für ihre Kontinuität und Weiterentwicklung ein möglichst großes Potential hoher Begabungen. Wie steht es aber mit den Hochbegabten selbst? Ist ihre Begabung ein Glück für sie, haben sie es besser? Oder gibt es das ‚Drama des begabten Kindes‘ wie es Miller anspricht? Es ist nicht zu übersehen, daß sich hohe Begabung für den Einzelnen auch benachteiligend auswirken kann. Ein anschauliches und zugleich harmloses Beispiel ist die Geschichte der sieben Schwaben. Die Schwaben gelten ohnehin als blitzgescheit, was schon der Spruch aus dem vorigen Jahrhundert sagt: Der Schiller und der Hegel, der Uhland und der Hauff, das ist bei uns die Regel, es fällt schon gar nicht auf. So wird auch von den sieben Schwaben gesagt, daß sie außerordentlich klug und tüchtig waren und deshalb überall gefragt. Während sie draußen in der Welt ihre Dienste zu verrichten hatten, litten ihre eigenen Geschäfte zuhause Mangel. Sie gaben deshalb solange ausgesuchte Proben von Torheit, bis man sie endlich in Ruhe ließ. Beispiele dieser Art gibt es genug. Ein viel dramatischeres Beispiel aus alter Vorzeit ist das des hochbegabten Künstlers und Baumeisters Dädalus, der in Kreta das Labyrinth erbaut haben soll und dem der König die Fußsehnen durchschneiden ließ, um sich auf die Dauer seiner Dienste zu versichern, wobei sich Dädalus später Flügel baute, um doch zu entkommen. Da sind später im Mittelalter Alchemisten und Goldsucher, die von ihren Fürsten eingesperrt wurden, um sich an ihrem Können zu bereichern.

Heute gibt es sehr früh einsetzende und extreme Förderung von Begabungen, die auf Höchstleistungen gerichtet sind, wie es etwa im Sport zum Tragen kommt. Gerade im Sport bedeuten

Höchstleistungen nicht selten körperlichen Raubbau und direkte Schädigungen, wie sie etwa mit dem Phänomen Doping angesprochen sind. Es sind oft Leistungen, die altersmäßg begrenzt sind. Was danach kommt, und das ist oft der längste Abschnitt des Lebens, hat mit dieser Förderung dann nichts mehr zu tun.

Mit Hochbegabung ist auch nicht das umfassende Spektrum aller Begabungsmöglichkeiten angesprochen. Wenn von Hochbegabten die Rede ist, dann ist meist die Rede von intellektueller Hochbegabung. Musische, soziale und handwerkliche Fähigkeiten treten weit zurück. Es ist schon interessant zu sehen, daß man im Kanon der Unterrichtsfächer gewöhnlich unterscheidet zwischen Leistungsfächern und allgemeinen Fächern, zwischen sogenannten Haupt- und Nebenfächern. Hochbegabung spielt sich dann vor allem in wenigen Fächern ab, vorzugsweise in naturwissenschaftlichen Fächern.

Wer sich auf das Phänomen Begabung einläßt, macht die Erfahrung, daß es sich dabei zwar um ein umgangssprachlich weit verbreitetes Wort handelt, dieses jedoch nur außerordentlich schwer auf den Begriff zu bringen ist. Wie ein Arzt es am liebsten mit Krankheiten zu tun hat, die eindeutig kausal zu erklären sind und nicht in problematischen Syndromen ausufern, und für die es darüberhinaus erfolgversprechende Therapien gibt, so besteht auch die Neigung, eine Begabung sollte schon in früher Kindheit oder Jugend auffallen und einen hohen Prozentsatz von Naturwüchsigkeit aufweisen. Sie sollte sich gezielt und gut fördern und entwickeln lassen, also auf gegebene Methoden gut ansprechen. Sie müsste auch gut zu kontrollieren sein, Fortschritte müssten also objektiv meßbar und überprüfbar sein und nicht zuletzt sollte Begabung gefragt und nützlich sein. Die Investitionen der Förderung und Entfaltung sollten sich lohnen, indem sie dem Begabten selbst Nutzen bringen, vor allem aber der Gesellschaft. Als Beispiel richtig „gelagerter“ Begabung mag der berühmte Mathematiker Gaus gelten, dessen Kindheitsanekdoten früher zum Grundbestand von Lesebüchern gehörten. Bevor er in die Schule kam, hat er schon die Lohnlisten für die Arbeiter seines Vaters geführt. Am bekanntesten ist die Anekdote zu Beginn seiner Schulzeit. In der einklassigen Volksschule auf dem Lande wollte der Lehrer die Anfänger beschäftigen, um für die älteren

Schüler Zeit zu haben. Sie sollten alle Zahlen von 1 bis 100 zusammenzählen. Der Lehrer selbst hatte am Tag zuvor lange Zeit gebraucht, um das Ergebnis festzustellen. Aber bevor er wieder zu seinem Katheder zurückgekehrt war, stand schon der kleine Gaus mit dem richtigen Ergebnis vor ihm, weil ihm eben eine so einfache wie geniale Formel für die Rechnung eingefallen war.

Mit dem spezifischen Erkenntnisinteresse an Begabung hängt auch eine bedenkliche Reduktion des Phänomens selbst zusammen. Das Bemühen, Begabung auf den „Punkt“ zu bringen, an dem man „ansetzen“ kann, verfremdet voneinander abhängige Vermittlungszusammenhänge. Man hat es dann sozusagen nur noch mit der Spitze eines Eisberges zu tun, von der man keinen Aufschluß über die tatsächlichen Dimensionen erwarten darf. Ein Beispiel dafür mag die Tragfähigkeit objektivierter und gerechter Leistungsprüfungen sein. So wird man unter den tüchtigsten Ärzten viele finden, die bei ihren Prüfungen nur mäßg abgeschnitten haben, und vielen späteren Genies der Wissenschaft, großen Künstlern und hervorragenden Praktikern hat man negative Prognosen über Begabung und Leistung gestellt. Das bedeutet aber, daß in einer Numerus-clausus-Situation und einem Überangebot mit der Konsequenz, daß nur die Einser-Kandidaten und wohlmöglich nur die, die außerdem noch einen „Länder-Bonus“ aufweisen, eine Stelle bekommen, daß also tatsächlich viele Begabungen nicht zum Tragen kommen, zum Schaden für die Menschen, die bei aller Gerechtigkeit eben doch verkannt wurden, zum Schaden auch für die Gesellschaft.

Daß die Kriterien, an denen Leistung gemessen werden, Begabungen und Leistungen oft nur in unzureichender Weise erfassen, mag am Beispiel der Staatsexamina für Lehrer angesprochen werden. Allen Prüfern, sowohl den Wissenschaftlern, als auch den Fachleuten aus der Praxis ist die Ratlosigkeit am Ende einer Prüfung vertraut, wenn man bei der Festlegung der Note feststellen muß, daß man nach den Prüfungskriterien zwar nur eine genügende Leistung bescheinigen kann, daß aber der Kandidat oder die Kandidatin jenseits der offiziellen Begabungs- und Leistungsprofilierung viele Begabungen und Fähigkeiten gezeigt hat, die nicht außerhalb der Qualifikation stehen sollten.

Auch Sensibilität, Ausdauer, Humor können eine verläßliche Voraussage dafür sein, daß hier über die „Momentaufnahme“ einer Prüfung mit spezieller Belichtung Begabungen sichtbar werden, die nicht zählen bei der Verkürzung der Beurteilungshorizonte und der Ausblendung der entscheidenden Kategorie Zeit.

Für Begabung gilt offenbar das „Dalli-Dalli-Prinzip“. Begabung soll früh „da“ sein, und Begabungsförderung besteht vor allem darin, daß die Begabten schneller „durch“ sind. Begabte Kinder fangen früher an, sie überspringen oft mehrmals Schulklassen, sie sprinten durch das Studium, sie haben schneller die höchsten Positionen erreicht. Dabei lassen sie nicht nur die Anderen hinter sich, sondern oft genug auch weite Bereiche der eigenen Persönlichkeitsentwicklung. Das läßt sich nicht abtun mit dem Satz des Lehrers in Spörls „Feuerzangenbowle“: Das Andere, das kriegen wir später. Die Persönlichkeitsbildung, um die es dabei geht, das ist der Boden, auf dem Begabung sich als Prozess erhält, vor Verarmung bewahrt wird. Es besteht die Gefahr, daß in rigider, spezieller Förderung Begabung schnell „ausgereizt“ wird.

Erwin Hilgendorf

Die Förderung besonders befähigter Schüler – Beispiele aus sechs Ländern

Welchen Bereich menschlicher Tätigkeiten man auch immer wählen mag, um Kinder und Jugendliche darin zu fördern, dazu zu erziehen, dafür auszubilden – nach relativ kurzer Zeit werden erhebliche Unterschiede zwischen ihnen unübersehbar. Die Tatsache der Ungleichheit in den Fähigkeiten, die den Erfolg in einem beliebigen Tätigkeitsbereich mitbestimmen und dessen Höhe letztendlich bestimmen, berührt aber in keinster Weise die rechtliche, politische und soziale Gleichheit der Menschen.

Die Begründung für die rechtzeitig beginnende, auf die individuellen Lernmöglichkeiten der besonders befähigten Kinder und Jugendlichen abgestimmte Förderung ist üblicherweise zweifach. Sie diene sowohl der Selbstverwirklichung des einzelnen Kindes wie auch dem Wohl des Staates, so wird argumentiert. In Schritt für Schritt demokratischer werdender Staaten liegt der Akzent mehr in Richtung Selbstverwirklichung verschoben, während in vordemokratischen Ländern der Akzent auf die Erhöhung des Staatswohls gesetzt wird. In demokratischen Ländern wird in hochbefähigten Schülern der potentielle Nachwuchs für alle führenden Positionen in allen gesellschaftlich bedeutsamen Bereichen gesehen. In vordemokratischen Gesellschaften wird versucht, sie in den Dienst der die Macht ausübenden Gruppe zu stellen.

Hochbefähigtenförderung mit der Akzentsetzung „Selbstverwirklichung“ bietet die Chance zu freudvollem Lernen. Beratung, Angebote und Anforderungen in Pflichtbereichen können entsprechend der individuellen Lernentwicklung und der Interessenerprobung gestaltet werden. Motivierende Herausforderung wäre verwirklichbar, entmutigende Unterforderung vermeidbar. Da die optimale individualisierende Förderung in einer Demokratie kein Vorrecht irgendeines Kindes oder Jugendlichen ist, fordert ein solcherart ausgerichteter Unterricht für alle Kinder ein hohes Maß an Flexibilität der Schule bezüglich der Lernformen und eine breite Palette von Inhalten.

Hochbefähigtenförderung aus einem betont gesellschaftlichen Interesse heraus geht – solange die Gellschaft konkurrenzorientiert ist – mit höchsten Anforderungen in den gesellschaftlich definierten Lernbereichen einher. Wenn der Erfolg in diesen Lernbereichen zugleich die alternativlose Voraussetzung für den Zugang zu relativ wenigen, deswegen sehr begehrten Führungs- bzw. Prestigepositionen in der Gesellschaft ist, dann ist Leistungsdruck unausweichlich. Dieser Druck beschränkt sich nicht auf die hochbefähigten Kinder, bei denen in viel selteneren Fällen Persönlichkeitsgefährdungen bzw. Verbiegungen daraus resultieren, sondern auf alle Schüler, die selbst oder deren Eltern nichts unversucht lassen, um dieses Ziel zu erreichen und die dabei eine stete Überforderung und Interessensnegierung mit ihren negativen Begleitumständen in Kauf nehmen.

Besonders befähigte Kinder und Jugendliche sind jene, die in irgendeinem gesellschaftlich geschätzten Tätigkeitsbereich herausragende Ergebnisse erzielen wie sie in einem ähnlichem Maße nur von einer kleinen Minderheit ihres Jahrgangs ebenfalls erreicht werden können. Da die Schulen aller Länder dieser Erde die den Gesellschaften am wichtigsten erscheinenden Lernbereiche eingrenzen, stehen die mit den Schulfächern zusammenhängenden Tätigkeitsbereiche und die für Erfolge in diesen Bereichen als Voraussetzung gesehenen Fähigkeiten, Fertigkeiten, Arbeitstugenden, Motivationen und Einstellungen im Mittelpunkt der Überlegungen zur Hochbefähigtenförderung.

In Anlehnung an den schulischen Fächerkanon ließe sich eine allgemeine schulisch/akademische Hochbefähigung von besonderen schulfachspezifischen Fähigkeiten unterscheiden. Auf der Beschreibungsebene von Fähigkeiten spricht man im ersten Fall oft von intellektueller Hochbefähigung und im zweiten Fall von Talenten, wenn es um die Fächer Musik, bildnerisches Gestalten, Werken und Sport geht. Die Tatsache, daß mathematisch besonders befähigte Schüler seit langem als speziell befähigt angesehen werden und daß heute zunehmend besonders kreative wie sozialintegrative (zumeist als „social leadership" einseitig akzentuiert) Fähigkeiten unterschieden werden, weist auf die prinzipielle Offenheit und kulturspezifische Erweiterbarkeit der Definitionsbereiche.

Von Japan vielleicht abgesehen darf für alle unten angesprochenen Länder gesagt werden, daß ein wesentlicher Beweggrund für spezielle Maßnahmen in der Erkenntnis liegt, daß im auf den Durchschnitt orientierten regulären Schulunterricht besonders befähigte Schüler nicht angemessen gefördert werden können. Das übliche Lerntempo, Lernniveau, die Lernformen und die durchschnittliche Lehrerqualifikation führen unvermeidlich bei zu vielen besonders befähigten Schülern zur Unterforderung mit ihren wahrscheinlichen negativen Folgen. Dazu werden der Verlust der Lernfreude bzw. des Interesses an jeglichem schulischen Lernen, die Beschränkung auf ein Minimum an Lernbemühungen sowie die Entwicklung von Lern- und Verhaltensstörungen bis hin zu Persönlichkeitsstörungen gezählt. Zudem werden die Befürchtungen ernst genommen, daß unterbleibende Herausforderung, Nichtbeachtung oder gar die Diskreditierung besonderer Befähigungen durch die soziale Umwelt die betroffenen Kinder und Jugendlichen in gesellschaftlich schädliche Bahnen drängen könnten.

Den daraus ableitbaren Forderungen nach speziellen Fördermaßnahmen steht dabei, insbesondere in Abhängigkeit von dem dabei ins Auge gefaßten Maß an Seperarierung der hochbefähigten Schüler, eine Reihe von in allen Staaten mehr oder minder kontrovers diskutierten Problemen gegenüber. Die mit den unten aufgeführten Fragen verbundenen Bedenken resultieren vornehmlich aus gesellschaftpolitischen Überlegungen einerseits und aus Sorge um die Bewahrung eines Schutzraumes Kindheit und Jugend, der wiederum als Vorbedingung für die ganzheitliche und harmonische Entwicklung zu reifen Persönlichkeiten angesehen wird, andererseits. Weniger im Zusammenhang mit der sog. Talentförderung im Sport und in der Musik und bezogen auf das aus übertriebenem elterlichen Ehrgeiz erwachsende frühzeitige Training als im Zusammenhang mit staatlichen Maßnahmen zur

Förderung allgemein befähigter Kinder und Jugendliche wird u. a. um die Beantwortung folgender Fragen gerungen:

- Wie kann sichergestellt werden, daß möglichst alle hochbefähigten Kinder und Jugendliche, die es in allen gesellschaftlichen Gruppen gibt, in ihren besonderen Lernbedürfnissen erkannt werden?
- Wann sollte frühestens mit einer gezielten Förderung begonnen werden?
- Wieviel Wert sollte auf den Wissenserwerb, wieviel Wert sollte auf Denkfähigkeit und Kreativität gelegt werden?
- In welchem Verhältnis sollte Allgemeinbildung und Spezialisierung stehen?
- Wann sollte frühestens eine Spezialisierung einsetzen?
- Wie läßt sich das Entstehen von Überheblichkeit und Arroganz einerseits und Etikettierung sowie Ablehnung andererseits verhindern?
- Wieviel gemeinsames Lernen mit ähnlich hochbefähigten Schülern müßte ermöglicht werden für eine optimale Fähigkeitsentwicklung und wieviel gemeinsames Lernen mit weniger befähigten Schülern ist erforderlich, um gegenseitiges soziales Verständnis zu vermitteln?

Vor allem weil der wissenschaftliche Erkenntnisstand über die Entwicklungsbedingungen hochbefähigter Schülerpersönlichkeiten so bescheiden ist, somit Raum für Vorurteile und Ideologien gibt, fallen die Antworten auf diese Fragen recht unterschiedlich in den einzelnen Ländern aus. Die aus den folgenden Staaten ausgewählten Fördermaßnahmen verweisen auf die in dem jeweiligen Lande vorherrschenden Sichtweisen.

Hochbefähigtenförderung in China

Obgleich dem Autor über die schulische Hochbefähigtenförderung wenig Informationen vorliegen, darf China in einem solchen Artikel allein aus historischen Gründen nicht unerwähnt bleiben.

Denn es gibt wohl kein anderes Land, das in seiner langen Geschichte – von kurzen Perioden wie z.B. in der Zeit um die Kulturrevolution herum abgesehen – so sehr bemüht war, besonders befähigte Kinder und Jugendliche aufzuspüren. Bereits vor der Einführung des schriftlichen Ke'-chü-Auswahlsystems für den Staatsdienst, das von 580 bis 1905 praktiziert wurde, wurden vielversprechende Kinder und Jugendliche den Höfen bzw. Regierungen anempfohlen. Solche Kinder galten als nationaler Reichtum und als Hoffnungsträger einer prosperierenden Gesellschaft.

Jahrhundertelang galten dichterische Fähigkeiten im frühen Kindesalter als Ausweis besonderer Befähigung. Viele berühmte chinesische Persönlichkeiten haben in ihren früheren Jahren Aufsehen erregende Gedichte oder Geschichten geschrieben. Die Lesefähigkeit und das Gedächtnis galten, wenn sie denn dem der Altersgenossen weit überlegen waren, ebenfalls als Zeichen intellektueller Hochbefähigung. Von dieser wurde die handwerkliche Hochbefähigung deutlich unterschieden.

Intellektuell hochbefähigten Kindern und Jugendlichen wurden die mehrstufigen Prüfungen und andere Beschränkungen erlassen. Sie wurden direkt zu einer speziellen Prüfung am Hofe zugelassen. Ein Bestehen dieser Prüfung konnte dem Jugendlichen bzw. Kinde einen Studienplatz oder sogleich ein hohes Regierungsamt bzw. eine Beraterstelle einbringen. Wenn man die Verehrung des Alters in China bedenkt, dann wird daran besonders deutlich, wie tief die Überzeugung war, in besonders befähigten Kindern und Jugendlichen die „portents of national prosperity“ vor sich zu haben.

Zu den Zeiten von Mao Tse Tung gab es anscheinend seit den 40er Jahren besonders ausgestattete Schwerpunktschulen mit Auslesecharakter. Von den Rotgardisten sind diese, vornehmlich von überdurchschnittlich befähigten Kindern politisch zuverlässiger Eltern besuchten, besonders ausgestatteten Schulen für einige Zeit abgeschafft worden. Seit 1977/78 wurden wiederum Schwerpunktschulen eröffnet. 1979 nahmen solche Schulen rund 5 Prozent aller Grund- und Mittelschüler auf.

Im Vergleich zu regulären Schulen sind Schwerpunktschulen finanziell besser ausgestattet, verfügen sie über mehr Schulraum, besitzen sie reichhaltigere Lehrmateralien. In ihnen unterrichten höher qualifizierte Lehrkräfte. Sie haben immer auch die Funktion von Experimentalschulen. Es gibt sie auf allen Stufen des Bildungssystems – also unter Kindergärten, Grundschulen, unteren und oberen Sekundarschulen und unter Hochschulen. Die Auswahl der Schüler erfolgt bis zur Grundschule durch mündliche Prüfungen, dann durch schriftliche Prüfungen. Die Schüler kommen aus dem umliegenden Schulbezirk; die den Erziehungsministerien direkt unterstellten Schulen haben einen größeren Schuleinzugsbereich. Im allgemeinen ist die Schulzeit der Grundschulen und/oder der Sekundarschulen um jeweils ein Jahr im Vergleich zu regulären Schulen verlängert. Etwa 2 Prozent eines Jahrgangs besuchen dementsprechend die Schule 12 Jahre anstatt 11 oder 10 Jahre.

Bekannt geworden ist die dem Erziehungsministerium der Provinz Beijing unterstellte Jingshan Schule. 1139 Schüler besuchten 1980 deren Primar- und Sekundarstufe (5 plus 6 Jahre). Mit der Fremdsprache wurde ein Jahr früher als sonst, nämlich mit der 2. Klasse begonnen. Statt der üblichen 6 Wochenstunden Mathematik in der 1. Klasse wurden 7 Stunden gegeben. In der Sekundarstufe I wurde Kalligraphie vermittelt, die im üblichen Unterrichtsangebot fehlt. In dieser Schule, die eine Abteilung für pädagogische Forschung und eine für die Reform der Schularbeit besitzt, werden neben den landeseinheitlichen Schulbüchern, selbstentwickelte, vielfältige Lehrmateralien eingesetzt. Die Lehrer rekrutieren sich vorwiegend aus den erfolgreichsten Absolventen von Hochschulen mit vierjährigem Studium; aber es unterrichten teilzeitlich auch Akademiemitglieder und andere Wissenschaftler.

Hochbefähigtenförderung in Großbritannien

Im britischen Schulsystem gibt es – weitestgehend unumstritten – Spezialschulen für musikalisch und tänzerisch besonders befähigte Kinder und Jugendliche. Vergleichbare Schulen für intellektuell und/oder akademisch hochbefähigte Schüler finden sich nur im

Privatschulbereich. Die traditionellen public schools, kostenträchtige Eliteschulen, können nicht als Spezialschulen zur Hochbefähigtenförderung angesehen werden, wenngleich in ihnen hochbefähigte Kinder und Jugendliche überrepräsentiert sein dürften. Allgemein wird in Großbritannien davon ausgegangen, daß „gute Schulen" in der Lage sind, auch ihren hochbefähigten Schülern eine angemessene Förderung zu bieten. Im Zuge der Gesamtschulentwicklung – in Großbritannien besuchen rund 90 Prozent der Schüler Gesamtschulen – wird die Hochbefähigtenförderung zunehmend als Teilproblem der umfassenden, pädagogisch für unerläßlich gehaltenen Differenzierungs- und Individualisierungsaufgabe innerhalb jeder Schule gesehen. In vertiefenden und erweiternden Angeboten im nach dem Prinzip des ohne starre Stundentafel gestalteten offenen Unterrichts in der Grundschule und außerunterrichtlichen Angeboten sowie Formen der Leistungsdifferenzierung im Sekundarbereich werden mehrheitlich die Wege gesehen, um eine Hochbefähigtenförderung ohne Aussonderung zu erreichen. In mehr als 50 Prozent der weitgehend autonomen Schuldistrikte werden Maßnahmen zur Hochbefähigtenförderung durchgeführt. Der sehr rührige Elternverband, die National Association for Gifted Children (NAGC), bietet zusätzlich Lernmöglichkeiten für hochbefähigte Kinder und Jugendliche. Dieser Elternverband und die Aktivität eines Schulbezirks sollen im folgenden dargestellt werden.

Die National Association for Gifted Children

Die NAGC hat ungefähr 4000 bis 5000 Mitglieder (Eltern, Lehrer, Psychologen, Sozialarbeiter, Ärzte), die sich um rund 7000 als hochbefähigt geltende Kinder direkt bemühen. Mitglied des Verbandes kann werden, wer bereit ist, £ 2 pro Jahr zu zahlen. Finanziell schlecht gestellten Eltern wird dieser Betrag erlassen. Für Eltern mit hochbefähigten Kindern gilt die Familienmitgliedschaft. Eltern, die ihres Kindes wegen die Aufnahme anstreben, sind wohl nicht verpflichtet, den Nachweis der Hochbefähigung ihres Kindes zu erbringen bzw. erst feststellen zu lassen.

NAGC unterhält eine Zentrale in London mit festangestellten

Mitarbeitern, einige regional arbeitende Experten und rund 50 in ganz Großbritannien verteilte Zweigstellen.

In den meisten Zweigstellen gibt es NAGC-Mitglieder, die als Berater und Gesprächspartner für alle Eltern mit vermeintlich oder tatsächlich hochbefähigten Kindern zur Verfügung stehen. Diese nicht professionellen Berater haben ein Training bei dem National Marriage Guidance Council mitgemacht und halten regelmäßigen Kontakt zu dieser Institution der Ehe- und Familienberatung.

Der Elternverband hat sich zum Ziel gesetzt, hochbefähigten Kindern zur optimalen Entwicklung ihrer Fähigkeiten zu verhelfen und Eltern, Lehrer und andere Bezugspersonen zu unterstützen, die vor die gleiche Aufgabe gestellt sind. Als hochbefähigt werden Kinder angesehen, die zu den 2 Prozent mit den höchsten intellektuellen Fähigkeiten (IQ $\geq$ 140) gehören, und solche Kinder, die über außergewöhnliche schulische, wissenschaftliche, technische, musikalische, artistische, sportliche und soziale Fähigkeiten verfügen. Die NAGC wendet sich ausdrücklich gegen die Zusammenfassung hochbefähigter Schüler in Spezialschulen – mit Ausnahme von speziellen Musik- und Ballettschulen. Um hochbefähigte Kinder in Gesamtschulen angemessen fördern zu können, forderte NAGC u. a. die Einrichtung von sog. opportunity classes, in denen Schüler verschiedenen Alters 3- bis 4mal wöchentlich an frei gewählten Projekten arbeiten, und von express classes, in denen hochbefähigte Schüler frei vom Jahrgangsstufenzwang nach eigenem Lerntempo unterrichtet werden.

Explorers Unlimited Clubs

So werden jene Klubaktivitäten genannt, die für die hochbefähigten Kinder der Mitglieder regelmäßig an Sonnabenden (deswegen Saturday's Clubs genannt), in manchen Zweigstellen auch am Sonntag, arrangiert werden. In London bestehen z. B. zwei Zentren für solche Klubtätigkeiten, die von dem zuständigen Schuldistrikt mitgetragen werden. Insgesamt wurden dort in einem der letzten Jahre 200 Kinder in thematisch unterschiedlichsten, interessenbestimmten kleinen Gruppen betreut – z.B. in Gruppen für Schach, Drama, Astronomie, Computer, Ornithologie, Esperanto, Chinesisch usw. Schulische Lerninhalte werden bewußt gemieden, um die Unterschiede in den jeweiligen Schulfächern zwischen den besonders befähigten Schülern und ihren Klassenkameraden nicht noch mehr zu vergrößern. Zur Vermeidung frühzeitiger Einseitigkeiten wird erwartet, daß die Kinder sich an mehreren, inhaltlich unterschiedlichen Aktivitäten beteiligen. Geschwister hochbefähigter Kinder werden mit aufgenommen, auch wenn sie nicht als hochbefähigt gelten.

Als unabhängige Interessenvertretung hochbefähigter Kinder arbeitet die NAGC offenbar recht konstruktiv mit dem Erziehungsministerium und dem Gesundheitsministerium, von dem NAGC z.B. den offiziellen Auftrag bekam, Kinderärzte und andere Mitarbeiter aus diesem Bereich über Probleme hochbefähigter Kinder weiterzubilden, wie auch mit einzelnen Schuldistrikten und einer ganzen Reihe einzelner Schulen zusammen.

NAGC hat über seine nationale Bedeutung hinaus internationalen Einfluß und Ansehen vor allem durch die Organisation des 1. Weltkongresses für hochbefähigte und talentierte Kinder 1975 in London bekommen. Dieser Kongreß mit seinen rund 600 Teilnehmern aus 53 Ländern führte zur Gründung des World Council for Gifted and Talented Children, der z.B. für die Durchführung weiterer Weltkongresse im Turnus von zwei Jahren sorgt.

Fördermaßnahmen des Schuldistriktes Clwyd

Clwyd ist der erste walisische Schuldistrikt Großbritanniens, der 1984 die Stelle eines „Advisory Officer for the Gifted“ einrichtete. Begründet wurde diese Maßnahme ausdrücklich mit dem Verweis auf den 1983 in Kraft getretenen Special Education Act von 1981, der allen (lern)behinderten Kindern eine angemessene Förderung in regulären Schulen zusagt.

In den kontroversen Stellungnahmen wurde einerseits die Befürchtung laut, daß der eh bescheidene Schuletat durch diese neue Aufgabe zu Lasten schon bestehender Verpflichtungen weiter schrumpfen würde, andererseits wurde u. a. die Hoffnung geäußert, daß dem Phänomen der erwartungswidrig niedrigen Schulleistungen (underachievement) endlich zu Leibe gerückt werde.

Die in unmittelbarem Kontakt mit den für lernbehinderte und verhaltensgestörte Kinder zuständigen Schulaufsichtsbeamten stehende Stelleninhaberin hat die Aufgabe, sich um die 2 Prozent intellektuell befähigsten Schüler des Schulbezirks und/oder die 5 Prozent Kinder mit besonderen Fähigkeiten und Talenten zu kümmern.

Die folgenden Grundsätze wurden der Arbeit zunächst zugrunde gelegt:

- Spezielle Angebote zusätzlich und/oder innerhalb des regulären öffentlichen Unterrichts.
- Bewahrung des üblichen Kontakts zu Altersgenossen.
- Angebote zu regelmäßiger Zusammenkunft und Zusammenarbeit mit ähnlich befähigten Schülern.
- Möglichkeiten, sich gelegentlich zurückziehen zu können, ohne in Außenseiterpositionen gedrängt zu werden.
- Sensible individuelle (Schullaufbahn-)Beratung.
- Unterstützung durch einen Mentor im Bereich der individuellen Stärken.
- Lernen gemäß eigenem Tempo, das durchaus nicht immer schneller ist als das des Schülerdurchschnitts.
- Beschäftigung mit anspruchsvolleren, schwierigen Themenstellungen nach Erwerb der allgemein geforderten Grundkenntnisse, -fertigkeiten und -fähigkeiten.
- Schaffung offener, problemorientierter Lernsituationen.
- Vermittlung hoher Erwartungen, erhöhter Anforderungen.
- Betonung des Erwerbs von Lern- und Forschungstechniken sowie von Denkstrategien gegenüber einer Ausweitung des Faktenwissens.

Unter Berücksichtigung dieser allgemeinen Grundsätze wurde die konkrete Förderarbeit mit folgenden außerschulischen und außerunterrichtlichen Angeboten begonnen:

1. E.U.R.E.C.A. – Sonnabendkurse
Zunächst im „Educational Technology Centre" wurden zentral Kurse für 5- bis 11jährige Kinder angeboten, z.B. solche: Französisch, technologisches Basiswissen, Mikroelektronik, interpretierendes Lesen, mathematische Entdeckungen, Design, Schach, der menschliche Körper, die Heilsarmee usw. Geleitet wurden die Kurse z.T. von arbeitslosen Fachleuten, nicht von Lehrern. Zu einigen Kursen wurden Lehrer als Tutoren eingeladen. Auf eine problemorientierte und Fragen aufwerfende Auseinandersetzung mit der jeweiligen Thematik wurde geachtet.
Die im letzten Durchgang beteiligten 110 Kinder wurden wie folgt gefunden: Nach einer Schulempfehlung einschließlich einer detaillierten Schülerbeurteilung spricht die „Hochbefähigtenbeauftragte" mit der Schule, den Eltern und dem Kinde. Zugleich führt sie eine Untersuchung mit Testverfahren durch. Mit dem Kind wählt sie einen Kursus aus oder versucht für den nächsten Durchgang einen den Interessen und Fähigkeiten des jeweiligen Kindes entsprechenden Kurs zu organisieren. Eine Probeteilnahme entscheidet über die endgültige Teilnahme.
2. Außerunterrichtliche Veranstaltungen an einzelnen Schulen. Insbesondere an Schulen, die von dem Veranstaltungsort der Sonnabendkurse weiter entfernt liegen, wurden Nachmittagskurse angeboten.
Das Angebot der Sonnabendkurse ist wohl wie geplant inzwischen auf Schüler der Sekundarstufe I ausgedehnt worden. Zudem sollen diese Schulen darin unterstützt werden, daß sie
   - hochbefähigten Schülern das vorzeitige Ablegen der O-Level Prüfungen (etwa mittlere Reife) nahelegen und ihnen in der so gewonnenen Zeit Möglichkeiten zur Durchführung eigener Projekte und zum Selbststudium (self-supported study) bieten,
   - hochbefähigte Schüler zeitweilig vom Pflichtunterricht befreien (with-drawal), um zusammen mit Nachbarschulen für sie Zusatzangebote zu organisieren,
   - Spezialklassen (masterclasses) einrichten.

Hochbefähigtenförderung in Israel

Auf dem Hintergrund äußerer Bedrohung und angesichts der eklatanten Bildungsunterschiede zwischen unterschiedlichen Bevölkerungsteilen und von daher sich abzeichnender sozialer Spannungen hat sich die Hochbefähigtenförderung mit der Gründung einer Ministerialabteilung für hochbefähigte Kinder und Jugendliche als nationale Aufgabe viel diskutiert, von daher sorgfältig durchdacht, planvoll entwickelt. Vor allem die problemlose Orientierung in den USA sowie die kritische Beobachtung der dortigen Förderpraxis hat in Israel zu den vier sich regional ergänzenden Förderformen geführt: Internatsgymnasien für sozial benachteiligte, überdurchschnittlich aber nicht unbedingt hochbefähigte Schüler überwiegend arabischer Herkunft; Spezialklassen als Parallelklassen an regulären Schulen ab der 2. Jahrgangsstufe; die pro Woche eintägige Herausnahme hochbefähigter Dritt- bis Siebentklässler zwecks besonderer Förderung und außerschulische Förderzentren mit Angeboten für hochbefähigte Kinder und Jugendliche am Nachmittag. Bei der Aufnahme in diese Förderformen spielt die Höhe der intellektuellen Fähigkeiten der Kinder und Jugendlichen eine entscheidende Rolle. Zu dem wohl bekanntesten unter den anderthalb Dutzend Förderzentren, die aus öffentlichen Geldern und durch Gebühren finanziert werden, die folgenden Informationen.

The Young Persons' Institute for the Promotion of Art and Science

Die Arbeit dieses Instituts auf dem Gelände der Universität in Tel Aviv beruht auf Überzeugungen, die deren Begründerin und Leiterin ERIKA LANDAU mehrfach dargelegt hat:

- Hochbefähigte Kinder bedürfen zumindest der gleichen Zuwendung und Unterstützung wie andere Kinder auch.
- Die intellektuellen Bedürfnisse dieser Kinder sind immer auch emotionale Bedürfnisse; werden sie nicht befriedigt, dann ist

die Wahrscheinlichkeit groß, daß diese Kinder zu Problemkindern werden.

- Kinder, die von ihrer Umwelt in der Entwicklung ihrer Fähigkeiten behindert werden, können ihre Fähigkeiten unterdrücken, um sich dem unauffälligen Durchschnitt anzupassen; sie können sich auch allen schulischen Forderungen verweigern; sie können antisoziale Einstellungen und Verhaltensweisen entwickeln.
- Hochbefähigtenförderung meint Persönlichkeitsförderung und dazu gehört ganz wesentlich die Ermöglichung von Kreativität. Selbstständigkeit, Kritikfähigkeit, soziale Fähigkeiten und Verantwortungsbereitschaft sind Bedingungen damit Führerschaft und Kreativität zum Frieden in der Welt beitragen.

Aufgenommen werden 5- bis 15 Jahre alte Kinder mit einem IQ von 140 oder höher. Zusätzlich werden Persönlichkeitstests gegeben. In bestimmten Fällen werden auch Kinder mit einem IQ<140 akzeptiert, wenn das Individualinterview oder z.B. frühere Arbeitsprodukte die Vermutung nahelegen, daß soziale oder psychische Probleme momentan ein besseres Testergebnis verhindern. Die Kinder werden von ihren Lehrern oder psychologischen Beratungsstellen empfohlen, von ihren Eltern geschickt oder wenden sich auch selbst an das Institut.

Die wichtigste Arbeit des Instituts vollzieht sich in rund 150 Semesterkursen mit zwei Wochenstunden am Nachmittag. Jedes Kind kann an bis zu vier Kursen teilnehmen. Die Kursthemen reichen von der Astrophysik über Krebsforschung, Archäologie, Psychologie, Politikwissenschaft, Bildhauerei bis zum Kabarett. Eine einseitige Festlegung auf ein bestimmtes Thema wird möglichst vermieden. In einem neuen Semester können andere Kurse oder Kurse höherer Schwierigkeit belegt werden. In Mathematik gibt es z.B. 11 Kurse ansteigenden Niveaus, im Kurs des kreativen Schreibens gibt es 5 Schwierigkeitsstufen. In den Sommerferien gibt es einen sog. Creative Activity Month, wo den Schülern die Möglichkeit geboten wird, sich intensiv mit bestimmten Kunst- und Wissenschaftsbereichen auch praktisch auseinanderzusetzen und bei Besuchen von z.B. Forschungsinstituten und bei Diskussionen mit den dort tätigen Wissenschaftlern aktuelle

Probleme zu durchdenken. In den übrigen Ferien werden Symposien zu aktuellen weltpolitischen und nationalen Problemen angeboten. Ein Teil der Jugendlichen erreichten zum Abschluß ihrer Zeit im Förderzentrum vorzeitig die Hochschulreife in ihrem Interessengebiet.

Die Förderung kreativer Fähigkeiten wird als der entscheidende Weg für eine wünschenswerte umfassende Persönlichkeitsentwicklung hochbefähigter Kinder angesehen. Dementsprechend

- wird zum spielerischen Umgang mit unterschiedlichsten Materialien, Ideen und Lösungswegen ermutigt,
- wird der Akzent auf verschiedenartige Lösungswege, auf den Denkprozeß gelegt und nicht vorrangig auf Wissenbestände,
- werden Problemstellungen und Problemlösungen gemeinsam von Pädagogen und der Gruppe diskutiert und formuliert,
- werden interdisziplinäre Bezüge und Problemstellungen herausgearbeitet und berücksichtigt,
- wird – ausgehend von aktuellen Erlebnissen der Kinder – nach Zukunftsentwicklungen gesucht.

Hochbefähigtenförderung in Japan

Im japanischen Schulwesen finden sich keine organisatorischen oder inhaltlichen Sonderformen für hochbefähigte Schüler. Die einheitliche Ganztagsschule, ob in staatlicher, kommunaler oder privater Trägerschaft, hält für alle ihre Schüler das gleiche Unterrichtsangebot bereit. Erst auf der Oberstufe (Klasse 10–12), die von rund 95 Prozent eines Jahrgangs abgeschlossen wird, gibt es inhaltlich und niveaumäßig moderate Unterschiede. Die in Papieren des Zentralrats für Erziehung wohl mit Blick auf die USA wiederholte Empfehlung, die Frage der speziellen Hochbefähigtenförderung aufzugreifen, hat bislang in der Schulpraxis zu keinen bemerkenswerten Folgen geführt. Die unübersehbaren technologischen und wirtschaftlichen Erfolge Japans sind aus europäischem Blickwinkel nicht allein mit der unbestreitbar hohen Allgemeinbildung der großen Mehrheit der Japaner erklärbar. Die Vermutung, daß akademisch besonders befähigte Schüler in dem Einheitsschulsystem sozusagen unter der Hand eine Förderung erfahren, die zur optimalen Entwicklung ihrer Fähigkeiten führt, läßt sich belegen. Führungspositionen im Staat und in der Wirtschaft werden mit Absolventen aus wenigen Eliteuniversitäten besetzt, die ihren Nachwuchs wiederum mehrheitlich aus relativ wenigen Oberschulen bekommen. Einige dieser sog. élite courses lassen sich bis zu bestimmten Kindergärten zurückverfolgen. Der Zugang zu den Bildungsinstitutionen dieser „élite courses“ wird durch objektive Aufnahmeprüfungen in Wettbewerbsform geregelt. Das starke Bildungsstreben, die familiäre Investitionsbereitschaft für Bildung, das hohe Maß an Chancengerechtigkeit und das Wissen darum, daß diese erstrangigen Schulen und Universitäten den einzigen Weg zu den angesehensten gesellschaftlichen Positionen darstellen, führt dazu, daß sich in diesen Schulen die akademisch befähigsten Kinder und Jugendlichen versammeln. Die berühmteste Oberschule Japans, deren Schüler alle die Aufnahmeprüfungen in den berühmtesten Universitäten meistern, soll anhand der vorliegenden Informationen beschrieben werden. Eine konzeptionell an Vorbildern der USA orientierte Privateinrichtung zur Intelligenzerziehung wird anschließend vorgestellt.

Nada, die landesweit erstplazierte Schule Japans

Nada wurde 1928 gegründet. Seit der Mitte der 60er Jahre ist die Schule aus den Veröffentlichungen über die erfolgreichsten Schulen bei den Universitätsaufnahmeprüfungen nicht mehr wegzudenken. Bei ihr bewerben sich Schüler aus allen Teilen Japans. So bringt alljährlich ein Charterflugzeug Bewerber von Japans nördlichster Hauptinsel Hokkaido zur Aufnahmeprüfung nach Nada.

Die private allgemeinbildende Mittel- und Oberschule liegt in Kobe, südwestlich von Osaka und Kyoto. Es ist eine reine Jungenschule. Zur Oberstufe gehören etwa 675 Jungen. Die Klassenfrequenz liegt bei 54 bis 55 Schülern. Die finanzielle und räumliche Ausstattung ist im Vergleich zu der der öffentlichen Schulen recht bescheiden.

Die Schule ist kostenpflichtig. 1974 mußten 400 Dollar Aufnahmegebühr und dann jährlich 500 Dollar an Unterrichtsgeldern gezahlt werden. Eine solche Summe wird auch von durchschnittlich verdienenden Familien aufgebracht. Eine solche Investition zahlt sich doppelt aus, wenn es dank Nada gelingt, auf eine billige staatliche Prestigeuniversität zu kommen und sich eine teure erstrangige Privatuniversität ersparen zu können.

Die Hürde der Aufnahmeprüfung in Nada ist hoch. Grundschullehrer raten nur jenen Schülern zu einem Versuch, die zu dem besten Prozent der präfekturalen Testprüfung für die Aufnahme an öffentlichen Sekundarschulen gehören. Von diesen wird erfahrungsgemäß jeder dritte Schüler genommen. Einziges Kriterium für Annahme oder Ablehnung sind die Ergebnisse der Aufnahmeprüfung, die die schulische Lernfähigkeit zu erfassen trachtet.

Im Widerspruch zu Erwartungen, die aus dem Etikett Nadas als einer Pauk- und Vorbereitungsschule für die Universitätsaufnahmeprüfungen stammen, erscheinen die Nada-Schüler ebenso gesund, sportlich, aufgeschlossen und unterschiedlich wie die Schüler in guten öffentlichen Schulen auch. Trotz hoher Anforderungen schaffen sie eine ruhige und disziplinierte, aber auch entspannte und lebendige Unterrichtsatmosphäre. Zusätzlich bemüht sich ein großer Teil der Schüler freiwillig in Sommerschulen um eine weitere Vervollkommnung. Mehr als die Hälfte der Schüler ist in außerunterrichtlichen Arbeitsgemeinschaften aktiv. Und im Gegensatz zu vielen anderen Schulen organisieren die Nada-Schüler diese selbst.

Der Unterricht in Nada ist klar auf die Aufnahmeprüfung der Spitzenuniversitäten ausgerichtet. Th. O. Rohlen spricht dementsprechend wohl auch zu Recht von Nada als einer

„well-oiled machine for producing successfull candidates for the most cherished university places in Japan“ bzw. von einer „exam preparation machine“.

Für Nada sind – wie für alle japanischen Schulen – der staatlich vorgegebene Rahmenplan, Stundenplan und Lehrbuchkatalog verbindlich. Per Frontalunterricht in übervollen, spartanisch eingerichteten Klassen wird der Lernvorsprung, den Nada-Schüler bereits mitbringen, weiter ausgebaut. Die Abschlußlernziele der Oberstufe werden dadurch bereits ein Jahr früher erreicht. Das letzte Schuljahr wird dann zur Festigung, Wiederholung und Vertiefung und zur kenntnisreichen, selbstsicher geführten Diskussion und Argumentation genutzt. Ein konzentriertes, schnelles Abarbeiten der verpflichtenden Lerninhalte ihres Faches unter der Leitung von Experten in einer Gruppe ähnlich hochbefähigter, selbstbewußter, disziplinierter Schüler – dies kennzeichnet den Unterricht in Nada.

Das Lehrerkollegium besteht überwiegend aus älteren Lehrern, die in ihrer Mehrzahl als sehr qualifizierte Fachlehrer aus öffentlichen Schulen gekommen sind.

Alle Absolventen besuchen anschließend erstklassige Universitäten. Knapp die Hälfte eines Abschlußjahrgangs kann sich alljährlich bei der Tódai immatrikulieren lassen. Während etwa jeder zweite Nada-Absolvent zur Tódai geht, hat im Landesdurchschnitt nur jede 440. Oberschulabsolvent diese Chance. Seit rund zwei Jahrzehnten führt Nada die Liste der 10 erfolgreichsten Oberschulen an oder besetzte einen der ersten Plätze.

Privatinstitutionen zur „Intelligenzerziehung“

Das Ziel dieser Institutionen ist eine effektive Förderung intellektueller Fähigkeiten. Das Förderkonzept der 1976 gegründeten „Learned Society of Intelligence Education (LSIE)“ beruht nicht primär auf dem in Japan vorherrschenden Hochbefähigungsbegriff mit seinen Akzenten auf dem Wissenserwerb und der Arbeitshaltung, sondern auf dem Strukturmodell der Intelligenz von J. P. Guilford mit seinen insgesamt 120 postulierten intellektuellen Grundfähigkeiten, einschließlich konvergenter und divergenter Fähigkeiten. Die LSIE verfügt über ein Netz von Fördergruppen für das Vorschul- und das Grundschulalter in ganz Japan und über die Shotoku-Grundschule in Tokyo, die nur Kinder mit einem IQ von 130 und höher aufnimmt. Zugleich betreibt die

LSIE Forschung im Bereich der „Intelligenzerziehung“, entwickelt Fördermaterialien und diagnostische Verfahren und sucht den internationalen Erfahrungsaustausch.

Im Verständnis der LSIE sind hochbefähigte Kinder jene, die viele der Fähigkeiten, über die andere Kinder ebenfalls verfügen, in einem Höchstmaß entwickelt haben bzw. entwickeln. Den Kernbereich der Hochbefähigung bilden intellektuelle Fähigkeiten. Sie sind die unerläßliche Grundlage für ein flexibles Denken, das in alle Lernbereiche schöpferisch, problemlösend hineinwirkt.

Abgestimmt auf das modifizierte Strukturmodell der Intelligenz von J. P. Guilford ist ein Diagnoseprogramm entwickelt worden, das mit 160 Aufgaben 113 Faktoren im Altersbereich von zwei Jahren bis zum Erwachsenenalter erfassen soll. Intelligenzentwicklungsquotienten sollen im Gegensatz zum klassischen IQ-Wert den Entwicklungsstand in den einzelnen Grundfertigkeiten symbolisierend wiedergeben. Dieses Verfahren deckt auch die Mehrzahl der die „soziale Intelligenz“ zu erfassen trachtenden Faktoren ab.

Der Förderung liegt ein genauer Zeitplan zugrunde. Für jede intellektuelle Grundfähigkeit (= ein Faktor aus dem Guilfordschen Modell) ist eine Förderung von zwei mal einer Stunde in einer Woche veranschlagt. Solange 90 Grundfähigkeiten gefördert wurden, umfaßte ein vollständiger Förderkurs 26 Monate. Für diese Förderkurse werden Kinder mit einem IQ größer/gleich 130 ihrem Alter entsprechenden Gruppen zugeteilt; es gibt sieben verschiedene Altersgruppen zwischen zwei und zwölf Jahren.

Für jede Altersgruppe gibt es ein anderes Fördermaterial – insgesamt also $7 \times 90 = 630$ unterschiedliche Materialien. Diese bis vor einigen Jahren ausschließlich verwendeten sog. SI Play Education Materials forderten von den Kindern im Vorschulalter vor allem den Nachbau und die Konstruktion von Figuren und Mustern. Inzwischen ist ein weiteres Trainingsmaterial hinzugekommen, das „DSI Play Education Material“. In Abhebung von den oben erwähnten „SI Play“ – Materialien soll das „DSI Play“ die Kinder auf Mathematik, Fremdsprachen und Naturwissenschaft/Technik auf höhere Ebene vorbereiten. Mit diesem Material verspricht man sich eine angemessenere Vorbereitung der Kinder auf die Anforderungen des nächsten Jahrhunderts.

Die Trainer, sie müssen ein Hochschul- bzw. Universitätsstudium nachweisen, werden in einem eigenen Institut der LSIE ausgebildet.

Nach institutseigenen Angaben führten die Förderprogramme zu erstaunlich hohen IQ-Zuwächsen – bis zu zwanzig IQ-Punkte in einem Jahr. Genauere Informationen über die weitere Entwicklung der so geförderten Kinder und über deren Bildungskarrieren liegen nicht vor.

Zur Hochbefähigtenförderung in der Sowjetunion

In der Sowjetunion stand die Notwendigkeit einer staatlichen, früh einsetzenden speziellen Förderung musikalisch und künstlerisch besonders befähigter Kinder schon immer außer Zweifel. Die Erkenntnis, daß in der auf eine gleiche, allseitige Bildung für alle Kinder ausgerichteten Einheitsschule die für die sog. wissenschaftlich-technische Revolution dringend benötigten besonders befähigten Schüler nicht bestmöglich auf die Universität vorbereitet werden konnten, führte erst nach langen Kontroversen in den 60er Jahren zu mathematisch-naturwissenschaftlichen Spezialschulen. Zugleich werden unterrichtliche, außerunterrichtliche und außerschulische Maßnahmen verstärkt, um die Eigenaktivität, die Interessenbildung und das schöpferische Denken aller Schüler stärker zu fördern. So gibt es inzwischen eine Vielzahl von Angeboten, die ein wachsendes Interesse auf Seiten der Schüler mit zunehmenden Anforderungen verknüpfen, so daß besonders befähigte Kinder und Jugendliche für die Spezialschulen herausgefunden werden können. Im Unterricht regulärer Schulen werden verstärkt die individuellen Besonderheiten der Kinder berücksichtigt; der Wissenserwerb soll durch den problematisierenden, das Denken der Kinder herausfordernden Unterricht ergänzt werden; Schulzirkel und fakultativer Unterricht sollen der Interessensformung und damit verbunden der aktiveren Auseinandersetzung mit den jeweiligen Inhalten dienen; Spezialklassen bzw. Schulen mit verstärktem Unterricht kommen dem nahe, was die Spezialschulen für wenige Prozent eines Jahrgangs bieten. Außerschulische Angebote, zumeist von den Jugendorganisationen in Zusammenarbeit mit Betriebspraktikern und Wissenschaftlern organisiert, finden sich als Zirkel in den Pionierhäusern, in den Stationen junger Techniker und Naturforscher, in Spezialistenlagern bzw. Sommerschulen, in wissenschaftlichen Schülergesellschaften, in kleinen Akademien der Wissenschaften. Zu den außerschulischen bzw. außerunterrichtlichen Angeboten zählen weiterhin die vielen Wettbewerbe – insbesondere die Olympiaden – in nahezu allen schulischen Disziplinen.

Spezialschulen, die immer auch einen allgemeinbildenden Schulabschluß vermitteln, gibt es im Sport, für bildende Künste, für Ballett, für Musik, für Fremdsprachen, für Zirkus und Varieté – und wohl auch für Schach. Auf zwei Arten von Spezialschulen soll im folgenden etwas näher eingegangen werden.

Musikschulen an Konservatorien

Neben regulären Schulen mit einem verstärkten Musikunterricht gibt es Spezialschulen für Musik, die zumeist Konservatorien angegliedert sind. Zu diesen rund 36 Schulen gehören z. B. die in Alma Ata, Kischinew, Leningrad, Lwow, Moskau und Riga. Typisch für diese Schulen ist ihr großer Einzugsbereich. Die Zentrale Musikschule in Moskau wirbt z. B. über die Presse landesweit um Schüler. Für alle Schulen gilt, daß vorausgewählte Bewerber sich einer mehrtägigen Aufnahmeprüfung unterziehen müssen. Vor einer fünf- bis sechsköpfigen Prüfungskommission werden der Gesundheitszustand, musikalische Grundfähigkeiten (Rhythmusgefühl, Gedächtnis, Sensibilität) und musikalische Fähigkeiten i. e. S. (Vorsingen eines Lieds, Vorspielen eines Instruments, Nachsingen bzw. Nachspielen von Tönen und Akkorden usw.) begutachtet. Von 5 bis 6 vorausgewählten Schülern besteht durchschnittlich 1 Schüler diese Aufnahmeprüfung. Diese Schulen, die üblicherweise mit der 1. Klasse beginnen – also mit siebenjährigen Schülern, nehmen aber auch hochtalentierte ältere Schüler auf, z.B. aus Schulen mit musischem Schwerpunkt.

Der gute Ruf dieser Schulen, deren Werbung in den Medien und die Kontakte zu Schulen mit musikalischem Schwerpunkt führen ihnen ausreichend Bewerber zu, um aus ihnen die talentiertesten Kinder herausfinden zu können. Die betonte musikalische Erziehung im Kindergarten wie in der Grundstufe der Grundschule lassen fast jedes musikalisch besonders befähigte Kind zum Vorschein kommen. Zusätzlich begeben sich Mitarbeiter dieser Institutionen auf gezielte Talentsuche vor allem in jenen Kindergruppen, die familiär benachteiligt sind oder die weit weg von Städten, die anspruchsvolle musikalische Fördermöglichkeiten bieten, leben. Z.B. suchen Mitarbeiter der Spezialschule am Konservatorium von Alma Ata in Kasachstan regelmäßig die Nomaden auf, um nach musikalisch talentierten Kindern Ausschau zu halten. Mitarbeiter der Leningrader Spezialschule bereisen in jedem März Kinderheime und Familien in musikalisch „unterversorgten" Gebieten in 18 Leningrad umgebenden Gebieten, um rd. 200 Prüfungskandidaten aufzuspüren, von denen im Juni dann etwa 30 die Aufnahmeprüfung bestehen werden. In der Spezialschule in Kischinew in der Moldauischen Republik werden alljährlich 15 Plätze für Waisenkinder reserviert.

Die Spezialschüler haben – über die gesamte Schulzeit hinweg gesehen – rd. 50 Prozent mehr Unterrichtsstunden als Schüler regulärer Schulen. Diese zusätzlichen Stunden, der Wegfall des in regulären Schulen verpflichtenden Arbeitsunterrichts und eine Kürzung der Stundenzahl in anderen sonst üblichen Fächern erbringen den hohen Zeitanteil für die musikalische Förderung. Um den ebenfalls angestrebten regulären mittleren Schulabschluß zu gewährleisten und vorzeitigen Schulabgängern den Übergang zu allgemeinbildenden Schulen zu ermöglichen, werden die allgemeinbildenden Fächer in kleineren Klassen – z.T. sogar in Schülergruppen von 10 bis 12 Schülern – unterrichtet. Der Musikunterricht wird ebenfalls in Kleingruppen von maximal 12 Schülern, aber auch im Einzelunterricht durchgeführt. Für das tägliche Übungen sind anfänglich 2 Stunden, auf den Klassenstufen 4 bis 6 drei Stunden und auf den folgenden Klassenstufen noch mehr Stunden üblich. Die enorme zeitliche Belastung und die daraus resultierenden geringen Freizeitmöglichkeiten für die Spezialschüler sind unübersehbar. Etwa die Hälfte der Spezialschüler beenden die Schule erfolgreich; die anderen wechseln zu allgemeinbildenden Mittelschulen mit oder ohne musikalischen Schwerpunkt. Bis zu 100% der Absolventen bekommen einen Studienplatz an einem Konservatorium.

Mathematisch-naturwissenschaftliche Internatsschulen an Universitäten

An mehr als wohl einem Dutzend der bekanntesten Universitäten gibt es Spezialschulen für Mathematik und/oder Naturwissenschaften in unterschiedlichsten Kombinationen, die üblicherweise mit der Klasse 9 beginnen. Solche Schulen finden sich z.B. in Eriwan, an der Jakutischen Universität, in Kiew, Leningrad, Minsk, Moskau, Nowosibirsk, Tiflis und Wilna. Die erste und bekannteste ihrer Art, von Mitgliedern der Akademie der Wissenschaften durchgesetzte Schule ist die in Nowosibirsk – Akademgorodok. Diese Internatsschule ist direkt der Universität von Nowosibirsk angegliedert. Diese Universität wurde 1959 im Zusammenhang mit der Einrichtung einer Zweigstelle der sowjetischen Akademie der Wissenschaften errichtet. Als Sekundarschule umfaßt diese Spezialschule die Klassenstufen 9 und 10 sowie eine 8. Jahrgangsstufe als Vorbereitungsstufe für Kinder vom Lande. Die Schule hat rund 500 Schüler.

Die in den Jahren 1962 bis 1967 jährlich aufgenommenen rund 200 bis 400 Schüler, davon ein Sechstel bis zu einem Viertel Mädchen, stammen aus Sibirien, dem Fernen Osten und Mittelasien.

Die Schüler werden durch ein mehrstufiges Ausleseverfahren ausgewählt. Die Universität veröffentlicht mathematische Aufgaben, deren Lösung – unabhängig von spezifischen Kenntnissen – mathematisch-logisches Verständnis und Beurteilungsvermögen erfordert. Die erfolgreichsten Schüler bei diesen Aufgaben und die Sieger regional organisierter Mathematik-, Chemie- und Physik-Olympiaden werden dann zu Prüfungen eingeladen, die an verschiedenen Orten Sibiriens von Mitarbeitern der Nowossibirsker Universität geleitet werden. An diesen Auswahlverfahren in Wettbewerbsform nehmen jährlich etwa 10 000 bis 12 000 Schüler teil. Die besten 600 bis 700 Schüler werden dann in ein vierwöchiges Sommerlager nach Nowosibirsk eingeladen, das der Erholung dient und zugleich Gelegenheit zu einer Art Probeunterricht bietet. Dieser Probeunterricht schließt mit einem Examen ab, welches den Charakter einer Zulassungsprüfung hat. Gleichzeitig wird während dieses Sommerlagers von den Erziehern und Lehrern ein von Psychologen ausgearbeiteter Beurteilungsbogen ausgefüllt, der u. a. Aussagen über das Interesse an Unterrichtsgegenständen, die Schnelligkeit der Auffassungsgabe, die Originalität des Denkens, den Fleiß, die gesellschaftliche Aktivität, das Verhalten im Kollektiv, eine Selbsteinschätzung der Schüler usw. enthält. Aufgrund aller vorliegenden Daten eines Bewerbers wird in einer Aufnahmekommission über Aufnahme oder Ablehnung entschieden.

Bei der feierlichen Aufnahme legen die Schüler einen Schwur ab, in dem es u. a. heißt: „... Schonungslos gegenüber seinen Schwächen und Mängeln sein, lernen, im Kollektiv zu leben und zu arbeiten, unserer Bruderschaft der Angehörigen der physikalisch-mathematischen Schule immer treu zu sein. Ich schwöre es!“

Das pädagogische Programm ist durch das im Vergleich zur regulären Schule verstärkte mathematische-naturwissenschaftliche Profil gekennzeichnet. Über den persönlichen Schwerpunkt, z. B. Mathematik oder Physik, entscheiden die Schüler nach dem ersten Semester. Eine besondere Bedeutung wird auf Praktika und Laborarbeiten im Schwerpunktfach gelegt, die in den Universitätsinstituten durchgeführt werden. Die anderen Fächer werden mit gleichem Anspruch und gleicher Lehrmethode, aber mit starker Betonung eines als erforderlich angesehenen engen Lehrer-Schüler-Kontakts, wie in anderen Schulen auch gelehrt. Allerdings können die Schüler innerhalb der Pflichtfächer – entgegen der Praxis an regulären Schulen – Spezialgebiete wählen. Im Profilbereich werden universitäre Lehrformen der Vorlesungen und Übungen praktiziert.

Neuerdings gibt es an dieser Internatsschule eine Gruppe von Schülern, die sich auf das technische Schaffen spezialisieren –

wohl mit Blick auf die in den letzten Jahren zunehmend errichteten Konstruktions- und Entwicklungsinstitute, die mit den Forschungsinstituten der Universität verbunden sind, ihnen zugeordnet sind.

Die Schüler einer Klasse wohnen zusammen; jeweils 5 Schüler in einer Zweizimmerwohnung, die sie selbst zu säubern haben. Die Klassenfrequenz dürfte zwischen 20 und 25 Schülern liegen. Die Schüler haben anders als an regulären Schulen nicht 6 Tage, sondern an 5 Tagen Unterricht. Der sechste Tag ist für Exkursionen, organisierte Spiele und Arbeitseinsätze reserviert. Die Konzentration auf 5 Tage führt bis zu 12 Arbeitsstunden pro Tag. 1972 mußten noch 25 Prozent der Schüler die Schule wieder wechseln. 1975 waren es nur noch 7 Prozent.

Das Lehrerkollegium der Internatsschule unterscheidet sich unverkennbar von den Kollegien anderer Schulen dadurch, daß zu ihnen Wissenschaftler der Universität gehören, unter ihnen bekannte Mitglieder der Akademie der Wissenschaften. In der Zwischenzeit sind auch ehemalige Internatsschüler als Lehrer und Tutoren dort tätig. 1972 wurde von 70 Lehrkräften für 503 Schüler gesprochen. Mitglieder des Lehrerstabs übernehmen z.T. auch die Mentorenfunktion, z.B. für besonders befähigte Schüler, die ihres Alters wegen noch nicht in die Internatsschule aufgenommen werden können.

Als Ausdruck der Qualität der Schule könnte gelten, daß die überwiegende Zahl ihrer erfolgreichen Schüler auf die dortige Universität übergeht und die anderen Schüler die Zulassungshürden anderer begehrter Universitäten ohne Probleme überwinden. Von den 2977 Schülern, die in den ersten 15 Jahren der Internatsschule einen Abschluß erwarben, gingen allein 2137 an die Nowosibirsker Universität.

Hochbefähigtenförderung in den USA

Die USA haben ohne Zweifel die längsten und breitesten sowie wissenschaftlich am weitesten aufbereiteten Erfahrungen mit der schulischen Hochbefähigtenförderung und mit der Hochbefähigtenförderung allgemein. Allerdings ließ ein beträchtliches Auf und Ab des Interesses an der Hochbefähigtenförderung einen steten Erkenntnisfortschritt und darauf aufbauende stabile, ihre Effektivität nachweisende Förderformen bislang nicht zu. Heute sind in 25 Bundesstaaten die öffentlichen Schulen angehalten, für ihre besonders befähigten Schüler spezielle Fördermaßnahmen durchzuführen. Unabhängig von diesen staatlichen Maßnahmen gibt es eine Reihe von privaten Spezialschulen, eine Vielzahl von Wettbewerben und vielfältige Förderangebote von Eltern- und Lehrerorganisationen. Die große Zahl schulischer Fördermaßnahmen reicht von selektiven Spezialschulen und Spezialklassen über die zeitweilige Herausnahme hochbefähigter Schüler aus ihren regulären Klassen bis zu zusätzlichen außerunterrichtlichen Angeboten. Am verbreitesten sind wohl die sog. pull-out Programme, die zeitweilige Herausnahme der hochbefähigten Schüler aus ihren Klassen und deren gemeinsame Betreuung durch einen speziell dafür ausgebildeten Lehrer. Diese Form stellt einen für viele Gemeinden akzeptierbaren Kompromiß dar hinsichtlich der auch in den USA heftig geführten Kontroversen um Separation oder Integration bei der schulischen Hochbefähigtenförderung. Die Unübersichtlichkeit der Programmvarianten in den USA, mitbedingt durch das Bestreben der vielen Schulträger „ihrem“ Programm zumindest einen unverwechselbaren Namen zu geben, verdeckt, daß die Zahl profunder, sorgfältig geplanter und ausgestatteter Alternativen dennoch begrenzt sein dürfte. Die Zahl der Verfahrensweisen zur Findung von hochbefähigten Kindern und Jugendlichen ist ebenfalls kaum zu überschauen. Dies hat vor allem damit zu tun, daß es in den USA mehr Testverfahren als in jedem anderen Staat dieser Erde gibt und daß informelle Fragebögen und Schätzskalen zu jedem Zwecke individuell erstellbar sind. Zwangsläufig sind die Kombinationsmöglichkeiten für Identifizierungsprogramme nahezu unbegrenzt. Trotz dieser kritischen Hinweise ist es unbestreitbar, daß die USA der ergiebigste Ideenlieferant auf diesem Felde für die westliche Welt ist. Auf einige wenige amerikanische Ansätze soll im folgenden eingegangen werden.

Das Revolving Door Identification Model (RDIM)

Das RDIM basiert auf einer Definition von Hochbefähigung, die das Zusammenwirken überdurchschnittlicher, aber nicht unbedingt überragender allgemeiner intellektueller Fähigkeiten und kreativer Fähigkeiten sowie guter schulischer Lernerfolge mit einer auf einen bestimmten Gegenstandsbereich bezogenen hohen Leistungsmotivation (task commitment) beinhaltet.

Das RDIM Programm, das in Torrington, Connecticut, im Schuljahr 1979/80 in einer Grundschule erprobt wurde, geht davon aus, daß eine relative große Zahl von Schülern eines Jahrgangs irgendwann in ihrer Entwicklung in einem bestimmten Gegenstandsbereich zu außergewöhnlichen Leistungen imstande ist, wenn bestimmte günstige Bedingungen gegeben sind.

Aufgrund der Ergebnisse in standardisierten Tests, der Einschätzungen bisheriger und zukünftiger Leistungen der Schüler durch sich selbst, durch Mitschüler, Lehrer und Eltern werden bis zu 25 Prozent aller Schüler einer Schule zum sog. talent pool gerechnet. Diesen Schülern werden drei Arten von Zusatzangeboten gemacht, entsprechend dem sog. Enrichment Triad Model.

Im sog. Type I Enrichment werden gezielte Informationsangebote über unterschiedlichste potentielle Interessengebiete (z.B. Architektur) vom Klassenlehrer oder von außerschulischen Experten und/oder von dem Speziallehrer der Schule, dem sog. resource teacher, gemacht. Diese Veranstaltungen bieten den Schülern die Möglichkeit, sich ihrer eigenen Interessen sicherer zu werden bzw. sie überhaupt erst zu entdecken.

Im sog. Type II Enrichment wird gewöhnlich vom „resource-teacher“ ein Gruppentraining für „talent pool“ Schüler aus einer Klasse durchgeführt, das der Intensivierung und Verbesserung von Arbeitstechniken und des kreativen, logischen und kritischen Denkens – auch in seinen emotionalen Bezügen – dient.

Type I und II haben vorrangig die Funktion der Vorbereitung, der Einstimmung, der Ermutigung zu Type III-Aktivitäten. In Abhängigkeit von der Anzahl der jeweils teilnehmenden Schüler können zu einzelnen Type I- und II-Veranstaltungen auch sehr interessierte Schüler hinzukommen, die nicht zum „talent pool“ gehören.

Das sog. Type III-Enrichment bezeichnet jene Tätigkeit, die der Förderung hochbefähigter Schüler im engeren Sinne entspricht. Durch Type I und II vorbereitete Schüler beginnen in Absprache mit dem Klassenlehrer und dem „resource-teacher“ ein Projekt zu einem Problem, das sie brennend interessiert. Dazu bekommt der jeweilige Schüler einen eigenen Arbeitsplatz in dem sog. resource room für die Dauer seines Projekts (revolving in). Dort werden alle die für seine Arbeit notwendigen Materialien aufbewahrt. Betreut wird der Schüler vom „resource teacher“. Die Schüler investieren drei bis sechs Stunden wöchentlich in die Projektarbeit. Projekte wie die Geschichte der Puppen oder das Rittertum können mehrere Monate dauern, orientiert an einem frühzeitig ausgearbeiteten „management plan“. Nach Beendigung des Projekts wird der Platz im „resource room“ für andere Schüler aus dem „talent pool“ frei; der Schüler kehrt zumindest zeitweilig wieder voll in die Klasse zurück (revolved out of the resource room).

Voraussetzung für die Projektarbeit ist das sog. curriculum compacting. Für jenes Schulfach bzw. für jene Fächer, in denen das Kind seine Stärken hat, seinen Mitschülern z.T. um Jahre voraus ist, werden gemeinsam vom Klassenlehrer und „resource teacher“ individuell verkürzte Arbeitspläne erstellt. Im Extremfall verringert sich die für das Jahrespensum vorgesehene Stundenzahl für einen hochbefähigten Schüler auf ganz wenige Fachstunden, die mehr der Vergewisserung dienen, daß die geforderten grundlegenden Lernziele von diesem Kinde auch tatsächlich beherrscht werden. Die Unterrichtskomprimierung kann sich aber auch auf einzelne Unterrichtsabschnitte beziehen. Vor allem werden sonst vorgesehene Übungsphasen und Wiederholungen gestrichen, um Langeweile und Unterforderung zu vermeiden. Welcher Art die Projektarbeit ist, richtet sich nach den sorgfältig eruierten Interessen und dem bevorzugten Lernstil der Schüler. Je nach schulischen Gegebenheiten, kann die eingesparte Zeit aber auch für andere Angebote für hochbefähigte Schüler genutzt werden.

Das „Study of Mathematically Precocious Youth (SMPY)"

Dieses Projekt zur Identifizierung und Förderung mathematisch hochbefähigter Schüler läßt sich nicht als einheitliche Organisationsstruktur beschreiben. Charakteristisch sind die folgenden Annahmen:

- Mathematisch hochbefähigte Schüler können die schulischen Mathematiklernziele in einem Bruchteil der dafür vorgesehenen Zeit bewältigen.
- Zur fähigkeitsadäquaten Förderung bedarf es keines besonderen Lehrplans. Das auf den jeweiligen hochbefähigten Schüler abgestimmte Vorziehen eigentlich für ältere Schüler vorgesehener mathematischer Inhalte, ist die angemessene Reaktion auf mathematisch „precocious" (frühreife) Schüler.
- Zur Identifizierung mathematisch hochbefähigter Schüler hat sich der Scholastic Aptitude Test für Mathematik (SAT-M) bewährt. Die Identifizierung wird im Alter von 12 bis 13 vorgenommen.

Alljährlich werden so rund 70 000 Schüler aus 7. und 8. Klassen ausgewählt (etwa ein Schüler aus 100 und eine Schülerin aus 200), die die eigentlich für die 11. und 12. Klasse vorgesehenen Testaufgaben erfolgreich bewältigen. Ausgewählt werden sie für ein Beratungsangebot, das auf ihre individuellen Fähigkeiten, Interessen und persönlichen Lebensumstände abgestimmte Möglichkeiten des zeitsparenden Erreichens hoher Abschlußqualifikationen in Mathematik und in verwandten Qualifikationsbereichen (z.B. Computerwissenschaft) plant. Für jeden Schüler wird ein jeweils unterschiedliches „smorgasbord of educationally accelerative options" erarbeitet, aus dem der Schüler dann auswählen kann. U. a. enthalten diese Empfehlungen folgende Möglichkeiten, um zu schnelleren und höherwertigen Abschlüssen zu kommen:

- von Hochschullehrern geführte Spezialklassen des SMPY-Projekts (innerhalb eines Jahres werden z.B. Lernziele von

zwei Jahren Oberstufe in Algebra und Universitäts-Algebra, Geometrie, ... erreicht),
- das Überspringen von Klassenstufen; bevorzugt an Schulstufenübergängen,
- Gasthörerschaft an der Universität (vom 10. Lebensjahr an wird der Erwerb von „credits", die auf das spätere Studium angerechnet werden, für möglich gehalten),
- Teilnahme an den von vielen Universitäten anerkannten Testprüfungen des sog. Advanced Placement Program (APP) oder des College Level Examination Program (CLEP), deren Bestehen den Schülern ebenfalls „credits" für ein späteres Studium sichert,
- vorzeitiger Studienbeginn nach vorzeitigem Abbruch der Oberstufe oder nach vorgezogenen Abschlüssen. In der SMPY-Gruppe, die diesen Weg beschritt, beendeten Schüler ihren ersten Studienabschnitt mit Zeitvorsprüngen von bis zu fünfeinhalb Jahren.

Das SMPY-Projekt gilt als das Beispiel par excellence für die Ansicht, daß hochbefähigten Schülern am besten gedient ist, wenn sie die vorhandenen Lernzielabfolgen in den ihnen eigenen Lerntempis erarbeiten können.

Das Retrieval and Acceleration of Promising Young Handicapped and Talented Project (RAPYHT) an der Universität von Illinois

Im Zusammenhang mit dem Bundesgesetz, nach dem behinderte Kinder ein Anrecht darauf haben, daß für sie individuelle Förderpläne sog. IEPs (individual education plan) erstellt werden, entstanden auch Projekte, die sich behinderten Kindern mit besonderen Befähigungen zuwandten. Im RAPYHT-Projekt wurden 3- bis 5jährige blinde, taube, cerebral geschädigte, lernbehinderte und verhaltensgestörte Kinder gefördert, bei denen sich im intellektuellen, kreativen, schulischen, künstlerischen oder sportlichen Bereich Anzeichen für deutlich überdurchschnittliche Fähigkeiten fanden. Zwecks Identifizierung wurden behinderte Kinder mindestens einen Monat lang mit der Hilfe von Checklisten in den genannten Bereichen bei entsprechenden Tätigkeitsangeboten beobachtet. Anschließend wurden die Eltern jener Kinder, bei denen sich entsprechende Hinweise ergaben, interviewt und in Einzelfällen wurden zusätzlich Tests eingesetzt. Die Spezialisten für die Behinderung und die für die besondere Befähigung erarbeiten zusammen mit den Eltern sowohl den IEP (s. o.) wie auch einen sog. TEP (talent education plan) für die vormittäglichen Förderstunden und für zu Hause. Die Förderung wurde sowohl gemäß dem Modell des offenen Klassenraums wie im herkömmlichen lehrerzentrierten Unterrichtsstil vorgenommen. Es wurden speziell entwickelte Materialien für das Lernen, Mathematik, Naturwissenschaften, Kreativität, soziale Fähigkeiten, künstlerische und sportliche Fähigkeiten sowie speziell auf das Intelligenzstrukturmodell von Guilford abgestimmte Trainingsmaterialien eingesetzt.

Schlußbemerkungen

Demokratie meint auch das Bemühen und die gesellschaftliche Verantwortung dafür, daß sich jeder seinen Fähigkeiten und Interessen gemäß entwickeln kann. Die Demokratie profitiert davon und gewinnt dadurch zugleich einen ihrer wesentlichen Vorzüge, wenn sie für alle ihre Kinder und Jugendlichen deren Recht auf bestmögliche Bildung einlöst. So verstandene Selbstverwirklichung und die Bereitschaft, eigenes Können und Tüchtigkeit in den Dienst einer friedlichen, demokratischen Menschheitsentwicklung zu stellen, beschreibt auch die Zielsetzung der Hochbefähigtenförderung. Längerfristig ist ein demokratisches Schulsystem ohne selbstverständliche, integrale Hochbefähigtenförderung schwerlich vorstellbar, weil eine Demokratie sich u. a. erst ihrem Idealzustand genähert hat, wenn alle ihre Bürger ein Höchstmaß an Glück und Zufriedenheit erleben. Dazu gehört vor allem die Gewißheit, das Beste aus sich gemacht zu haben und für das Einbringen der eigenen Fähigkeit in die gesellschaftliche

Weiterentwicklung Anerkennung und Achtung zu erfahren. Dies gilt für alle Menschen, auch für besonders befähigte Menschen.

Im Lichte humaner, moralischer, demokratischer Grundsätze gesehen haben sich immer wieder einige besonders befähigte Menschen mißbrauchen lassen. Manche haben die Langzeitfolgen ihrer Erfindungen und Ideen nicht gesehen oder zu spät erkannt. Andere haben sich trotz institutionalisierter indoktrinärer Erziehung gegen obige Grundsätze verstoßendem Ansinnen verweigert, Widerstand geleistet. Alle undemokratischen Gesellschaften müssen den kritischen Geist fürchten. Hingegen lebt die Demokratie nicht zuletzt von den anders Denkenden, den voraus Denkenden, kritisch Denkenden. Sie ist die einzige Gesellschaftsform, die alle ihre Menschen mit deren Talenten braucht, die mit der „Ausschöpfung aller Talente" wächst. Dazu gehören ohne Zweifel ihre besonders befähigten Menschen, die in einer Gesellschaft der Mitbestimmung und Beteiligung in bestmöglichst gebildeten Bürgern ihre kritischen Gesprächspartner haben. Kindern und Jugendlichen ihre Kindheit und Jugend nicht zu nehmen und ihnen zugleich in der Zeit ihrer größten Lernfähigkeit Bedingungen zur umfassenden Fähigkeits- und Interessenentwicklung und darüber hinaus zur ganzheitlichen Persönlichkeitsentwicklung zu bieten, dies sind die Anforderungen an die Hochbefähigtenförderung.

Christa Hartmann/Ursula Hellert

Die Förderung besonders begabter Mädchen und Jungen durch die Schule

Eine Vorbemerkung

Hochbegabtenförderung in speziellen Klassen innerhalb der Sekundarstufe II gibt es an der Jugenddorf-Christophorusschule-Braunschweig seit dem Schuljahr 1981/1982. Seitdem kommen in jedem Jahr ca. 15 Jungen und Mädchen neu in die Schule und in das Internat, um dort die letzten drei Jahre ihrer Schulzeit zu verbringen. Gleichzeitig sind dies drei einschneidende Jahre ihrer Persönlichkeitsentwicklung.

Aus dieser langjährigen Arbeit haben wir gelernt, daß mit jedem jungen Menschen eine neue Problemstellung auf uns zukommen kann. Ebenso haben wir gelernt, daß es so etwas wie Grundmuster in den Lebensläufen besonders begabter junger Menschen gibt. Dies Wiederkehren typischer Problemstellungen ermöglicht uns, unser Programm ständig zu überprüfen und gegebenenfalls zu verändern. Die immer neuen Probleme oder Ausgestaltungen von Hochbegabung mit ihren schönen wie schwierigen Seiten zwingen uns aber auch dazu, auf dem Boden erprobter Strukturen individuell pädagogisch mit jedem einzelnen zu arbeiten.

1. Die Jugenddorf-Christophorusschule-Braunschweig und ihre besondere Aufgabe.

Die Jugenddorf-Christophorusschule-Braunschweig ist Teil des Christlichen Jugenddorfwerks Deutschland. Für die Pädagogik in jedem Jugenddorf gilt der Grundsatz, daß eine Erziehung ohne gültige Werte nicht denkbar ist. Der Maßstab für die Arbeit mit jungen Menschen im Christlichen Jugenddorfwerk wird vom Menschenbild hergenommen, wie das Neue Testament es uns vermittelt. Jeder junge Mensch ist so, wie er ist, von Gott angenommen und in unsere Sorge gegeben, daß wir ihn vorbereiten auf ein Leben in Freiheit und Verantwortung. Dieses Ziel kann nur erreicht werden, wenn der junge Mensch die Annahme seiner Person erfährt und aus dem gewonnenen Zutrauen in sich auch das Zutrauen zu seinen Mitmenschen und der Welt fassen kann, um dann in ihr seine Möglichkeiten für andere einzusetzen.

Es ergibt sich, daß aus den gerade beschriebenen pädagogischen Grundvorstellungen heraus die Förderung junger Menschen in ihren Begabungen besondere Aufgabe aller Jugenddorf-Christophorusschulen ist, gerade dann, wenn die jungen Menschen an der Entwicklung ihrer Begabungen gehindert werden durch Schwierigkeiten oder sogar Behinderungen körperlicher, sozialer oder psychischer Art. So hat die Jugenddorf-Christophorusschule-Braunschweig als spezielle Aufgabe die Förderung junger Menschen mit einer überdurchschnittlichen allgemeinen intellektuellen Begabung übernommen.

Schülerinnen und Schüler, die Begabungen zu besonderen Leistungen nicht nur auf einem Spezialgebiet haben, sondern die den Gleichaltrigen in ihrer allgemeinen geistigen Entwicklung um Jahre voraus sind, sind für uns allgemein hochbegabt. Die Begriffe „Begabung, Intelligenz, Motivation" sind unter dem Aspekt ihrer Bedeutung für die Hochbegabtenförderung u.a. von Urban (1982) zusammengestellt worden, er verweist insbesondere darauf: „Hochbegabung kann nur Hochbegabung in bezug auf andere Menschen sein; sie hat demzufolge immer eine soziale Komponente..." Wir haben ein spezielles Angebot für hochbegabte

Schüler und Schülerinnen zu machen und operationalisieren dementsprechend unseren Begabungsbegriff in Bezug auf unser schulisches Programm der Hochbegabtenförderung.

2. *Die Hochbegabtenförderung in der Sekundarstufe II.*

In der Sekundarstufe II verfahren wir nach einem Förderungssystem, das sich gliedert in die Klasse 11 als Vorbereitungsstufe und die Jahrgänge 12/13 als Kursstufe. Aufgrund mehrjähriger Erfahrung hat sich gezeigt, daß diese beiden Einheiten unterschiedlich betrachtet werden müssen, die Zielsetzung und also auch die Arbeitsweisen betreffend.

2.1 Finden und Diagnostizieren von Spitzenbegabten

Zunächst soll aber dargestellt werden, wie die Schülerinnen und Schüler zu uns kommen. Bei Nachfragen ergab sich, daß bei weitem der größte Anteil der Familien die erste Information über die Jugenddorf-Christophorusschule-Braunschweig aus der Presse oder aus den anderen Medien erhält. Daraufhin melden sich die Eltern – oder auch der Junge oder das Mädchen allein – zur ersten Kontaktaufnahme. Wenn die Jugendlichen in der entsprechenden Altersgruppe sind und alle schulrechtlichen Voraussetzungen erfüllt haben, laden wir sie zu einer Kontaktwoche nach Braunschweig ein.

2.1.1 Die Kontaktwoche zum Kennenlernen

Die Kontaktwoche dient zwei Zwecken, zum einen soll der junge Mensch das Angebot der Schule kennenlernen und vor allem prüfen können, ob ihm das Leben in einer Internatsgemeinschaft vorstellbar und möglich ist. Zum anderen gibt eine ganze Woche uns Gelegenheit, den Schüler und die Schülerin in ihren Begabungen und Verhaltensweisen zu erleben, so daß wir am Ende zu einer Empfehlung kommen können, ob unser Angebot für den betreffenden Jugendlichen eine sinnvolle Möglichkeit ist oder nicht.

Der eine Schwerpunkt einer solchen Kontaktwoche ist das Unterrichtsangebot. Natürlich wissen wir, daß im Normalfall gerade die Schule kaum Hochbegabungen diagnostizieren kann. Allerdings kann bei entsprechend strukturiertem Unterricht sehr wohl gemessen werden, welche Lerngeschwindigkeit bei den Probanden vorhanden ist. Darüber hinaus muß eine allgemeine Lernstandsdiagnostik folgen, da der Kenntnisstand einer solchen Lerngruppe in Bezug auf die verschiedenen Unterrichtsfächer unglaublich differiert.

Der zweite Schwerpunktbereich innerhalb des Angebots einer Kontaktwoche liegt im Freizeitbereich. Es werden gemeinsam Veranstaltungen durchgeführt. Kleinere Gruppen nehmen an sportlichen oder kulturellen Unternehmungen teil; am Ende der Woche wird gemeinsam ein Fest ausgerichtet. Die Jungen und Mädchen leben während der Kontaktwoche in ihren zukünftigen Wohngruppen.

Für die sozialpädagogischen Fachkräfte ergeben sich im Verlauf einer solchen Woche vielfältige Möglichkeiten, die Jugendlichen zu beobachten, so daß auch sie am Ende der Woche ein Votum darüber abgeben können, inwieweit das Leben in einem Internat für den einzelnen sinnvoll ist.

Gleichzeitig wird durch diese Aktivitäten in der Freizeit das Umfeld der Schule vorgestellt. Die Jugendlichen bekommen einen ersten Eindruck von der Stadt Braunschweig und ihren Möglichkeiten in bezug auf Freizeit, Sport, Kultur und natürlich vor allem Wissenschaft.

2.1.2 Der Einsatz von Testverfahren

Selbstverständlich muß in diesem Zusammenhang auch über Testverfahren gesprochen werden. Intelligenztestverfahren werden eingesetzt, um über die Höhe der intellektuellen Leistungsfähigkeit und die potentielle Denk- und Problemlösefähigkeit im

Vergleich zur Altersklasse eine Aussage machen zu können. Für die Auswertung dieser Tests sind zwei Faktoren wichtig. Die Testauswertung jedes einzelnen wird verglichen mit dem an der Schule schon vorhandenen empirischen Material. Zum anderen wird in einer Anamnese die individuelle Geschichte des Schülers erfaßt. deren Kenntnis unerläßlich ist, um aus den Interpretationen der Testergebnisse Empfehlungen für die weitere Schullaufbahn ableiten zu können. Neben den Intelligenztests wird auch ein Persönlichkeitsfragebogen eingesetzt. Viele Jugendliche zeigen, wenn sie zu uns kommen, schon Störungen in ihrer Persönlichkeitsentwicklung. Es ist für uns wichtig, abschätzen zu können, ob Therapiebedürftigkeit vorliegt. In einem solchen Fall muß sorgfältig geprüft werden, ob der junge Mensch durch uns die Hilfe erfahren kann, die er braucht.

2.1.3 Ergebnisse der Kontaktwoche

Zum Abschluß der Kontaktwoche wird eine Konferenz aller Mitarbeiterinnen und Mitarbeiter einberufen, die in dieser Zeit mit den Jugendlichen gearbeitet haben. Die Zusammenschau der Erfahrungen und Ergebnisse aus allen genannten Bereichen führt abschließend zu einer Empfehlung, ob für den Schüler oder die Schülerin der Besuch unseres speziellen Förderzweiges angemessen ist. In jedem Fall wird anschließend mit dem Jugendlichen und den Eltern ein individuelles Beratungsgespräch geführt, in dem auf der Grundlage der Konferenzempfehlung die beste Möglichkeit für die Zukunft gesucht wird.

2.2 Der Einstieg in die Förderung – die Jahrgangsstufe 11

2.2.1 Die Vorstufe

Zu Beginn des neuen Schuljahres finden sich jeweils ca. 15 Mädchen und Jungen in einem neuen Klassenverband zusammen. Die Erwartungshaltung ist über die Maßen hoch. Jetzt soll die Schule endlich so sein, wie sie immer erträumt wurde. Dabei sind selten genaue Vorstellungen vorhanden, wie denn eine solche Schule aussehen müßte. Der einzelne Schüler schaut auf sich und seine Erwartungen und kaum auf die der Klasse.

Für uns stellen sich die Schwierigkeiten folgendermaßen dar: Zum einen sind, wie schon gesagt, völlig unterschiedliche Wissensstände in den einzelnen Fachbereichen vorhanden. In Bezug auf die Fremdsprachen und Naturwissenschaften differiert das Wissen je nach Bundesland erheblich. Viele Jugendliche sind zudem aus Neigung zu einem einzelnen Fachgebiet in diesem Spezialist; in anderen haben sie dagegen große Lücken. Für den Unterricht ergibt sich das Problem, wie die Lücken bei dem einen ausgefüllt werden sollen, während der andere doch dringendst auf neuen Stoff wartet. Ein anderer schwerwiegender Faktor ist die „Egozentrik" der Schüler und Schülerinnen. Sie erwarten für sich Förderung, genau auf ihre Wissenslücken wie auch auf ihre Stärken zugeschnitten. Sie sind kaum in der Lage, den Unterricht so mitzugestalten, daß er für alle aufbauend und fördernd ist.

Zwei Zielsetzungen müssen im Verlauf der Klasse 11 erreicht werden. Alle Schülerinnen und Schüler müssen auf denselben Wissensstand kommen, um von einer gemeinsamen Voraussetzung aus die Kursstufe auf höchstem Leistungsniveau absolvieren zu können. Zum anderen muß jeder einzelne in einer solchen Gruppe gleichbefähigter Jugendlicher soziale Fähigkeiten erwerben. Wir müssen ein „sowohl – als auch" erreichen: sowohl muß der Schüler in seinen Interessen und Bedürfnissen ernst genommen werden, wie er auch seine Mitschülerinnen und Mitschüler in ihren Rechten wahrnehmen und achten lernen muß. Die Jugendlichen haben dies Sozialverhalten in ihrer bisherigen Schullaufbahn häufig nicht gelernt, da sie in ihrer besonderen Art so und so Außenseiter im Unterrichtsgeschehen waren. In der neuen Zusammenstellung gleichbefähigter junger Menschen ist die Situation vollkommen anders. Der Jugendliche hat wieder ganz persönliche Erwartungen dem Unterricht gegenüber, und zum ersten Mal steht er in unmittelbarem Vergleich und in der Auseinandersetzung mit anderen.

Wenn am Ende der Klasse 11 aus dieser Ansammlung einzelner so ausgeprägter Individualisten eine Klassengemeinschaft geworden ist, so ist für die Leistungsmöglichkeit in der Kursstufe wie die Persönlichkeitsbildung das Optimum erreicht.

2.3 Die Leistungsphase in der Förderung: die Jahrgangsstufe 12/13

2.3.1 Die Kursstufe

Die Förderung innerhalb der Kursstufe muß zum einen alle gesetzlichen Bedingungen erfüllen, die für die reformierte Oberstufe im Land Niedersachsen vorgeschrieben sind. Denn am Ende der Schulzeit wird ein staatlich anerkanntes Abitur abgenommen. Damit der junge Mensch später einmal auswählen kann, in welchem Bereich er seine Fähigkeiten optimieren und sie in eine Berufslaufbahn umsetzen will, muß ihm zunächst einmal eine gute Allgemeinbildung vermittelt werden. In der Hochbegabtenförderung versteht es sich von selbst, daß diese Wissensvermittlung auf zusätzliche und unterschiedliche methodische und didaktische Möglichkeiten zurückgreifen muß, als der Unterricht des Standardzweigs es ermöglicht.

Jeder Jugendliche muß mindestens *sechs* Fächer auf Leistungskursniveau belegen. Die Auswahl trifft er unter den Gebieten: Deutsch, Englisch, Französisch, Latein, Musik, Geschichte, Erdkunde, Religion, Mathematik, Chemie, Biologie, Physik. Hinzu kommen die Pflichtkurse in Kunst, Gemeinschaftskunde und Sport. Diese Kurse werden als Grundkurse angeboten, ebenso wie die weiteren zusätzlichen Fremdsprachen (z. B. Japanisch, Griechisch) oder Informatik, usw.. Zu Beginn des 13. Schuljahrgangs entscheidet der Schüler, welche der auf Leistungskursniveau belegten Kurse tatsächlich die beiden Leistungsfächer für sein Abitur werden sollen. Innerhalb des schulischen Rahmens findet also frühestens bei dieser Vorbereitung auf das Abitur eine erste stärkere Spezialisierung statt.

2.3.2 Die zusätzlichen Möglichkeiten

Die Jugendlichen haben also zum einen die Chance und Verpflichtung, mehr zu lernen. Dieses Mehr allein bleibt aber letzlich ein additives Angebot: d.i. die grundsätzlich andere Art der Hochbegabten- oder allgemein Begabtenförderung. Dies ist vor allem die Möglichkeit, die im Rahmen der Regelschulen in der Bundesrepublik machbar ist und gemacht wird.

Folgende Möglichkeiten werden praktiziert:

1. Additive Zusatzangebote.
2. Spezielle Arbeitsgemeinschaften.
3. Teilnahme an Wettbewerben.
4. Überspringen von Klassen und Früheinschulung.
5. Betreuung durch Mentoren.

Alle diese Möglichkeiten der additiven Förderung werden auch in der Jugenddorf-Christophorusschule-Braunschweig praktiziert und stehen jedem Schüler und jeder Schülerin des Standardgymnasiums offen. Sie sind unbedingt wichtig und sinnvoll für Jugendliche mit einer speziellen Hochbegabung. Ebenso wichtig sind sie für diejenigen hochbegabten jungen Menschen, die aus einer glücklichen persönlichen und/oder schulischen Situation heraus mit sich und der Umwelt überwiegend problemlos zurechtkommen. Ihnen wird durch ein Mehr an Möglichkeiten das geboten, was sie brauchen.

2.3.3 Die Unterrichtsgestaltung

Die Situation stellt sich anders dar für die Jugendlichen, deren Lage so geworden ist, daß sie einen Wechsel ihrer schulischen und/oder persönlichen Umgebung brauchen, die zudem das Kriterium einer allgemeinen Hochbegabung erfüllen. Spezielle Klassen zur Förderung von Hochbegabten können nur gerechtfertigt werden, wenn zusätzlich zur additiven Förderung durch ein Mehr an Kursen eine andere Unterrichtsqualität erreicht wird.

Diese muß ausgerichtet sein an den besonderen Bedürfnissen und Fähigkeiten der hochbegabten Schüler und Schülerinnen.

Bei der Veränderung des Unterrichtsstils sind zunächst einmal die Raffung des Stoffes, bzw. das erhöhte Lerntempo und das weitaus höhere Abstraktionsniveau zu nennen. Diese beiden Faktoren hängen direkt voneinander ab. Zwar gewinnt die unterrichtende Lehrkraft dadurch Zeit, das Wiederholungs- und Festigungsphasen im Unterricht dieser Sonderklassen weitgehend entfallen können. Um aber den Stoff raffen zu können, muß an vielen Stellen vom induktiven Verfahren abgegangen werden.

Die deduktive Lehrmethode bringt das Prinzip einer Sache als Unterrichtsgegenstand vor; die Ableitungen werden, wenn überhaupt, nur exemplarisch vorgenommen. Das heißt: das schnelle oder totale Verlassen der induktiven Lehrmethode erbringt ein hohes Abstraktionsniveau. Nur dieses erlaubt es, in stark erhöhtem Tempo ein Sachgebiet in seinen Prinzipien zu erarbeiten.

Die gewonnene Zeit wird genutzt zur Durchführung einer sogenannten Vertiefungsphase, über die unten noch einiges gesagt werden muß.

Den gesetzlichen Rahmen des zu vermittelnden Stoffes bieten die Rahmenrichtlinien der einzelnen Fächer für das Land Niedersachsen. Aber auch innerhalb dieser Richtlinien steht noch eine breite Auswahl der individuellen Unterrichtsgestaltung zur Verfügung.

Es gilt: Der zu lernende Inhalt soll von prinzipieller Bedeutung für das betreffende Sachgebiet sein. Darüber hinaus sind die Inhalte zu bevorzugen, die das fachübergreifende, allgemein problemlösende Denken herausfordern, also Inhalte, die den Keim zu weiteren Fragen aus anderen Sachgebieten enthalten. Als exemplarische Stoffe bewähren sich auch diejenigen, die nicht die glatte Umsetzung eines Prinzips zeigen, sondern an mindestens einer Stelle eine Variante einbringen. Das Beispiel kann schon den Weg der Erweiterung oder Überwindung eines bestimmten Prinzips andeuten oder aufzeigen. So können in jedem Unterricht die Anreize zu divergentem Denken gegeben werden.

2.3.4 Die Vertiefungsphase

Das Schuljahr der Jahrgangsstufe 11 wie der Jahrgangsstufe 12 schließt ca. 12 Wochen vor dem normalen Schuljahresende. Die gewonnene Zeit wird für sogenannte Vertiefungsprogramme zur Verfügung gestellt. Diese Vertiefungsprogramme werden jeweils mit den Wünschen der Schüler und Schülerinnen abgesprochen. In dieser Zeit haben sie Gelegenheit, ganz persönlichen Interessen und Neigungen nachzugehen, sich zu spezialisieren.

Grundsatz ist dabei, daß nicht regulärer Unterrichtsstoff vorweggenommen wird, sondern daß die Programme in Fragen einsteigen, die auch der Unterricht in den Klassen nicht mehr behandeln kann, oder Sachgebiete zum Gegenstand genommen werden, die überhaupt nicht im Rahmen einer gymnasialen Oberstufe vorkommen.

Beispiele solcher Vertiefungen, die sowohl im Zusammenhang stehen zu den Leistungsfächern, wie sie auch ganz neue Gebiete erschließen können, sind: Philosophie, Soziologie, Pädagogik, Volkswirtschaftslehre, Mineralogie, formale Logik, Flugmechanik, weitere Fremdsprachen. Diese Vertiefungsprogramme werden von den Lehrkräften der Jugenddorf-Christophorusschule geleitet oder von Fachleuten der Technischen Universität Braunschweig oder anderer Braunschweiger Forschungsanstalten und Institutionen.

3. Die Hochbegabtenförderung in der Sekundarstufe I

Seit dem Beginn des Schuljahres 1987/88 gibt es an der Jugenddorf-Christophorusschule-Braunschweig die speziell eingerichtete Klasse zur Förderung hochbegabter junger Menschen in der Sekundarstufe I. Dies bedarf einer besonderen Rechtfertigung, da einem Herunterziehen des Förderprojekts in niedrige Jahrgangsstufen große Bedenken entgegenstanden. Für die meisten Schülerinnen und Schüler ist die Entscheidung für das Förderprogramm in Braunschweig verbunden gewesen mit der Entscheidung für einen Internatsaufenthalt. Kinder sollten aber solange wie irgend möglich in einem intakten Elternhaus bleiben. Dennoch ist es zur Einrichtung dieser Fördergruppe gekommen, die sich allerdings noch im Versuchsstadium befindet. Finanziell getragen wird dieser Versuch durch das Förderwerk für Spitzenbegabte e. V.. Dieses Angebot einer Förderung schon im Sekundarbereich I kann natürlich in besonderem Maße von externen Schülern und Schülerinnen genutzt werden, da sie von den Vorteilen profitieren können, ohne den zeitweiligen Verlust familiärer Geborgenheit in Kauf nehmen zu müssen. Wir nehmen allerdings in diese Jahrgangsstufe 9/10 auch interne Schüler und Schülerinnen auf. Diese Entscheidung resultiert aus den zahlreichen Erfahrungen, die wir in Beratungsgesprächen mit hilfesuchenden Familien gemacht haben. Schon im Alter von 13 bis 15 Jahren können die Probleme der Jugendlichen aufgrund ihrer Hochbegabung ein solches Ausmaß annehmen, daß gegenüber einem Verbleiben in der alten Lern- und Lebensumwelt ein Internatsaufenthalt als das kleinere Risiko erscheint.

3.1 Die Probleme der Lern- und Lebensumwelt

Schwerpunktmäßig haben sich folgende Probleme herauskristallisiert:

a) Probleme in der Lebensorganisation

Eine anregungsarme Umwelt kann dazu führen, daß Eltern den berechtigten Bedürfnissen und Forderungen nicht mehr gewachsen sind, die ihr hochbegabtes Kind an sie stellt.

b) Die spezielle soziale Problematik

Es gelingt nicht immer, das hochbegabte Kind familiär zu integrieren, so daß es in diesem elemtaren Sozialisationsfeld keine adäquaten Verhaltensmuster erlernen kann. Die Folgen trägt sowohl das hochbegabte Kind als auch die übrige Familie. Auch die schulischen Systeme des Grundschul- und Sekundar-I-Bereichs sind nicht darauf ausgerichtet, Hochbegabte oder gar problematische hochbegabte Kinder zu integrieren, sondern verstärken eher deren Außenseiterposition. Auch hier werden dann keine adäquaten Verhaltensmuster im Umgang mit Gleichaltrigen aufgebaut, wie sie zum Erwerb eines positiven Selbstkonzepts unerläßlich sind.

c) Die schulische Problematik

Das hochbegabte Kind findet sich häufig allein gegenüber einem festgefügtem System von Anforderungen und organisatorischen Strukturen, das auf seine individuellen Bedürfnisse und Fähigkeiten nicht eingeht. Dies kann zur Demotivation, Schulunlust und Verweigerung führen. Am Ende einer solchen Entwicklung kann auch völliges Schulversagen stehen.

d) Intrapsychische Probleme

Resultierend aus den Entwicklungsstörungen aufgrund der sozialen Defizite zeigen sich z. B. Vereinsamungserscheinungen bis hin zu autistischen Symptomen. Andere Kinder weisen psychische Auffälligkeiten wie Ticks und andere neurotische Störungen auf. Hier beginnt der Bereich der psychiatrischen Auffälligkeiten. In jedem Einzelfall ist sorgfältig zu prüfen, ob ein therapiebedürftiger Schüler in unserer Fördermaßnahme noch angemessene Hilfe erfahren kann.

Wir müssen abwarten, ob die Entwicklung der aufgenommenen Schüler und Schülerinnen unsere Haltung bestätigt, daß eine früher einsetzende Förderung zum Teil schwerwiegende Störungen verhindern oder doch in ihrer Anfangsphase bearbeiten kann, so daß dem gegenüber die Abnabelung von der Familie als weniger schwerwiegend erscheint. Schon jetzt ist zu sehen, daß für die externen Schülerinnen und Schüler ein solches Förderprogramm ein reiner Gewinn ist.

3.2 Die schulische Organisation des Förderprojekts

3.2.1 Die Organisation in Lernfeldern

Innerhalb der Sekundarstufe I besteht ein größerer Spielraum für didaktische und methodische Veränderungen als in der Sekundarstufe II. Dies ergibt sich aus den gesetzlichen Grundlagen. Wir haben für das neue Förderprogramm die größere Freiheit voll genutzt und eine ganz neue Konzeption für den Ablauf eines Jahresprogramms entwickelt. Das neue Prinzip dieser Konzeption liegt im fächerübergreifenden Unterricht. Der Fächerkanon des Mittelstufenunterrichts wird umstrukturiert zu Lernfeldern, in denen themenorientiert gearbeitet wird. Zur Zeit sind die folgenden 4 Lernfelder eingerichtet:

Das erste Lernfeld umfaßt den Bereich der Fächer Deutsch, Geschichte, Religion, Sozialkunde, Musik.
- Das zweite Lernfeld entspricht dem Fächergebiet Erdkunde, Sozialkunde, Biologie, Chemie.
- Das dritte Lernfeld dem Fachbereich Mathematik, Physik, Informatik. Dieser Unterricht findet nach Möglichkeit in englischer Sprache statt.
- Das vierte Lernfeld macht insofern eine Ausnahme, als tatsächlich einzelne Fächer unterrichtet werden. Hier wird der Unterricht in der ersten Fremdsprache vertieft (Englisch als Literatursprache und der schriftliche Gebrauch der Sprache). Außerdem gehört in dieses Lernfeld der Unterricht in der zweiten Fremdsprache.

3.2.2 Der Ansatz einer ganzheitlichen Förderung

Jeder Ansatz einer Förderung muß sowohl den Ausbau intellektueller Fähigkeiten bzw. kognitiver Prozesse anstreben, als auch vor allem Motivationsförderung sein, um eine Befähigung zum kontinuierlichen und effektiven, darüber hinaus innovativen befriedigendem Arbeitsverhalten aufzubauen, bzw. zu stärken. Deshalb ist das zur Zeit laufende Förderkonzept eine Kombination aus Lern- und Arbeitssituationen, wie sie für Schule, Universität und andere Bildungs- und Arbeitsstätten traditionell typisch sind, und projektorientiertem Lernen, das unter einer gemeinsamen Zielsetzung der Gruppe für den einzelnen ein Arbeiten ausgehend von seinen individuellen Bedürfnissen ermöglicht.

Dieser Projektunterricht ist der zweite Faktor der neuen Konzeption. Diese Projekte sind bezogen auf die einzelnen Lernfelder. Damit wird ein Zusammenhang hergestellt zwischen den beiden Formen des Arbeitens. Außerdem werden die vorgesehenen Inhalte für den Unterricht in der Mittelstufe gemäß den Rahmenrichtlinien vertieft. In dieser Arbeitsform steht allerdings im Mittelpunkt die Eigenproduktion der Lerngruppe; diese muß sich selbst die Wege der Informationsbereitstellung wie das Wissen erarbeiten, um die Voraussetzungen zur eigenen Produktion zu haben. So wird Förderung mehrerer Bereiche untereinander verbunden:

- Erweiterung des Wissens
- Training in Lern- und Arbeitstechniken
- Wissensproduktion
- Kreative Umsetzung

3.2.3 Ausblick

Ein erster Bericht über die Wirkung dieser Konzeption wird nach Ablauf des ersten Jahres erstellt. Das Projekt wird wissenschaftlich begleitet. Es bleibt abzuwarten, ob konzeptionelle Veränderungen wünschenswert sind. In der gesamten konzeptionellen Arbeit zeigt sich, daß ein gemeinsames Überlegen von Schüler- und Lehrerschaft im höchsten Grade produktiv und innovativ ist.

Im Herbst 1987 fand eine Fortbildungsveranstaltung statt, in der parallel eine Gruppe von Lehrkräften und eine Klasse des Förderprogramms zunächst einzeln arbeiteten, um dann zusammen in konzeptionelle Überlegungen einzusteigen. Wir beginnen gerade, die Ergebnisse dieser Arbeitswoche für die Konzeption unserer Förderprogramme zu überprüfen und auch zu erproben. Wenn hochbegabte junge Menschen erfahren, daß sie in ihren Bedürfnissen und ihren persönlichen Ausprägungen ernst genommen werden, entsteht daraus bei genügend Zeit ein kooperatives Arbeitsklima, in dem Leistung erbracht werden kann und vor allem soziales Verhalten zunächst innerhalb der eigenen Gruppe aber auch dann im Rahmen der gesamten Schulgemeinschaft gelernt werden kann. Die Entwicklung der Gesamtpersönlichkeit ist und bleibt das Maß jeglicher Förderabsicht. Der hochbegabte junge Mensch hat darauf denselben Anspruch wie jeder andere junge Mensch.

4. Die Förderung von Mädchen innerhalb der Förderzweige für Spitzenbegabte

Koedukative Erziehung ist in der heutigen Schullandschaft eine Selbstverständlichkeit. Wie im Standardzweig sind auch die Förderklassen als koedukative Gruppen eingerichtet.

Die Begabungsstruktur der Schülerinnen und Schüler des Jahrgangs 1982, gemessen mit dem bildungsabhängigen Intelligenz-Struktur-Test von AMTHAUER, zeigt, daß die intellektuelle Leistungsfähigkeit auf allen Gebieten ausgeprägt und weit überdurchschnittlich hoch ist. Unterschiede in der Begabung von Jungen und Mädchen lassen sich auch für die anderen Jahrgänge nicht feststellen. Es gibt keine erkennbaren Begabungsschwerpunkte, wie sie oft hypothetisch als sprachlich-geisteswissenschaftliche Orientierung für Mädchen und als mathematisch-naturwissenschaftliche Orientierung für Jungen unterstellt werden.

4.1 Hypothesen zur unterschiedlichen Anmeldebereitschaft

Für die Anzahl der in unserem Förderzweig angemeldeten Jungen und Mädchen läßt sich sicherlich feststellen, was heute in allen Untersuchungen bestätigt wird: noch niemals hat es in Deutschland so gut ausgebildete Mädchengenerationen gegeben wie die der letzten 15 Jahre. „Mädchen verlassen heute mit guten oder gegenüber Jungen sogar besseren Abschlüssen das allgemeinbildende Schulwesen, so daß – bildungsstatistisch gesehen – von einer geschlechtsspezifischen Benachteiligung nicht mehr gesprochen werden kann." (HORSTKEMPER, M. 1987). Daß die Anzahl der Mädchen und Jungen in unserer Schule nicht gleich stark ist, liegt unserer Vermutung nach daran, daß der Besuch einer Schule in freier Trägerschaft natürlich von den Eltern finanzielle Aufwendungen verlangt. Diese Unterschiede in der Anmeldebereitschaft zeigen sich in unserem Standardzweig zum Teil sogar in verschärfter Form.

In der Jugenddorf-Christophorusschule-Braunschweig wurden noch keine systematischen Untersuchungen zu dieser unterschiedlichen Anmeldungsbereitschaft durchgeführt. Eindrücke aus den zahlreichen Gesprächen bestätigen die Aussagen der heutigen Forschung zur schulischen Sozialisation von Mädchen. Obwohl Mädchen im Durchschnitt bessere schulische Leistungen erbringen als Jungen, wird ihrer schulischen Bildung und Leistung nicht derselbe Stellenwert gegeben. Auf die finanzielle Situation einer Familie bezogen, die nur eins von zwei Kindern auf diese Art fördern könnte, bedeutet dies: diese schulische Möglichkeit wird für den Jungen ausgewählt.

Von den Mädchen wird grundsätzlich ein schulangepaßtes Verhalten verlangt; die Forderung lautet also, daß sie da, wo sie sind, sich mit Hilfe von Anpassung zurechtfinden. Den Jungen gestehen die Eltern eher Eigenwilligkeit und auch Exzentrik zu, oder in den jüngeren Jahrgängen einfache Aufsässigkeit. Und weil Eltern den Söhnen diese Verhaltensweisen zubilligten, sind sie eher geneigt, ihnen eine besondere Unterstützung dafür zu bieten, daß sie trotzdem die kulturell notwendigen Bildungsformen erlernen. Bei einem Mädchen wird dies als Eigenleistung erwartet. Der Ausdruck Leistung ist allerdings schon irreführend, da das Zurechtkommen im schulischen System bei Mädchen gerade nicht als Leistung gewertet wird, sondern in einem diffusen Verständnis von den natürlichen Anlagen eines Mädchens als Selbstverständlichkeit vorausgesetzt wird.

4.2 Entwicklungsverlauf eines begabten Mädchens – eine Fallbeschreibung

Es gibt bislang noch kein empirisches Material, aus dem man Rückschlüsse über die Konsequenzen einer Nichtförderung von besonders begabten Mädchen ziehen könnte. Bisher liegen nur einige Erfahrungswerte aus der täglichen Arbeit mit hochbegabten Schülerinnen und aus den Beratungsgesprächen mit den Mädchen und deren Eltern vor. Zur Verdeutlichung der Problematik sei hier ein Einzelschicksal beschrieben, wie es unter Umständen repräsentativ ist.

Marga, die jetzt die 11. Klasse der Jugenddorf-Christophorusschule besucht, war immer ein auffallendes Kind. Die Auffälligkeiten schildern die Eltern so: sie konnte vor der Einschulung lesen und kleinere Rechenaufgaben lösen, sie war besonders wißbegierig und lebhaft. Von der Grundschule erwartete Marga alles, nun sollte es endlich losgehen, jetzt sollte jemand ihren Taten- und Unternehmungsdrang in die richtige Richtung lenken und ihr all die vielen Fragen beantworten, mit denen sie die Eltern irritiert hatte. Die Reaktionen der Umwelt sahen aber unerwartet anders aus: Marga sollte sich gedulden, den Mitschülern nicht die Möglichkeit nehmen, sich auch zu beteiligen. Sie sollte sogar denjenigen, die beim Lernen Schwierigkeiten hatten, weiterhelfen. Das Mädchen erledigte die übertragenen Aufgaben mit Freude, wurde sie doch in ihrer fröhlichen und hilfsbereiten Art von allen akzeptiert und gelobt. Sie wartete geduldig ab, daß irgendwann auch ihre Interessen Berücksichtigung finden würden. Die Noten, die sich bis zum Ende der Grundschulzeit ergaben, waren überall sehr gut. Ganz besonders war die Situation zu Hause: Marga verhielt sich außerordentlich aggressiv und konkurrierend ihren jüngeren Geschwistern gegenüber. Alle Versuche der Eltern, auch mit Hilfe von Experten, die häusliche Situation zu entkrampfen, schlugen fehl. Marga, die sich vormittags nett, freundlich und angepaßt verhielt, ließ den ohnmächtigen Haß über ihre Geschwister ergehen, der sich in ihr angestaut hatte. Die ländliche Umgebung ließ wenig Möglichkeiten, für Margas zusätzliche Aktivitäten außer Klavierunterricht zu organisieren. Die Umschulung in das Gymnasium erbrachte eine unendlich bittere Erfahrung für Marga, hier wollte auch kein Mitschüler mehr ihre Hilfestellung, hier war sie nur die Streberin, die sich bei den Lehrern beliebt machen wollte. Sie wurde total isoliert und gemieden. Für Marga bestätigte sich jetzt, was sie bei ihren Geschwistern schon erlebt hatte: niemand wollte sie akzeptieren.

Während sie die jüngeren Geschwister terrorisiert hatte und ihnen mit Gewalt bestimmte Verhaltensweisen abgerungen hatte, ging dies natürlich bei den Mitschülern nicht. So wurde sie einfach immer stiller und zurückhaltender und prägte die ihr vorgeworfenen exotischen Verhaltensweisen einer Streberin immer mehr aus. Die Körperhaltung wurde unsicher, die Sprache fast unverständlich, die Mimik starr, Marga machte insgesamt den Eindruck eines armseligen und unglücklichen Geschöpfes. Die sehr guten Noten, der umfangreiche Lesestoff und selbstverfaßte Gedichte waren wohl neben dem Klavierunterricht Bestandteile in Margas Leben, die sie über die immer schlechter werdenden Beziehungen auch zu den Eltern hinwegtrösteten. Niemand wußte eigentlich etwas mit diesem ungewöhnlichen Kind anzufangen, das bei allen Berührungsängste auslöst. Sie war ja durchaus im Stande, über ihre vielfältigen Bedürfnisse zu sprechen und zu analysieren, warum die Beziehungen zu den Mitschülern so schlecht waren. Nur zu den erwarteten Veränderungen bei sich selbst konnte sie nicht mehr kommen, da sie keine adäquaten Verhaltensmuster erlernt hatte.

Viele besonders begabte Mädchen zeigen ähnliche Auswirkungen starker Selbstwert- und Selbstsicherheitsstörungen. Sie haben nie begriffen, wann ihre besonderen Fähigkeiten geschätzt und wann sie als störend beurteilt wurden und wann sie sich demzufolge wie zu verhalten haben.

4.3 Abschließende Überlegungen und Zukunftsperspektiven zur Förderung besonders begabter Mädchen und Jungen

Mit diesen Überlegungen sind wir schon bei der Frage, welches Selbstkonzept Jungen und Mädchen daraufhin vermittelt wird, daß sie mit ihrer Idenfikation als männlich oder weiblich zugleich typische Schemata über Selbstvertrauen und Angst internalisieren. Es scheint, daß sich auch in den Förderklassen überwiegend dasselbe Bild ergibt wie in allen übrigen Stichproben der letzten Jahre in der Bundesrepublik und anderen westlichen Ländern. Besonders aufschlußreich ist der Vergleich zwischen Mittelstufenschülerinnen und Oberstufenschülerinnen. Natürlich gibt es auch unter den Mittelstufenschülerinnen einige, die aufgrund feststellbarer familiärer Schwierigkeiten oder Sozialisationsfehlern ein Persönlichkeitsbild zeigen, das schon mehr oder weniger stark gestört ist. Im ganzen läßt sich aber sagen, daß die jungen Schülerinnen erheblich selbstverständlicher zur Leistung greifen und sich auch zu selbiger befähigt glauben. Sie machen dabei keinen Unterschied in Bezug auf Fächer, d. h. die Aufspaltung in sprachlich orientierte Mädchen und mathematisch-naturwissenschaftlich orientierte Jungen trifft in dieser Altersstufe noch nicht zu. Bei den Schülerinnen, die erst in Klasse 11 zu uns kommen, ist die Tendenz zu beobachten, daß ihr Selbstvertrauen so gering ist, daß sogar erbrachte Leistungen dieses nicht zu stärken vermögen, sondern auf das Konto des Glücks abgebucht werden. Es bleibt abzuwarten, ob es uns mit einem früheren Einsetzen der Förderung gelingt, diese ständige Abnahme des Selbstvertrauens gerade bei Mädchen zu verhindern oder zumindest abzumildern. Die neue Konzeption für den Bereich der Mittelstufe läßt solche Hoffnungen zu. Die Generationen, die aus dieser Förderung heranwachsen, werden sicherlich auch den Charakter der Förderung innerhalb der Sekundarstufe II verändern. Es mag in einigen Jahren so sein, daß in der Oberstufe ein zweigleisiges Programm zur Förderung Spitzenbegabter praktiziert werden muß.

Jenseits unterschiedlicher Methodik wird das Ziel immer dasselbe sein: jedem Mädchen und Jungen zu helfen, innerhalb der Gemeinschaft zum Nutzen für diese wie zur persönlichen Zufriedenheit die eigene Persönlichkeit entfalten und sinnvoll einsetzen zu können.

III

Die verdrängten Kinder

Wir werden nur selten an sie erinnert. Meist genügt es schon, daß sie außerhalb Europas und New York Citys leben, um vergessen oder von uns verdrängt zu werden. Bei allen Bemühungen um Verbesserungen in kindlichen Lebensbereichen machen sie uns klar, wie beschränkt und geographisch begrenzt unsere Arbeit ist. Die folgenden zwei Beiträge berichten über Kinderleben, oder richtiger: über Kinder*sterben* in Uganda und brasilianischen Metropolen.

Willy Lützenkirchen

Kindheit im Terror

Die Stadt Nakaseke existiert nicht mehr. Über die Ruinen kriecht der Dschungel zurück, ausgebrannte Busse und andere Autowracks versinken in der wuchernden Pflanzenmasse. Vier Meter hohes Elefantengras wächst über den Wegen zusammen. Auf den Termitenhügeln stecken schmutzverklebte Menschenschädel, auf lange Bambusstäbe gespießt. In der öffentlichen Latrine huschen Aaskäfer über verkrümmte Skelette und fast verweste Leichenbündel. Ein Schlachthaus für Menschen, die im Toilettengang mit Hämmern und Montiereisen erschlagen und in die Latrinenzellen geworfen wurden. Eine Totengrube mit zertrümmertem Gebein, überdeckt von zähen Schlingpflanzen mit leuchtend weißen Blüten. In erstickender Luft und graugrünem Dämmerlicht ein Labyrinth des Grauens. Abends ertönt immer noch das rasende Gebell wilder Hunde, die in den Leichenbergen jahrelang ihre Nahrung fanden.

Nakaseke, 70 Kilometer nördlich der ugandischen Hauptstadt Kampala, ist zum Massengrab für etwa 20 000 Menschen geworden. Fast alle erwachsenen Männer und Frauen sind ermordet, verschleppt oder vertrieben worden. Ein düsteres Beinhaus am Rand des Dschungels, wo Skelette und Schädel heute wie Knochenmüll die Wege und Straßen säumen. Schauplatz von Gewaltorgien des ugandischen Bürgerkriegs. Im letzten, provisorischen Hauptquartier der Regierungstruppen in Nakaseke hausen jetzt die Kinder des Terrors. Nach jahrelanger Flucht durch den Busch haben sie ein Dach über dem Kopf. Es sind Kinder aller Altersgruppen, die der Krieg zusammengewürfelt hat. Waisen, deren Eltern erschlagen oder erschossen wurden. Scheu und mißtrauisch, mit unbewegten Gesichtern, aber ruhelosen Blicken starren sie aus den leeren Fensterhöhlen des ehemaligen Armeequartiers, dem einzigen mehrgeschossigen Wohnblock der Stadt.

Ein paar ältere Mädchen, etwa 15 Jahre alt, haben die Elternrolle übernommen, stampfen im Hof Mais und Kochbananen, schälen Erdnüsse, bewachen eine Schale mit rotem Pfeffer. Die Kinder leben in den oberen Stockwerken des früheren „Mordhauses", in völlig kahlen, ausgeplünderten Räumen, ohne Strom, Licht, Wasser, ohne Decken oder Möbel. Leere Säcke, Pappkartons und Grasmatten sind zum Schlafen ausgelegt. In den Ecken verschimmelte Nahrungsreste, ausgebrannte Feuerstellen, Lumpenbündel, Insekten, Spinnen, Kakerlaken, es riecht nach Urin.

Auf die Wände gemalt sind endlose Graffiti des Terrors, jeder Zentimeter enthält Parolen und Bilder der Gewalt, unterbrochen nur von Blutspritzern, verschmierten Fäkalien und Rußflecken. In groben, obszönen Bildern und Slogans eine Galerie des Hasses und des Schreckens, rohe, aber eindringliche Chiffren der psychischen Verfassung der eingeschlossenen, mordwütigen Soldaten. Die Wandmalereien und Kampfparolen füllen alle Räume dieser verlassenen Terrorzentrale, ein bedrückendes Panorama triebhafter Gewalt: Kriegs- und Tötungsszenen jeder Art, Menschen, die erschossen oder zerhackt werden, brennende Hütten, Bomben, Gewehre, Flugzeuge, völlig verzerrte, monströse Menschen und Tiere, Abbildungen von Geschlechtsteilen und von Vergewaltigungen.

In diesen nackten Hallen und Schlafhöhlen bewegen sich die Kinder wie unruhige Schatten, witternd, leise, ständig in Bewegung. Sie meiden die Straßen, offenes Gelände, Sonnenlicht, drücken sich in den Schutz des leeren Gemäuers. Es sind verstörte, dennoch wachsame Ruinenkinder, die das verlassene „Mordhaus" bewohnen, seltsam stumm, mit reglosen Gesichtszügen, herumirrenden Blicken, die Spannung, Furcht und Erschöpfung verraten. Fast lautlose, in zerrissene Lumpen gekleidete Gestalten, die nicht lachen oder weinen, weder spielen noch singen. Die Kinder, meist zwischen fünf und 15 Jahren alt, sind keineswegs apathisch, nur für Augenblicke verharren sie still, selten sitzen sie auf dem Boden oder auf den Treppen, nur einige

Mädchen bleiben an der Kochstelle hocken. Sie bewegen sich mit einer fast zwanghaften Motorik, sind ständig auf den Beinen, huschen wie Fledermäuse durch Treppengänge, Zimmer und Korridore, beziehen neue Spähposten an einem der Fenster oder Türöffnungen, treten kurz hinaus, um Minuten später wieder ruhelos durch ihre Ruinenwelt zu streifen. Von Krieg und Flucht beherrschte Reflexe bestimmen ihr Dasein in den Ruinen von Nakaseke. Die Überlebenden werden verfolgt und gehetzt von Erlebnissen und Erinnerungen.

Seit 15 Jahren wachsen die Kinder Ugandas ohne Frieden und Sicherheit auf. Millionen von Kindern wurden Opfer von Bürgerkrieg und Terror, verloren ihre Heimat, ihre Eltern, die sozialen Bindungen; sie blieben ohne Fürsorge, Schule und Ausbildung. Viele Distrikte sind während des Krieges wie in die Steinzeit zurückgebombt worden, gingen unter im Massenmord, völliger Zerstörung und Ausplünderung. Kinder, die oft jahrelang auf der Flucht waren, kehren jetzt in die Ruinen zurück.

Neben den Straßen von Nakaseke werden die Schädel und Skelettreste zu Knochenhaufen aufgeschichtet, jeden Tag kommen neue hinzu, aus den Ruinen, aus dem Busch, der in kleinen Streifen für den Feldbau gerodet wird. Die wenigen Erwachsenen, die überlebt haben, wirken hilflos, wortkarg, müde und ausgebrannt, gezeichnet vom Grauen. An einen Aufbau ist nicht zu denken, es fehlt am Notwendigsten, an Rohstoffen, Geräten, Lebensmitteln, Transportmöglichkeiten. Die meisten leben in winzigen, feuchten Grashütten am Rand der Ruinen, brennen den Busch nieder, um irgend etwas anbauen zu können. Andere sind mit Speeren und Keulen unterwegs, um Affen, wilde Schweine oder Vögel zu erlegen. In den „killing fields“ von Nakaseke sagt der Lehrer Mathias Munduva:

„Am Ende war es kein Krieg mehr. Und die Soldaten waren zum Schluß keine Menschen mehr. Zivilisten wurden vom Lastwagen getrieben und hier mit Hämmern reihenweise erschlagen. Die Soldaten haben fünfjährige Kinder vergewaltigt, auch wenn sie dabei Schraubenzieher und Bajonet benutzen mußten. Schwangere Frauen wurden auf der Straße angehalten. Die Soldaten sagten: ‚Warum bist du so dick? Ich wette, du hast eine Bombe im Bauch.‘ Dann drückten sie die Frau gegen eine Wand, schnitten ihr den Bauch auf und rissen den Fötus heraus. Das war unsere Sorte Leben, seit Jahren.“

Für Nakaseke und das gesamte Luwero-Dreieck wurde 1981 eine Politik der verbrannten Erde und des Massenmordes angeordnet. Nach dem Sturz des Diktators Idi Amin hatte der als gemäßigter Sozialist geltende Milton Obote wieder die Macht übernommen, mit gefälschten Wahlen. Die Bekämpfung neuer Rebellenkriege geriet unter Obote in weiten Teilen Ugandas zu einer Politik der Ausrottung ganzer Stammesgruppen. Die Leidensgeschichten der Kinder enthüllen einen wahnwitzigen Reigen des Terrors, der Uganda in den letzten 15 Jahren zugrunde richtete. Nur stockend und widerwillig erzählen sie vom Krieg, der ihre Familien auslöschte oder zerriß. Ein etwa Zwölfjähriger sagt: „Nachts warfen die Soldaten eine Granate in unsere Hütte. Es brannte sofort. Ich glaube, meine Eltern waren gleich tot. Irgendwie bin ich herausgekommen. Mein älterer Bruder auch, aber ihn haben sie draußen mit der Panga totgeschlagen. Ich hörte immer nur die Schreie, meine Augen taten so weh und ich bin in den Busch gelaufen. Da habe ich mich lange versteckt. Unser Dorf ist nicht mehr da, sie haben es verbrannt.“

Eines der älteren Mädchen erzählt mit leiser Stimme: „Mein Vater wurde vor meinen Augen erschossen, weil er den Befehlen der Soldaten nicht gehorchte. Sie wollten, daß er mit mir Geschlechtsverkehr vor ihren Augen macht. Auch mein Bruder wurde erschossen, weil er sich ebenfalls weigerte, mit mir zu schlafen. Dann schleppten sie die Mädchen aus dem Dorf in eine Garnison, wo wir jede Nacht mit den Soldaten schlafen mußten. Ich wünschte damals, ich hätte Gift nehmen können, damit diese Quälereien ein Ende nähmen.“

In Uganda sind die „children of war“, die Kinder des Krieges, zum bedrückendsten sozialen Problem geworden. Eine ganze Generation hat seit 1971, dem Machtantritt Idi Amins, nur Krieg und Terror, Hunger und Flucht erlebt. Etwa zwei Millionen Menschen sind in Uganda seit dem Staatsstreich Amins durch Bürgerkrieg, Stammesgemetzel und Hungersnot ums Leben gekommen.

Gemessen an der Einwohnerzahl (1980: 12,6 Millionen) der höchste Blutzoll, den ein Land nach Kambodscha in einem

Bürgerkrieg zahlte. Die deutsche Pädagogin und Dozentin Dr.Brigitte Kochan, die seit zwölf Jahren in Uganda tätig ist, berichtet:

„Die ‚killing fields' von Uganda sind in Afrika ohne Beispiel. Aber auch in anderen Teilen der Dritten Welt wächst eine junge Generation heran, die vom Krieg und vom Töten gezeichnet ist: So in Kambodscha, im Iran und im Irak, wo seit sechs Jahren der Golfkrieg wütet, in Afghanistan, in El Salvador und Nicaragua, in anderem Maßstab auch in Angola, Namibia, Äthiopien und Mozambique. Millionen von Kindern sind zu Waisen geworden, die sich im Busch durchschlagen, ohne Eltern, ohne Schule und Ausbildung, oder in überfüllten Flüchtlingslagern dahinvegetieren."

Uganda erlebte bis März diesen Jahres eine Serie von apokalyptischen Kriegen und Wellen maßloser Zerstörung. In den Ruinenstädten und verwüsteten Dörfern lebt heute eine Gesellschaft, die zu 70 Prozent aus Kindern unter 14 Jahren besteht. Von den 110 Kindern im Dorf Kikyusa, so ergab eine Untersuchung der Universität von Kampala, haben 81 mindestens einen Elternteil verloren. In der Ortschaft Kapeka, nördlich von Kampala, kommen auf je 100 Kinder nur etwa 15 Erwachsene. Noch gar nicht zu übersehen sind die sozialen Folgen des Untergangs einer ganzen Generation. Die Berliner Pädagogin Dr. Brigitte Kochan meint nach ihren Erfahrungen in Uganda:

„Die physische Bedrohung der ugandischen Kinder enthüllen Zahlen des Kinderhilfswerkes UNICEF aus Kampala. Danach sind seit 1980 pro Jahr etwa 66 000 bis 72 000 Kinder in Uganda gestorben, durch Gewalttaten und Hunger, an den Folgen von Vertreibung und Flucht. Im berüchtigten Luwero-Dreieck lag die Kindersterblichkeit im letzten Jahr bei 35 Prozent. Im entlegenen Bergland von Karamoja, im Nordosten Ugandas, erreichte die Kindersterblichkeit zwischen 1980 und 1983 sogar Werte um 60 Prozent. Archaische Stammeskriege, geführt mit Speeren und Kalaschnikows, Banditenterror, Frauen- und Kinderraub, dazu, Dürre, Hunger und Durst ließen den Kindern von Karamoja keine Chance. Nach einer vorläufigen Schätzung von UNICEF leben heute in Uganda etwa 800 000 Vollwaisen. In der vom Krieg verwüsteten Luwero-Region gelten nach einer Statistik der

Kinderhilfsorganisation über 60 Prozent aller Männer zwischen 16 und 40 Jahren als tot oder vermißt." Ein Leben ohne Erwachsene, ohne Eltern, ist für viele Kinder selbstverständlich geworden. Von Tradition und Erziehung her ist es aber für afrikanische Kinder leichter zu bewältigen als etwa für europäische, wie die in Uganda lebende Pädagogin Brigitte Kochan deutlich macht:

„In einigen Landesteilen ist jedoch die soziale und ethische Ordnung völlig zusammengebrochen. Krankheiten wie Pest und AIDS, Malaria und Cholera, blutiger Hexenwahn und Aberglaube, eine Politik des Aushungerns und ein neu aufflackernder Kannibalismus haben die Grundwerte des Zusammenlebens zerstört." Im Luwero-Gebiet hat ein schwunghafter Handel mit Skeletten und Menschenschädel eingesetzt, die, versteckt auf Lkw-Ladungen, an Medizinmänner und Hochschulen im Ausland verkauft werden. Über seine Beobachtungen in den Bergen von Karamoja, wo die Kultur der Nomaden und Viehzüchter vernichtet wurde, schreibt der britische Ethnologe Colin Turnbull:

„Wo früher ein wagemutiges und wohlhabendes Volk wohnte, vegetieren heute feindselige Menschen, deren einziger Lebensinhalt es geworden ist, als Individuum zu überleben. Ständig in Gefahr zu verhungern, haben diese Menschen lernen müssen, daß sie sich Freundlichkeit, Mitgefühl, Zuneigung, Liebe und Anteilnahme nicht leisten können, wenn sie am Leben bleiben wollen. Kinder rauben ihren Eltern das wenige Eßbare vom Munde weg. Eltern stoßen ihre Kinder von sich. Die Alten, Kranken und Krüppel werden einem qualvollen Hungertod überlassen. Die Menschen verschanzen sich in ihren Hütten in ständiger Angst vor dem anderen. Da sie in ihrer eigenen Umgebung praktisch keine Überlebenschance haben, schließen sich die Kinder zu Banden zusammen, und zwar in zwei Altersgruppen, einmal vom dritten bis zum siebten Lebensjahr, während die nächste Stufe die acht- bis vierzehnjährigen umfaßt."

Während des Krieges bot sich für viele Kinder noch eine andere Möglichkeit, Hunger, Elend und Verwahrlosung zu entkommen. Tatsächlich war der Krieg in Uganda auch ein Krieg der Kinder. Etwa 6 000 Kinder unter 16 Jahren kämpften als Soldaten bei den Regierungstruppen oder als Guerillas für den nationalen Widerstand unter dem heutigen Präsidenten Yoweri Museveni. Landeskenner lassen keinen Zweifel daran, daß Museveni seine militärischen Erfolge vor allem den Kindersoldaten verdankt. Die Regierung spielt das herunter und behauptet, Kinder hätten an den Kämpfen nicht teilgenommen, seien nur als Späher, Spione, Träger und Kuriere eingesetzt worden. Die bittere Wahrheit ist: in Uganda haben Acht- bis Fünfzehnjährige in einem mörderischen Buschkrieg gekämpft, haben Menschen erschossen, Minen gelegt, aus dem Hinterhalt angegriffen, an den Straßensperren verdächtige Zivilisten brutal verhört und gefoltert, Dörfer geplündert. Der deutsche Arzt Dr. Michael Höhne vom Krankenhaus in Nakaseke zeigt dennoch Verständnis für die Lage der Kindersoldaten:

Im Sog des Terrors schlossen sich viele Kinder den Rebellen an, fanden Aufnahme in der Widerstandsarmee Musevenis. In Kampala erzählt der 14jährige Joseph:

„Sie haben meine Eltern ermordet, die Soldaten Obotes, und ich bin in den Busch gelaufen. Ich wußte nicht, wo ich bleiben sollte. Dann hat mich eine Einheit der Widerstandsarmee gefunden und ich habe mich den Guerillas angeschlossen. Ich war froh, daß ich mitgehen konnte, denn im Busch war ich verloren."

Ein zwölfjähriger Soldat:

„Wir kämpften am Katonga River. Wir sind die Katonga-Boys, die es geschafft haben, als erste den Fluß zu überqueren. Sie schossen immer auf uns, während wir im Wasser waren. Als ich den ersten Feind erschossen hatte, war ich sehr glücklich. Es tat gut, ihn da tot liegen zu sehen."

Viele Kinder, die zu den Guerillas gingen, schworen Rache für den Mord an ihren Eltern. Ein heute Fünfzehnjähriger sagt:

„Die Männer, die meine Mutter umbrachten, haben mich wütend gemacht. Ich wollte sie fertigmachen. Die Guerillas haben mich aufgenommen, die Ausbildung dauerte drei Monate. Dann gaben sie mir das Gewehr und ich konnte mitkämpfen. Wenn ich draußen war, habe ich daran degacht, wie sie meine Mutter ermordet haben. Und wenn ich die Soldaten sah, habe ich nur geschossen. Wo ich sie sah, habe ich sie getötet, es mußte sein."

Krieg und Terror, Flucht und Militarisierung haben die Kinder

Ugandas physisch und psychisch tief erschüttert. Zehntausende von Kindern sind durch Gewalt, Hunger und Flucht körperlich und geistig für immer geschädigt. Pater Klaus Schonecke von der katholischen Kirche in Kampala, seit Jahren vertraut mit der Jugendarbeit der Mission:

„Hunger und Mangelernährung haben die Kinder nachhaltig geschädigt, aufgeblähte Bäuche gehören zum Alltagsbild. Hungerödeme haben viele Kinder schrecklich entstellt, die Kinderstation des Hospitals in Nakaseke gleicht einem Saal des Horrors. In den Bettchen liegen Säuglinge mit greisenhaften Gesichtern, Geschöpfe, die oft ihrem Tod entgegen dämmern. Filarien, parasitische Würmer haben Besitz von den geschwächten Körpern ergriffen. Hungerschwellungen lassen sie tonnenförmig erscheinen, gestörte Nieren führen zu grotesk aufgeblähten Leibern. Der chronische Hunger, die Jahre der Flucht haben Stoffwechsel- und organische Funktionsstörungen, Schäden bei der Hirn-, Muskel- und Skelettentwicklung hinterlassen." Aber auch das Verhalten der Kinder ist tief gezeichnet von Krieg und Elend, wie Pater Schonecke in Kampala beobachtet hat:

„Ebenso schwer wiegen die psychischen und sozialen Folgen von 15 Jahren Krieg und Anarchie. Millionen Kinder sind verwahrlost, verwildert, blieben ohne Fürsorge und Erziehung." Die psychische Verfassung der Kinder im zerstörten Uganda ist schwer in Begriffe zu fassen. Erste Anhaltspunkte liefert eine Studie, die von Psychologen und Soziologen der ugandischen Makerere-Universität zusammen mit Wissenschaftlern der norwegischen Universität Bergen erstellt wurde. Dabei wurde der mentale Zustand von Kindern untersucht, die aus dem Luwero-Dreieck geflohen und Zuflucht in einem Rotkreuzlager in Kampala gefunden hatten. Die Mehrzahl der Kinder, so urteilen die Wissenschaftler, wiesen Zeichen „klinischer Depression" auf. Fast alle hatten „direkt Gewalt und Töten erlebt". Die Hälfte gab an, im Krieg die Eltern oder Bruder und Schwester verloren zu haben. Das Trauma von Krieg und Flucht hat die Kinder in einem erschreckenden Ausmaß geistig und körperlich verstört: Im Waisenhaus von Nagulu bei Kampala sind von 40 Kindern 14 deutlich behindert. Auch die scheinbar robusten afrikanischen Kinder haben den völligen Verfall der menschlichen Grundwerte mit seelischen Schäden bezahlt. In der verrohten, kriminalisierten Umwelt gab es weder Gesetze noch Tabus. Pater Schonecke von der katholischen Mission spricht von einer beunruhigenden Entwicklung.

Hillary Muberu, Leiter eines Waisenhauses in Kampala und Direktor der „Children Welfare and Adoption Society", macht sich keine Illusionen über die Kriegsfolgen:

„Viele Kinder sind durch die Ereignisse außer Kontrolle geraten und nur schwer wieder einzugliedern. Ihre Dörfer sind ausgerottet und geplündert worden. Das hat sie sehr aggressiv gemacht und viele kennen nur einen Gedanken: Rache. Sie wollen überleben, um jeden Preis. Sie haben, seit sie denken können, nur Verbrechen erlebt. Das hat ihre Verhaltensnormen geprägt. Für ihre Umwelt, gerade im Milieu der Städte, sind sie gefährlich geworden, weil sie sehen, was man mit Gewalt erreichen kann. Sie lehnen oft die Schule, ihre Familien, jede Fürsorge und den Gedanken an Arbeit ab. Sie bilden Banden, leben in Ruinen, leerstehenden Häusern, an Märkten oder auf Müllhalden. Sie sind unsozial geworden und schlagen sich mit Überfällen, Diebstahl und anderen Verbrechen durch. Ich weiß nicht, ob man sie resozialisieren kann."

Kinder- und Jugendbanden gehören in den Städten, aber auch im Busch zur Hinterlassenschaft des Krieges. Im Klima von Aggression und Gewalt lösten sich die Kinder von Schulen und Elternhaus und bildeten eigene Gemeinschaften, wie in den Slums der New Yorker Bronx oder in Rio de Janeiro. In der Hauptstadt Kampala ist eine ganze Subkultur von Kinderbanden entstanden, die gefürchteten „Bayaye", deren unterste Ränge schlicht „Lumpens" genannt werden. In den Elendsvierteln von Kampala, auf Märkten und Busbahnhöfen operieren sie als Diebe, Räuber, Schläger, Schmuggler und Betrüger. Nachts streunen sie in Banden herum, lauern auf ihre Opfer, vor allem wenn der Strom wieder ausfällt. Die nächtlichen Schießereien beweisen, daß sie mit Waffen ausgerüstet sind, oft aus den Beständen der geflohenen Obote-Armee. Sie lehnen den Staat und jede Ordnung ab, bilden eine Untergrundgesellschaft mit einer eigenen Geheimsprache und Hierarchie. Nach Ansicht der deutschen Heilpädagogin Elisabeth Stockburger stellen sie eines der schwierigsten Probleme der ugandischen Gesellschaft dar.

Nicht nur die sozialen und ethischen Normen sind in den Kriegen Ugandas auf der Strecke geblieben. Etliche Kinder haben auf extreme Weise jeden Kontakt zur menschlichen Gesellschaft, zur menschlichen Lebensform verloren. Durch den Verlust der Eltern in einer frühen Kindheitsphase und Jahre des Alleinseins in der Wildnis haben sie schwerste Verhaltensschäden erlitten. Ohne menschlichen Kontakt haben einige im Busch tierische Verhaltensweisen und Bewegungen übernommen, vielleicht sogar mit Säugetieren zusammengelebt, am ehesten wohl mit Primaten. Immerhin meint der britische Zoologe Professor Michael Jukes, der an der Universität von Kampala tätig ist:

„Das Zusammenleben von Kleinkindern und Tieren ist unter bestimmten Bedingungen denkbar. Kinder, die ihre Eltern verloren haben, und sich plötzlich im Wald wiederfinden, könnten von Tiergemeinschaften, vielleicht von Affen, aufgenommen werden, wenn sie jünger als drei Jahre sind – und keine Beutereflexe auslösen."Im kleinen Waisenhaus von Nagulu in Kampala hockt ein Junge auf dem schmutzigen Betonfußboden, ißt mit den Fingern einen Maisbrei mit Bohnen und Erdnüssen vom Boden. Neben ihm ein Hund, der zusammen mit dem Kind den Brei aufschleckt. Es ist Robert, der sogenannte „Affenjunge", der offenbar allein im Dschungel aufwuchs, ein durchaus kräftiges Kind von sechs bis acht Jahren. Die deutsche Heilpädagogin Elisabeth Stockburger hat den seltsamen Jungen beobachtet:

„Robert hat sich von der menschlichen Lebensform weit entfernt. Er kennt keine Sprache, keinen aufrechten Gang, keine Kommunikation mit Menschen, kein Lachen , keine Fröhlichkeit, er mag keine Kleidung, keine Spielsachen. Nachts entfaltet er eine große Unruhe, mahlt mit den Zähnen, als ob ihm etwas fehlt, vielleicht die Tiere, meint eine Betreuerin. Je nach Bedarf entleert er Darm und Blase, wo er gerade ist. Sein Gesicht wirkt ängstlich, meist verzerrt, erfüllt von Abscheu, Verzweiflung, Nichtbegreifen, Panik, eine Grimasse des Widerwillens." Robert gilt als eine ugandische Variante des „enfant sauvage", des Wolfsjungen, der irgendwann im Dschungel das Menschsein verloren hat.

Theresa Nansikombi, die Leiterin des Waisenhauses, berichtet über Robert: „Die Soldaten haben den Jungen im Wald von Luwero gefunden. Er lebte mit Affen zusammen. Drei oder vier Jahre soll er mit den Tieren im Dschungel gewesen sein. Er benimmt sich wie ein Affe und mag keine Menschen. Mehr wissen wir nicht."

Seine Unterkunft ist ein düsterer, kahler Raum, die schwere Luft riecht nach Schweiß und Urin. Robert teilt diesen Raum mit 13 anderen Kindern. Zwei oder drei Waisenkinder müssen sich ein Bett teilen, nicht jeder hat eine Decke. Die meisten Kinder sind Bettnässer, die sich nachts unruhig herumwälzen, einige sind debil oder lungenkrank, andere sind Epileptiker. Die meisten wirken erschöpft und apathisch. Einige paradieren wie Soldaten durch die Zimmer, rufen Befehle oder imitieren die Geräusche von Schüssen. Die stärksten und hellsten unter ihnen spielen manchmal „Straßensperre", imitieren Soldaten, die einen Bus durchsuchen und ausrauben. Einige lachen mit leerem Gesicht, während sie Gras ausrupfen oder Insekten zerquetschen, andere weinen nur leise vor sich hin, bewegen die Lippen zu unhörbaren Klagen. Frau Stockburger, die Heilpädagogin, fürchtet:

„Robert, der angebliche Affenjunge, nimmt diese Umwelt nicht wahr, er ist vergraben in seine rätselhaften Erinnerungen. Ihm bleibt eine fast gnädige Isolation jenseits menschlicher Verhaltensnormen."

Schwester Theresa sagt zum Abschied: „Wir brauchen viel Zeit, um aus Robert und den anderen wieder vernünftige Menschen werden zu lassen. Ich weiß nicht, ob es immer gelingen wird. Es sind soviel schreckliche Dinge passiert, die die Kraft eines kleinen Menschen übersteigen. Diese Kinder haben alles erlitten, was ein Mensch überhaupt erleiden kann."

Carl D. Goerdeler

Brasiliens überflüssige Kinder

„Hey, Doktor", ruft mir der kleine Thiago irgendwo in Sao Paulo entgegen, dirigiert mich wie ein erfahrener Flic in die Parklücke, zieht seinen großen Putzlumpen hervor, obwohl er genau weiß, daß ich keine Lust habe, mir von ihm den Lack meines Autos verkratzen zu lassen, öffnet die Türe, als wäre ich zum Staatsbesuch, und wünscht mir einen schönen Tag. „Gut aufpassen, wie immer!", ermahne ich ihn, drücke ihm ein paar Cruzados in die Hand und gehe zum Supermarkt rüber. Ein paar Augenblicke später ist er schon wieder bei seinen „Kollegen" im Schatten der Mülltonne, und das Zocken mit den Cruzado-Scheinen geht weiter.

Der „Wachmann" Thiago ist so wenig eine Garantie gegen Diebstahl wie die uniformierten Parkwächter der Parkhochhäuser anderswo. Aber Thiagos Dienste auszuschlagen, könnte unangenehme Überraschungen provozieren – platte Reifen oder ausgebaute Autoradios. Also zahlen alle Brasilianer seelenruhig oder zähneknirschend für die Meute der Parkplatz-Piraten.

Die selbsternannten Autowäscher und -wächter wandeln sich nach Geschäftsschluß in Schuhputzkommandos, die mit der selbstgezimmerten Werkzeugkiste nach staubigen Stiefeln jagen. Bevorzugte Reviere sind die Straßencafés und Bushaltestellen. Fehlende Schuhwichse wird durch Spucke ersetzt.

Die Nachtarbeiter unter den Kinderbrigaden sind die Müllsammler und Abfallbeseitiger. Im Vertrauen auf deren lautlose Arbeit lassen die Ladenbesitzer und Werkstattchefs den Arbeitsabfall gleich vor der Türe stehen. Die „menschlichen Ratten" nehmen alles mit, was nicht niet- und nagelfest ist und noch irgendwo verwertet werden kann und von Mittelsmännern aufgekauft wird. Wenn die städtische Müllabfuhr wieder einmal streikt, haben die Kinder der Straße Hochkonjunktur.

Jeder zweite zukünftige brasilianische Bürger lebt in einer düsteren Gegenwart. 36 Millionen Jugendliche und Kinder haben nicht satt zu essen, kein richtiges Zuhause und gehen nicht in die Schule. Sieben Millionen Kinder und Jugendliche sind heimatlos und überflüssig. Sieben Millionen haben keine Zukunft. Sie streunen durch die Städte auf der Suche nach Nahrung und Schutz: Sieben Millionen Opfer einer brutalen Ellenbogengesellschaft.

Jeder fünfte brasilianische Haushalt lebt in vollständiger Armut mit einem verfügbaren Einkommen von weniger als 30 DM im Monat. Darunter sind viele alleinstehende Mütter, verlassene Ehefrauen, Witwen, die eine ganze Kinderschar durchbringen müssen. Kaum können die Kleinen laufen, müssen sie für sich selber sorgen. Ohne das minderjährige Millionenheer der Schuhputzer, Parkwächter, Lumpensammler und Limonadenverkäufer wäre das Überleben im Großstadt-Dschungel für sehr viele Familien nicht möglich. Allein in Sao Paulo waren 1985 offiziell 705 000 Minderjährige als Arbeitnehmer registriert. Sie schuften länger als die Erwachsenen und verdienen weniger.

Ihr Stundenplan besteht aus Diebstählen, Leimschnüffeln, spielen, essen und schlafen. Sie leben in Cliquen. Niemals gehen sie irgenwohin, ohne den anderen Bescheid zu sagen. Wenn einer einen „Bruch"gemacht hat und gesucht wird, schweigen die anderen. Wenn die Polizei erscheint oder der Streifenwagen vorbeifährt, schlendern sie noch langsamer, scheinbar völlig gelassen. Sie halten zusammen.

Die katholische Kirche glaubt, daß es allein in Sao Paulo 600 000 Kinder und Jugendliche gibt, die man als „abandonados" als Verwahrloste bezeichnen muß. Verwahrlost und heimatlos leben sie in ihrer eigenen Subkultur nach ihren eigenen Gesetzen in der 14-Millionen-Stadt. Sie sind verschlossen und reden nicht über ihre Verlassenheit. Sie weinen und sagen, es sei nur wegen einer Verletzung. Ihre Aggressivität ist ein Zeichen ihrer Verletztheit.

Die meisten der verwahrlosten Kinder geben eine Heimatadresse an, irgendeine Adresse in den elenden Vorstädten und

Favelas, wo einmal Mutter und Vater gelebt haben mögen. Dahin gehen sie nur zurück, wenn die Polizei sie bringt. Sie fühlen sich in ihrer Clique auf den Straßen und Plätzen des Stadtzentrums heimisch; sie leben wie die Wölfe in der Nähe der Schafe, die Passanten, und behüten Bürger, die um Auto, Brieftasche und Armbanduhr bangen.

Um neun Uhr abends ist das „Flipperama" in der Rua Irma Simpliciana gähnend leer. Ein riesiger Mulatte mit blauer Skijacke (bei 30 Grad Wärme) und Walkman schlendert rein und spricht leise mit einem Japaner, dem wohl der Laden gehört. Der Mulatte öffnet die Hand und zeigt eine kleine goldene Halskette. Aber der Japaner will nicht kaufen.

Das „Flipperama" ist Treffpunkt der Jugendlichen, die sich auf der Praça de Se' Tag und Nacht rumtreiben. Die jüngeren, die Kinder, kommen meist um diese Zeit, warten um die Ecke auf den Kleinbus von FEBEM, der Kinderbehörde von Sao Paulo, der sie für die Nacht in eine Bettenburg an der Ausfallstraße bei Tietê mitnimmt. Die anderen, älteren, bleiben am Platz, offen herumstreunend oder versteckt unter Kartons und Lumpen an Häuserecken, in Hinterhöfen und unter den Betonträgern der U-Bahnstation. An einem Lüftungsschacht liegen sie wie ein Knäuel junger Hunde, 20 Kinder und ein halbes Dutzend besoffener Penner.

Vor der Juristischen Fakultät am Lago Sao Francisico ein ähnliches Bild. Die Kinder sind noch wach und laufen aufgekratzt mit Plastikbeuteln herum. Ab und zu setzen sie sich auf die Mauer und schnüffeln den Tischlerleim aus der Plastiktüte. Zwei Mädchen sind darunter: Taninha zeigt mir stolz einen kleinen Teddybär. „Hab ich mir geholt." „Und das", sagt sie, „ist meine Schwester Luciana", und sie zeigt auf das kleine verdreckte Mädchen mit den blonden Haaren neben ihr.

Carioca, der Japaner von der Automatenbude, kennt die Kindercliquen von der Praça genau. „Wenn Du sie respektierst, lassen sie Dich in Ruhe. Tagsüber trifft man sie alle hier. Gegen sechs oder sieben Uhr bei Büroschluß streunen sie aus Richtung U-Bahn. Ab neun Uhr bleiben nur die Größeren, die Kleinen lassen sie nach Tietê bringen. Die schweren Jungs sind dann längst in Richtung Dom-Pedro-Park, um die Einbrüche zu bequatschen". Die Kunden des „Flipperama" die Gelegenheitsarbeiter, die ambulanten Händler und die Militärpolizei, die manchmal hereinschaut, bestätigen, was Carioca gesagt hat. Die Jugendlichen hätten einen regelrechten Stundenplan. Wenn sie gegen sechs oder sieben Uhr die Automatenbude verlassen, gehen sie auf „Jagd". Und alle, die an den Automaten spielen, am Flipper hämmern und ihr Bier trinken, sagen immer dasselbe: „Die Kinder brauchen ein Zuhause, einen festen Platz, eine Ausbildung." Aber wer soll sie geben? Die Stadtverwaltung? Da lacht ganz laut einer der Kunden von der Automatenbude. Er ist tagsüber Angestellter der Stadtverwaltung.

Gegen elf Uhr abends fährt der Kombi der FEBEM vor. Etwa 15 Kinder kriechen mit ihren Plastiktüten irgendwo aus dem Dunkel hervor und lassen sich mitnehmen. Nicht weit davon auf einer Bank ein Pulk Kinder, „Indinho", „Punk" und „Rose", dazu weitere kleine Kinder wie Elias und William, die mit abgebrochenen Besenstielen spielen.

Indinho ist bald 15, kommt aus Natal und ist seit drei Jahren in Sao Paulo. „In meiner Heimatstadt hab ich beim Stiefvater auf'm Bau gearbeitet." Nach Sao Paulo sei er geflüchtet – oder entführt worden, sagt er. „War nie vorher hier", sagt er in seinem Nordost-Sing-Sang, „wollt's mal sehen, schon allein wegen der Fernsehsendung.'Ne Frau hat mich mitgenommen. Da war ich Parkwächter beim Hipermarkt. Kommt die und fragt mich, ob ich mit will. Hat sie mich mitgenommen. Bin aber wieder weg von der. Hab' mich als Schuhputzer umgesehen. Eine andere Frau hat mich aufgenommen. Bin da wieder weg und hab' angefangen, kleinere Sachen zu machen. Die Polizei hat mich dann wieder zu der zurückgebracht. Fünfmal haben die mich eingesammelt, zur FEBEM gebracht und sogar zurück nach Natal. Aber ich bleibe, wo ich bin".

Punk erzählt eine andere Geschichte. Die Eltern hätten ihn geschlagen, der Vater habe gesoffen. Da sei er abgehauen. Zuerst Fressen geklaut, dann größere Sachen. Träumt davon, Office-boy zu werden. Bürobote ist das größte, finden alle. „Oi, hier schau", sagt Indinho und öffnet seine Jacke. „Alles glasklar, Dokumente und so, wenn die Polente kommt, bei mir ist nichts auszusetzen. Alles klar."

Die Praça de Se' im Zentrum Sao Paulos ist ein Biotop von Gestrandeten, Gestrauchelten, Verlassenen. Die verwahrlosten Kinder, sie teilen sich den Platz mit den Pennern, den einsamen Alten mit den Plastiktüten, den Nutten und Strichern, den Selbstmördern und den Gewaltverbrechern. „Die Onkels machen sich immer wieder an uns ran. Klar, Stricher gibt's auch. Aber meistens sind es die schwulen Freier, die sich an uns ranmachen. Ich kenne sogar einen im Rollstuhl, der taucht hier immer wieder auf und macht auf besorgten Onkel. Hinterher bedroht er uns mit dem Stock. Ist geil wie 'ne Sau und fummelt an uns rum."

Am nächsten Tag tauchen die „Zwillinge" auf, machen einen Heidenzirkus mit den anderen zusammen und sind ganz high vom Azeton aus dem Tischlerleim. Neusinha und Alessandra sind etwas ruhiger. „Weißt Du, was ich von der FEBEM behalten habe? Diesen Spruch: „Liebe ist keine Spielerei – beginnt bei der FEBEM und endet bei der Polizei."

Zwei Nutten kommen vorbei und fragen Neusinha nach einer Bekannten. Dann kommt Cristina hinzu, und sie sagt nur: „In Wahrheit heiß ich Daniela, bin 16, klau und schlaf hier auf der Praça. Ende der Durchsage. Soll keiner wissen, wer ich wirklich bin."

Mittags versammeln sich an die 60 Kinder der Straße am Eingang der Grundschule beim Dom-Pedro-Platz. Mit der Schule versucht die Stadtverwaltung, die Kinder für kurze Zeit von der Straße zu holen. Die Schulspeisung lockt sie an, aber auch der Unterricht, wie die Lehrer sagen. Dieselben Kinder, die vormittags in der Stadt herumstreunen und nach Beute jagen, drücken nun die Schulbänke. Nachmittags gehen sie dann wieder an die Praça de Se und planschen im Brunnen, stecken die Köpfe über eine Dose Azeton-Leim zusammen, schnüffeln, bis sie torkeln und umfallen. Oder sie verdrücken sich in eines der schmuddeligen Kinos in der Nähe.

Später bekomme ich die „Zwillinge" doch noch zum Gespräch. Sie sind beide elf Jahre, wissen aber ihren Geburtstag nicht genau und nennen sich Vander und Vaner. Schreiben können sie nur ihren ersten Buchstaben, das V. Wo sie genau herkommen, können sie nicht sagen. Sie wissen nur, mit welchem Omnibus sie rausfahren müssen, dahin, wo die Baracke der Eltern steht. Meist verbringen sie die Nacht bei FEBEM in Tietê.

Der Kombi fährt uns hin. Dann Filzung, Dusche, essen und ab in die Klappe zusammen mit drei Dutzend anderen", erzählt Vander. Und warum gehen sie nicht nach Hause, zu ihren Eltern? „Klar, Mama jammert uns die Ohren voll. Aber wir sind hier in der Stadt zu Hause. Daheim ist es ja ganz schön. Aber dann denk ich an all meine Freunde hier und hau ab."

A.L.L. ist einer der 80 bis 130 Jungen, die täglich von der Polizei in Sao Paulo aufgegriffen und bei der FEBEM in Tatuape' abgeliefert werden. Das Ritual ist immer gleich: Fingerabdrücke, Verbrecherfoto, Entkleiden und Entwaffnen, Dusche, Anstaltsklamotten. Er ist 13 Jahre alt, drei Geschwister, Eltern geschieden, gilt wegen seines Alters nicht als „jugendlicher Delinquent", das wird man erst ab 14. Er ist nur „sozial auffällig" und über seinen Fall werden nicht die Strafjustiz befinden, sondern Jugendrichter, Psychologen, Sozialhelfer. Bis es soweit ist, ziehen sich viele Tage in der FEBEM dahin. In der größten Stadt der südlichen Hemisphäre gibt es nur einen Jugendgerichtshof.

Vorgeschrieben ist, daß die Kinder und Jugendlichen nicht länger als 72 Stunden in vorläufigen Gewahrsam genommen werden können. Doch die Mühlen der Justizbürokratie mahlen langsam, während die Kinder und Jugendlichen in der FEBEM vom ersten Tag ihrer Aufnahme darüber nachdenken, wie sie möglichst schnell und unauffällig türmen können. Tatuape' und die anderen Anstalten der FEBEM sind nach Meinung der Jugendlichen „Gefängnisse mit Zuckerguß".

Das Personal dieser Kinderverwahranstalten ist psychologisch so gut geschult wie ein Metzger. Von den fast 5 000 Aufsehern für alle Jugendheime in Sao Paulo haben die meisten keine Ahnung von der neu dekretierten „Resozialisierung" der Jugendlichen. Sie gehören zum Typus Gefängnisaufseher oder städtischer Angestellter mit Pensionsanspruch. Viele dieser Wärter sind ehemalige Feldwebel, fast alle haben sie die schlecht bezahlte aber sichere Position in der Stadtverwaltung wegen ihre guten Beziehungen zur Politik bekommen. Die meisten haben noch einen Zweitjob. Mit so einem Personal, das im Zweifel zum Knüppel greift, müssen die halbherzigen Versuche nach einer humanen Jugendpolitik, nach Resozialisierung, fehlschlagen.

Kurz nach Mitternacht rief Nazih Meserani schließlich doch die Polizei. Er hatte Angst, die ihm anvertrauten Kinder und Jugendlichen würden sonst alles zerschlagen. Um elf Uhr nachts hatte der Krach begonnen. Zwei der fünfzehnhundert in Tatuape' im Osten Sao Paulos untergebrachten straffälligen Minderjährigen trommelten ihren Protest mit lärmendem Samba-Rhythmus in die Nacht. Sie wurden daraufhin zur Heimleitung befohlen. Als sie wiederkamen, erzählte „Ratinho", die „kleine Ratte", den anderen, sie seien verprügelt und mit dem Kopf an die Wand gestoßen worden. Das reichte für die 48 Jungen im Haus 3, die Einrichtung zu zertrümmern. Kurz darauf war in allen 16 Häusern der „Staatlichen Stiftung für Minderjährige" (FEBEM) der Teufel los. Die wegen kleiner Vergehen und großer Verbrechen auf der Straße aufgelesenen „Menores" (Minderjährigen) bewaffneten sich mit Messern, Knüppeln und Ziegelsteinen. Sie griffen ihre Betreuer an und versuchten zu fliehen. Die Inspektoren Sergio und Odair wurden gefesselt und gefoltert; dabei wurden ihnen Arme, Beine und Rippen gebrochen.

Noch schlimmer erging es Ricardo Belchior. Der Sechzehnjährige schloß sich dem Aufstand nicht an, weil er seine bevorstehende Entlassung nicht gefährden wollte. Seine „amigos" traten und schlugen ihn deshalb. Ricardo wurde mit Alkohol überschüttet und angezündet.

Als sich am Morgen die Tränengas-Schwaden des Polizeieinsatzes verzogen hatten, kam Senhor Meserani zu dem Ergebnis, daß von seinen Zöglingen 176 geflohen und etwa 100 verletzt worden waren. Draußen stellten sich die ersten besorgten Mütter ein, die wissen wollten, wie es ihren Kindern erging. Maria das Dores war froh, daß ihr Adilson nicht verschwunden war: „Es ist besser, er bleibt weiter in Haft, denn mit ihm zu Hause geht das ganze Theater wieder los."

Nur zehn Tage später wurde in Tatuape' schon wieder der Aufstand geprobt. Vierhundert Jugendliche stürmten die Apotheke der FEBEM, bewaffneten sich mit Messern, Scheren und Pinzetten und griffen die Wächter an. Dieses Mal gelang 128 von ihnen die Flucht. Nachdem ein Polizist angeschossen worden war, wagten sich die Männer von der abermals zu Hilfe gerufenen Spezialtruppe nur noch mit schußsicheren Westen auf das FEBEM-Gelände. Zuvor hatten sie sich von Maria Ines Bierenbach, der Präsidentin der Stiftung, ihren Auftrag nicht nur schriftlich, sondern obendrein auch noch einmal vor laufender Fernsehkamera bestätigen lassen.

Die Polizeiführung genoß offensichtlich das Dilemma der fortschrittlichen Präsidentin, die seit ihrer Amtsübernahme im Dezember 1983 als entscheidende Gegnerin der traditionellen Erziehungsmethoden mit „pädagogischen Prügeln“ und strikter Isolierung bekannt wurde. Sie will die Gestolperten vielmehr durch eine „Erziehung in Freiheit“ resozialisieren.

Für die Verfechter eines „harten Kurses“ geht es dagegen immer nur darum, die Gesellschaft vor Kriminellen zu schützen, die „sowieso“ nicht mehr zu integrieren sind. Sie werfen den Reformern des Strafvollzuges ein „demagogisches und falsches Verständnis von Demokratie“ vor, weil sie den „Menschenrechten der Kriminellen Priorität einräumen“.

Für den durchschnittlichen Brasilianer sind die Berichte über Gefängnisrebellionen und Ausbruchversuche, über Zustände in den Heimen, in denen ungestört Rauschgift- und Sex-Orgien gefeiert würden, über die grenzenlose Toleranz hinter den niedrigen Anstaltsmauern Grund genug, um hartes Durchgreifen zu fordern. Die Brasilianer haben kein Mitleid mit jungen und alten Delinquenten. So mancher auf frischer Tat ertappte jugendliche Dieb verdankt sein Leben nur der Polizei. Lynchmorde an tatsächlichen oder vermeintlichen Verbrechern gehören zum schrecklichen Alltag der Kriminalität Brasiliens.

Als der Staatsanwalt Jefferson Pirse wie von Sinnen mit Tritten und Faustschlägen den fünfzehnjährigen Joilson de Jesus umbrachte, weil der im Zentrum von Sao Paulo einer Passantin eine Kette vom Hals gerissen hatte, sahen 50 Menschen schweigend zu. Zwei Vertreter der Kirche, die am nächsten Tag Blumen auf die Bank legten, auf der – bedeckt mit Zeitungen – der tote Joilson vier Stunden liegen blieb, wurden von Passanten, die hier tagtäglich von den „Trobadinhas“ belästigt und bestohlen werden, mit Apfelsinenschalen beworfen. Bestimmte Politiker haben denn auch längst erkannt, wie populär es heutzutage ist, die Todesstrafe zu fordern.

Der Ruf nach Rache ist freilich kein Beleg für brasilianische Barbarei. Die auch für Minderjährige verlangten harten Strafen vertragen sich in Brasilien durchaus mit einer ungewöhnlichen liebevollen Behandlung, gerade der Kinder. Der Nachwuchs wird in Brasilien so sehr verhätschelt und umsorgt, daß er oft die Familien tyrannisiert. Doch die Geduld stößt an Grenzen, wenn in Millionenzentren wie Rio und Sao Paulo schon vier von zehn Erwachsenen überfallen worden sind.

Von allen Ländern Südamerikas hat Brasilien die erschreckendsten Todesstatistiken für Kinder. Von den vier Millionen kleinen Brasilianern, die jährlich das Licht der Welt erblicken, erleben 300 000 ihren ersten Geburtstag nicht mehr. Während die Wirtschaft des Landes Rekordzuwächse verzeichnete und Brasilien den zehnten Platz unter den Industrienationen erkämpfte, sterben die Kinder weiter wie die Fliegen an Unterernährung und Epidemien. Das „Wirtschaftswunder" des Tropenreiches gilt nur den Wenigen an der Spitze. Die Reichen wurden reicher, die Armen wurden ärmer. Die Ärmsten der Armen – das sind die Kinder. Von den 23 Millionen Kindern im Alter bis zu sechs Jahren sind mehr als die Hälfte unterernährt. Nur ein Drittel aller kleinen Brasilianer hat nach einer UN-Untersuchung das erforderliche Normalgewicht.

Kein Jahr vergeht ohne eine neue Regierungskampagne zur Familienpolitik. Mit großem Propagandaaufwand und geschwollener Rhetorik entdecken die Politiker ihr Herz für die Kinder und gründen einen Rat, ein Institut, eine Behörde, die sich des Problems annehmen soll. In die Schaltstellen rücken Verwandte ein. Der Rat, das Institut und die Behörde sind auf Jahre damit beschäftigt, Personalpläne aufzustellen und Planstellen zu schaffen.

Unterdessen sterben die Kinder weiter, in den Favelas der Städte und in den Lehmhütten auf dem Lande. Sie werden gezeugt aus Unwissenheit und ausgetragen, weil es die Kirche so will. Sie werden geboren in der dunklen Ecke zwischen Abfall und Müll auf einem Fetzen Lumpen. Sie sterben da auch und man trägt sie in einem Schuhkarton auf den Totenacker – die kleinen „Engel", die auf der brasilianischen Erde keine Chancen hatten. Und der Priester faselt bei der Totenmesse von „Kinderreichtum“, warnt vor der „Sünde der Geburtenregelung“ und geißelt die „Schande der Kindersterblichkeit“...

IV

Schuld und Verantwortung

Wer ist schuld an den Kränkungen und Verletzungen, die Kinder im Verlaufe ihres Lebens erfahren? Welche Verantwortung haben Eltern und Erzieher? Was muß getan werden, um Kinder und Jugendliche optimal zu fördern? Peter Uhlenberg und David Eggebeen stellen fest, daß materielle Unterstützung allein keine hinreichende Leistung ist, um Kinder zu fördern. Am Beispiel der Verschlechterung der Lebenslage amerikanischer Jugendlicher diskutieren sie einige gängige Vorstellungen über das, was Kinder und Jugendliche brauchen. Monika Oubaid setzt sich mit der These auseinander, die Mütter trügen die Hauptschuld am Leiden ihrer Kinder. An typischen Mutterbildern zeigt sie die Abhängigkeit der mütterlichen Sorge von den eher hemmenden Verhältnissen, in denen Mütterlichkeit als zentraler Wert für das Leben der Kinder gilt.

Peter Uhlenberg/David Eggebeen

Die absinkende Lebensqualität amerikanischer Jugendlicher[1]

Die Jahre zwischen 1960 und 1980 hätten eigentlich für die Lebensbedingungen von amerikanischen Jugendlichen ein goldenes Zeitalter sein müssen. In diesen zwei Jahrzehnten wäre zu erwarten gewesen, daß sich die Lebensqualität von Heranwachsenden wesentlich verbessert. Die Indikatoren für das, was die Mehrzahl von Sozialwissenschaftlern und Politikern als entscheidende Determinanten von Kindeswohl betrachten, wiesen in die „richtige" Richtung.

Wenn man jedoch die Lebenslage von Jugendlichen in den 80er Jahren mit den 60er Jahren vergleicht, wird offensichtlich, daß das was „hätte geschehen sollen" nicht geschehen ist. Im Gegenteil, die meisten Indikatoren für die Lebensqualität von Heranwachsenden verweisen auf eindeutige Verschlechterung. Haben die Sozialwissenschaftler vielleicht die wesentlichen Determinanten für das Kindeswohl übersehen? Hat möglicherweise die Beschäftigung mit empirisch meßbaren und politisch beeinflußbaren Variablen die Aufmerksamkeit von den Variablen abgelenkt, die die wesentlicheren sind?

Dieser Frage nachgehend konzentrieren wir uns im folgenden auf Jugendliche zwischen 16 und 17 Jahren. Unsere Statistiken sind für die Altersgruppe so spezifisch wie möglich. Um Komplikationen durch unterschiedliche Erfahrungen verschiedener rassischer und ethnischer Gruppen auszuschließen, beschränken wir uns ausschließlich auf weiße Jugendliche.

---

1 Original: Peter Uhlenberg/David Eggebeen: The Dechining Well-Being of American Adolescents. *The Public Interest,* 82, 1986, 25-38.

Niemand bezweifelt, daß kindliche Entwicklung entscheidend durch die familiäre Umwelt beeinflußt wird. Dabei läßt sich natürlich nicht eindeutig sagen, welcher *Typus* von Familie für die kindliche Entwicklung der günstigste ist. Aber es herrscht Übereinstimmung hinsichtlich einiger struktureller Faktoren, die sich auf die Entwicklung von Kindern negativ auswirken: Armut, hohe Anzahl von Geschwistern (vier und mehr), sowie niedriger Bildungsgrad der Eltern. Kinder, deren Familien diese Merkmale aufweisen, gelten als benachteiligt. Der vieldiskutierte Report des Carnegie-Council über die Lebensverhältnisse amerikanischer Kinder: „Die Chancen von Millionen amerikanischer Kinder werden ganz eindeutig und vor allem durch Armut blockiert". Auch die negativen Rückwirkungen von Kinderreichtum sind heute eine akzeptierte Tatsache. Judith Blake, ehemalige Präsidentin der Population Association of America und Demographin an der University of California, Los Angeles, meint, daß hohe Geschwisterzahl sich auf die Entwicklung des Kindes fast ebenso negativ auswirkt wie ein niedriger sozio-ökonomischer Status: „Die Geschwisteranzahl... hat ganz offensichtlich eine bedeutende nachteilige Wirkung auf die Lebensqualität des Kindes..."

Als ähnlich akzeptierte Tatsache gelten die nachteiligen Auswirkungen eines niedrigen Bildungsniveaus beider Eltern. Diese Eltern, so wird unterstellt, können ihren Kindern weniger kulturelle Erfahrungen bieten, und sie haben weniger Gelegenheiten und Möglichkeiten, ihre Motivation zu fördern.

Weil die negative Wirkung dieser drei Merkmale so allgemein akzeptiert ist, soll die Entwicklung eines jeden Faktors über den Verlauf der letzten zwanzig Jahre verfolgt werden. Der Mikrozensus von 1960, 1970 und 1980 des US-Bevölkerungszensus liefert die Daten für eine Bestimmung neuerer Trends in der Entwicklung von Armut. Da die offizielle Armutsgrenze in der Definition des Census Bureau oft als zu niedrig kritisiert wird, legen wir 1,25 der Armutsgrenze zugrunde. Für jeden Wert beziehen wir uns auf Jugendliche zwischen 16 und 17 Jahren in Familien, deren Jahreseinkommen unterhalb von 1,25 der Armutsgrenze liegt. Die Erfahrung von Armut bei weißen amerikanischen Jugendlichen erscheint in der ersten Zeile von Tabelle I.

Tabelle I: 16- und 17jährige: Ausgewählte familiäre Benachteiligungen.[a)]

Art der Benachteiligung	1960	1970	190
Armut	24,7%	12,0%	9,9%
Kinderreiche Familien (4 und mehr Geschwister)	21,1%	24,7%	13,6%
Niedriger Bildungsgrad der Eltern:			
Mutter ohne Schulabschluß[b)]	57,0%	39,3%	24,4%
Vater ohne Schulabschluß[c)]	64,0%	42,4%	26,7%
Keine dieser Benachteiligungen	31,6%	43,7%	62,5%
Sample	4,466	6,081	6,199

a) Quelle: Public Use Microdata Samples 1960, 1970, 1980 US Census
b) außer Kindern in mutterlosen Familien
c) außer Kindern in vaterlosen Familien

In den vergangenen zwei Jahrzehnten ist ein dramatischer Rückgang von Armut zu beobachten. Der Bevölkerungsanteil, der in Armut lebte, verringerte sich um 60 Prozent (von 25 Prozent auf 10 Prozent aller Jugendlicher). Da dem Familieneinkommen nicht die Sachaufwendungen zugerechnet wurden (wie Essensmarken, staatlich finanzierte Krankenversicherung, Wohngeld – was alles nach 1960 erheblich erhöht wurde) ist die ökonomische Besserstellung von armen Familien in der Tat noch zu niedrig angesetzt. Ohne Zweifel ist die Armut nicht verschwunden, und nach wie vor gibt es in diesem Zeitraum erhebliche Einkommensunterschiede. Dennoch hat der Anteil junger Menschen, die durch Armut auf unterschiedliche Weise benachteiligt wurden, stark abgenommen,

Wir wenden uns jetzt dem zweiten negativen Familienmerkmal

zu: dem hohen Geschwisteranteil. In der geläufigen Argumentation wirkt sich die Viel-Personen-Familie nicht nur indirekt nachteilig auf die ökonomische Lage aus (bei vielen Kindern sinkt das pro Kopf Einkommen), sondern Kinderreichtum gilt als gleichbedeutend mit der Einschränkung von elterlicher Fürsorge und Aufmerksamkeit für das je individuelle Kind. Dieser „Verdünnungseffekt“ wird als Ursache für die Ergebnisse zahlreicher Untersuchungen interpretiert: Kinder aus kinderreichen Familien erreichten in der Regel niedrigere Intelligenzquotienten und ein niedrigeres Leistungsniveau als Kinder aus kleineren Familien, selbst wenn der Faktor Schicht kontrolliert würde.

Wenn es wirklich so ist, daß es sich auf die Lebensqualität von Jugendlichen negativ auswirkt, wenn sie viele Brüder und Schwestern haben, dann geht es den Jugendlichen in den 80er Jahren eindeutig besser. Die zweite Zeile von Tabelle I weist den veränderten Anteil von Jugendlichen aus, die in Familien mit vier oder mehr Geschwistern leben. Dieser Anteil stieg leicht zwischen 1960 und 1970 und fiel bis zum Jahr 1980 um fast 50 Prozent ab – ein dramatischer Rückgang, der die rückläufige Geburtenrate in den USA nach 1960 wiederspiegelt.

Das dritte negative Familienmerkmal – geringer Bildungsgrad der Eltern – erscheint hier als Haushalt, in dem die Mutter die Pflichtschule nicht abgeschlossen hat. Wer die jüngsten Entwicklungen im amerikanischen Bildungswesen beobachtet hat, weiß, daß immer weniger Jugendliche in solchen Familien leben. Die Daten für die Veränderung in diesem 20-Jahres-Zeitraum sind eindeutig (Reihe 3 der Tabelle I). Der Anteil von Jugendlichen, die mit einer Mutter mit niedrigem Bildungsniveau lebten, fiel von 57 Prozent (1960) auf 24 Prozent (1980). Die Daten zum Bildungsniveau der Väter sind ähnlich. Wenn es so ist, daß längere Schulbildung Eltern befähigt, ihre Kinder besser zu fördern, dann wird eindeutig ein gestiegener Anteil von Jugendlichen heute besser gefördert.

Legt man diese als zentral akzeptierten Variablen zugrunde, hat sich der familiäre Hintergrund von Jugendlichen in den Jahren 1960–1980 eindeutig positiv entwickelt. Der Anteil von 16- und 17jährigen, die in Familien ohne Armut, ohne große Anzahl von Geschwistern, ohne Eltern mit niedrigem Bildungsniveau leben, hat sich in diesen beiden Jahrzehnten verdoppelt: von 32 Prozent auf 63 Prozent.

Zweifellos haben sich in diesen zwei Jahrzehnten andere Veränderungen in der familiären Umgebung ereignet. Der Anteil von Kindern mit berufstätigen Müttern oder von geschiedenen Eltern ist erheblich angestiegen. Aber diese beiden Faktoren werden hier ausdrücklich nicht berücksichtigt, weil die meisten Sozialwissenschaftler der Meinung sind, daß diese Veränderungen nicht mit Nachteilen gleichzusetzen sind, wenn die wirtschaftliche Lage der Familie konstant bleibt. Im Gegenteil wird mit Nachdruck bestritten, daß Berufstätigkeit von Müttern oder Scheidung der Eltern sich negativ auf die Lebensqualität von Kindern auswirkt. So erklärt zum Beispiel Mary Jo Bane in „Here to Stay“: „Es gibt keinerlei Beweise dafür, daß sich die Berufstätigkeit von Müttern per se negativ auf Kinder auswirkt“.

Ein Bericht der Jugendverwaltung informiert uns, daß „neuere Forschungsergebnisse, die den ökonomischen Status der Familien gebührend berücksichtigen, nahelegen, daß langfristig kaum Unterschiede im Verhalten von Familien mit einem oder zwei Elternteilen zu beobachten sind“. Auf diese Argumente werden wir später zurückkommen, zunächst jedoch wollen wir andere Aspekte der Umwelt von jungen Menschen betrachten.

Schulen und öffentliche Programme

Das amerikanische Erziehungswesen wurde in zahlreichen Studien der vergangenen Jahre fast ausnahmslos scharf kritisiert. Die Kritiker beziehen sich auf „Ergebnisse“ des Bildungswesens. Wenn man jedoch einmal von der „Effektivität“ des Bildungswesens absieht, kann man durchaus auch Qualitätssteigerungen im Bildungsbereich erkennen. Verbesserungen vor allem in Sektoren, die durch Politik unmittelbar berührt werden: die Investitionen pro Schüler, die Qualifikation der Lehrer, die Klassenstärken. Niemand wird behaupten, daß dies die wesentlichsten Einflußgrößen auf die Qualität von Bildung sind, aber als deutliche Indikatoren für soziales und bildungspolitisches Engagement können sie durchaus gelten. Nicht umsonst betont die pädagogische Fachliteratur unablässig, daß sich verstärkte finanzielle Förderung von Schulen, höhere Qualifikation von Lehrern und die Aufstockung des Lehrpersonals auf Kinder vorteilhaft auswirkt.

Tabelle II: Veränderungen im Bildungsbereich[a)]

Bildungsausgaben pro		1960	1970	1980	Veränderungen
Schüler	$	1,248	1,983	2,491	in %
					1960–1980
					14,0%
Lehrer mit höherem Studienabschluß als B.A.		23,5%	27,5%	49,0%	110,1%
Durchschnittliche Klassengröße (Oberschule)		28	27	23	– 17,9%

a) Quelle: National Center for Educational Statistics, Digest of Educational Statistics 1983–1984

Die Entwicklung der amerikanischen Investitionen in öffentlichen Schulen ist aus Tabelle II ersichtlich. In Dollar-Werten von 1980 erhöhten sich die Ausgaben von 1960–1980 von 1,248 Dollar auf 2,491 Dollar – eine traumhafte Steigerung um 99,6 Prozent. Die Ausbildung der Lehrer verbesserte sich: der Anteil von Lehrern mit einem Universitätsabschluß nach dem B. A. stieg von unter einem Viertel auf fast die Hälfte aller Lehrer. Die durchschnittliche Schüleranzahl in Oberschulklassen fiel von 28 (1960) auf 23 (1980). Im Gegensatz zur verbreiteten Meinung wurde also deutlich mehr in Bildung investiert; die Jugendlichen müßten also 1980 eigentlich bessere Bedingungen vorfinden als 1970 oder 1960.

In diesen Jahren wurde auch eine Reihe der von Lehrern geforderten Reformen praktisch durchgesetzt: „Sexistische“ und „rassistische“ Begriffe wurden aus Schulbüchern getilgt. Kompensatorische Erziehungsprogramme wurden entwickelt, den Bedürfnissen von behinderten Kindern („Kinder mit besonderen Bedürfnissen“) versuchte man gerecht zu werden. An vielen Schulen wurden Psychologen und Schulsozialarbeiter eingestellt. Sexualerziehung und Ethik erhielten mehr Raum in den Curricula der Oberschulen. Die Häufigkeit von Körperstrafen ging erheblich zurück und die Anerkennung der „Rechte der Schüler" wurde verankert. Wenn heute geklagt wird, daß die Reformen nicht weit genug gegangen sind, muß man doch auch konstatieren, daß durchaus substantielle Reformen den Alltag verändert haben.

Jenseits von Familie und Schule bestimmen noch weitere Faktoren das Entwicklungsmilieu von Kindern. Wieviel Aufmerksamkeit hat die Bundesregierung den amerikanischen Jugendlichen gewidmet, in welchem Umfang hat sie Ressourcen zu ihrer Förderung mobilisiert? Hört man die Verlautbarungen von Organisationen der Jugendwohlfahrt, erhält man den Eindruck, daß die Bundesregierung, die Bundesstaaten und die Kommunalverwaltungen sich nur höchst widerstrebend auf die Bedürfnisse von Kindern einstellen und sie alles in allem vernachlässigen. Faktisch entspricht jedoch der Trend von 1960–1980 keineswegs einem verminderten Engagement für das Wohl amerikanischer Kinder. Im Gegenteil stiegen in diesem Zeitraum die Ausgaben für Sozialunterstützung von Kindern und Jugendlichen, immer mit der Begründung daß es sich dabei um Investitionen in Kinder, also um Investitionen „in die Zukunft" handelt.

Die Gesamtausgaben des Bundes stiegen für Sozialhilfe (Dollarwerte von 1980) von 38,9 Millionen Dollar (1960) auf 244,4 Millionen Dollar (1980) – also eine sechsfache Steigerung in zwei Jahrzehnten. Da die Gesamtbevölkerung der USA in diesem Zeitraum nur um 27 Prozent zunahm, erhöhten sich die Sozialausgaben pro Kopf um das 4,8fache. Auch die für Kinder besonders relevanten sozialen Programme hielten mit der Entwicklung in anderen sozialen Bereichen Schritt. Bundesinvestitionen für „Modellprogramme für Kinder und Kleinkinder" erhöhten sich um das 4,9fache; Sozialunterstützung für Familien mit minderjährigen Kindern erhöhte sich um das 4,5fache; Wohngeld erhöhte sich um das 12,9fache; und eine Vielzahl von anderen Programmen zur Unterstützung von Kindern (Essensmarken, Beschäftigungsprogramme für Jugendliche, staatliche Krankenversorgung) hatten im Jahre 1980 einen beträchtlichen Anteil am Etat.

Wenn wirklich der Ausbau von sozialen Unterstützungsprogrammen für Jugendliche ein Ausdruck öffentlichen Engagements ist, dann verweisen die vergangenen Jahrzehnte auf ein historisch beispielloses Engagement. Einer Untersuchung von 1976 zufolge existieren mittlerweile über 62 Programme mit dem ausschließlichen Ziel der Förderung von Kindern – Programme, die von 20 verschiedenen Organisationen verwaltet werden. Diese Programme greifen fast jedes denkbare Problem auf: Freizeit, Drogen- und Alkoholprophylaxe und Rehabilitation, Berufsausbildung und Berufsberatung, spezielle Dienste zur Behandlung von Kindesmißhandlung, Projekte zur Vorbeugung von Jugendkriminalität, Bewährungshilfe für straffällige Jugendliche, Ernährungs- und Gesundheitsprojekte, Beratung zur Schwangerschaftsverhütung, Unterstützungsprojekte für nicht seßhafte Jugendliche, freiverwaltete Wohngemeinschaften und pädagogisch betreute Werkstätten.

An all diesen Projekten wird manches kritisiert: sie konzentrieren sich zu stark auf Probleme anstatt auf Vorbeugung; längst nicht alle betroffenen Heranwachsenden werden erreicht; die Programme werden schlecht verwaltet; die Projekte entstehen willkürlich und nach dem Gießkannenprinzip; alle Projekte verfügen über zu wenig Mittel. Aber auf jeden Fall ist einiges in Gang gesetzt worden, um die soziale, psychische und materielle Lebensqualität von Kindern zu verbessern. Die von der Bundesregierung für Kinder zur Verfügung gestellten Mittel und die Anzahl professioneller Helfer für Kinder und Jugendliche ist zwischen 1960 und 1980 stark gestiegen. Auch die Mittel für Kindheits- und Jugendforschung wurden stark erhöht – abzulesen an den Etats des National Institute for Child Health and Human Development wie auch an dem Forschungsetat des Bundesministeriums für Kinder, Jugend und Familien.

Auf dem Weg in die falsche Richtung?

Bislang wurde noch nichts gesagt über die *faktischen* Lebensbedingungen amerikanischer Jugendlicher in den Jahren von 1960–1980. Dieser Frage nähern wir uns über Statistiken zu Veränderungen in verschiedenen zentralen Bereichen: Schulleistung, psychosoziale Verfassung, körperliche Gesundheit.

Ob intellektuelle Hochleistung schwachen Leistungen vorzuziehen, ob eine niedrige Mortalitätsrate wünschenswert ist, ob Kriminalität, Drogenkonsum, Schwangerschaft bei Minderjährigen problematisch sind – darüber gibt es wohl keine Diskussion. Im folgenden geben wir einen Überblick über die Veränderung dieser Phänomene in den Jahren 1960–1980.

Beginnen wir mit Schulleistung – eine für die zukünftige Stellung der USA auf dem Weltmarkt nicht unbedeutende Variable. Die Daten lassen erkennen, daß sich die Schulleistungen amerikanischer Jugendlicher bis ca. 1960 verbessert haben, seitdem aber stetig gesunken sind. Tabelle III veranschaulicht diese beunruhigende Entwicklung. Nach 1960 sind die SAT-Werte für Oberschulabgänger (vor Eintritt ins College) steil abgefallen, und zwar sowohl im verbalen als im mathematisch-naturwissenschaftlichen Bereich. Diese Hinweise auf eine absinkende Qualität von Bildung werden auch durch eine Reihe anderer empirischer Daten gestützt, z. B. das American College Testing Program, National Assessment of Educational Progress und den Iowa Test of Educational Development.

Tabelle III: Schulleistungen

SAT Score (Durchschnitt vor Eintritt ins College)	1960	1970	1980	Veränderungen 1960–1980 in %
Verbaler Teil	477	460	424	−11,1%
Mathematischer Teil	498	470	466	− 6,4%
Anteil der 18jährigen mit Oberschulabschluß	72,4	77,1	72,1	− 0,4%

Quelle: USA Statistical Abstracts 1984 und Digest of Educational Statistics 1983–1984

Die größte Überraschung ist dabei – angesichts verstärkter Elternarbeit und der Aufstockung von Mitteln im Bildungsbereich – der leichte *Anstieg* von Schulaussteigern nach 1970. Der Anteil der 18jährigen mit Oberschulabschluß verringerte sich zwischen 1970 und 1980 um 5 Prozent, er lag 1980 niedriger als 1960.

Tabelle IV, V und VI beschreiben Indikatoren zum abweichenden Verhalten von amerikanischen Jugendlichen. Alle Indikatoren weisen in die gleiche Richtung: seit 1960 hat sich abweichendes Verhalten verstärkt. Tabelle IV: Jugendkriminalität. Die offiziellen Kriminalitätsraten für Jugendliche zwischen 10 und 17 Jahren sind deprimierend: zwischen 1960 und 1980 hat die Jugendkriminalität um 130 Prozent zugenommen.

Ähnlich beunruhigend sind die Daten über Drogenkonsum von Jugendlichen (Tabelle V). Vergleichsdaten existieren aus bundesweiten Untersuchungen für die Jahre zwischen 1972 und 1979. In diesem 7-Jahreszeitraum wuchs der Anteil der Jugendlichen, die Alkohol oder Marihuana konsumierten, erheblich. Eine Studie des National Institute on Drug Abuse ermittelte, daß im Jahr 1980 88 Prozent der Oberschüler in den zurückliegenden zwölf Monaten Alkohol konsumiert hatten, 49 Prozent Marihuana, 21 Prozent rezeptfreie Stimulantien und 12 Prozent Kokain.

Zuletzt die Daten zum Sexualverhalten von Jugendlichen. Über die Zunahme von außerehelichen sexuellen Beziehung unter Jugendlichen war in den vergangenen Jahren viel zu hören. Bundesweite Untersuchungen ermittelten, daß der Anteil von 16- und 17jährigen Mädchen, die Sexualverkehr gehabt hatten, sich zwischen 1971 und 1979 verdoppelt hat. Freiere sexuelle Aktivität von Teenagern ist nicht per se beunruhigend, aber der damit verbundene Anstieg von ungewollten Schwangerschaften und von Geschlechtskrankheiten belastet zweifellos die Situation der Jugendlichen, Belastungen, die nicht nur die Jugendlichen als einzelne erfahren, sondern auch die gesamte Gesellschaft, die mit den Konsequenzen der gestiegenen jugendlichen sexuellen Aktivität konfrontiert ist. Wie aus Tabelle IV ersichtlich, stieg von 1960–1980 die Geburtenrate bei weißen unverheirateten Frauen zwischen 15 und 19 Jahren um 140 Prozent. Da im gleichen Zeitraum die Geburtenrate bei verheirateten Frauen zurückging, ist der Anteil von Kindern mit ledigen minderjährigen Müttern sogar noch stärker gestiegen.

Tabelle IV: Jugendkriminalität, uneheliche Geburten

Jugendkriminalitätsrate	1960	1970	1980	Veränderungen
10–17jährige (per 1000)	20,1	32,3	46,4	1960–80 in %
				130,8%
Geburtenrate unverheirateter weißer Frauen zwischen 15 und 19 Jahren (per 1000)	6,6	10,9	15,9	140,9%

Quelle: US Statistical Abstracts, 1984 und Vital Statistics of the United States vol. 1, 1980

Tabelle V: Drogen und Alkoholkonsum

Anteil von weißen 12–17jährigen die regelmäßig Drogen konsumieren	1972	1979	Veränderungen 1972–1979 in %
Drogen	7,0%	16,7%	138,6%
Alkohol	24,0%	37,2%	56,2%

Quelle: US Statistical Abstracts 1984

Tabelle VI: Abtreibungen

Abtreibungen pro 1000 (Abtreibungen und lebende Geburten)	1973	1979	
Weiße Frauen zwischen 15 und 19 Jahren	280	444	58,6%

Quelle: US Statistical Abstracts

Wie aus Tabelle VI ersichtlich, enden die meisten Schwangerschaften von Minderjährigen mit Abtreibung. In der Altersgruppe der Frauen zwischen 15 und 19 nahm der Anteil der Schwangerschaftsabbrüche von 28 Prozent (1973) auf 44 Prozent (1980) zu. Die Daten über uneheliche Kinder minderjähriger Mütter geben deshalb nur ungenau Aufschluß über die Zunahme von Schwangerschaften bei minderjährigen Mädchen. Darüberhinaus hat die Infektion von Jugendlichen durch Syphilis, genitalen Herpes und durch andere Geschlechtskrankheiten stark zugenommen. Die Veränderungen des Sexualverhaltens von Jugendlichen im Zeitraum 1960–1980 ist von gravierenden Problemen begleitet.

Ein letzter Blick noch auf die Mortalität von Jugendlichen. Die Gesamtbevölkerung der USA erlebte in den Jahren zwischen 1960 und 1980 eine sinkende Mortalitätsrate. Die altersbereinigte Mortalitätsrate fiel für die Gesamtbevölkerung der USA in diesen zwei Jahrzehnten um 23 Prozent. Dieser Rückgang betraf jede Alterskategorie außer einer einzigen: der Altersspanne zwischen 15 und 24 Jahren. Wie aus Tabelle VII ersichtlich, lag 1979 die Mortalitätsrate für weiße Jugendliche zwischen 15 und 19 Jahren um 16 Prozent höher als 1960.

Tabelle VII: Todesursachen pro 100 000 weißen Jugendlichen von 15–19 Jahren

Todesursache	1960	1970	1980	Veränderungen 1960–80 in %
Autounfälle	35,5	46,1	50,4	42,0%
Mord	2,2	3,6	7,3	231,8%
Selbstmord	3,8	6,2	9,1	139,5%
Andere Ursachen	46,4	47,2	35,3	–23,9%
Alle Ursachen, gesamt	87,9	103,1	102,1	16,2%

Quelle: Vital Statistics of the United States, vol II 1963, 1970, 1980

Die Ursachen des Anstiegs sind unschwer zu erkennen. Krankheit als Todesursache ging, wie in allen anderen Alterskategorien zurück, während gewalttätige äußere Einwirkung als Todesursache dramatisch gehäuft auftrat.

Die Todesursache Verkehrsunfall stieg um 42 Prozent; die Todesursache Selbstmord um 139 Prozent; und die Todesursache Mord um 232 Prozent. Der gesamte Anteil aller Todesursachen von 15- bis 19jährigen, die durch diese drei gewalttätigen Einwirkungen verursacht worden waren, stieg von 1960 bis 1979 von 47 Prozent auf 65 Prozent. Wie alle übrigen Indikatoren für Lebensqualität deutet die Mortalitätsstatistik auf eine sehr beunruhigende Entwicklung für amerikanische Jugendliche hin.

Wer ist verantwortlich?

Wie diese beunruhigenden Statistiken interpretieren? In den vergangenen Jahren hat man sich daran gewöhnt, die Sorge über die Lebensverhältnisse von Jugendlichen zu verharmlosen, indem man auf die lange Geschichte alarmierender Sensationsmeldungen verweist. Es wird aus früheren Jahrhunderten zitiert um zu belegen, daß Krisenmeldungen über die Verfassung der jüngeren Generation sich mit nachgerade zeitloser Regelmäßigkeit wiederholen. Aber unbegründete Alarmmeldungen der Vergangenheit können wohl nicht Gleichgültigkeit gegenüber aktuellen Entwicklungen legitimieren. Die hier genannten Indikatoren wie Jugendkriminalität, Bildungsergebnisse, Drogenkonsum, Schwangerschaften von Minderjährigen, selbstzerstörerisches Verhalten, verweisen auf ein gravierendes Absinken der Lebensqualität von Jugendlichen in den Jahren zwischen 1960 und 1980. Ob sich dieser Trend fortsetzt, ist nicht mit Sicherheit zu beurteilen. Ganz offensichtlich jedoch waren die vergangenen Jahrzehnte für junge Menschen keine guten. Es mag auch positivere Momente geben, in den verfügbaren Statistiken waren sie allerdings nicht zu ermitteln.

Diese Statistiken müßten den Sozialwissenschaftlern, die in bester Absicht Politikberatung im Jugendsektor betrieben haben, ein grundsätzliches Problem sein. Was sie zur Anhebung der Lebensqualität von Jugendlichen vorschlugen, ist, wenn auch nicht überall in gleichem Maße, so doch allgemein durchgesetzt. Auf der Ebene der Familie: gestiegenes Einkommen, höheres Bildungsniveau der Eltern, statistischer Rückgang kinderreicher Familien. Auf der Ebene der Schulen: erhöhte pro-Kopf-Ausgaben, bessere Lehrerausbildung, kleinere Klassen, zusätzliches Beratungspersonal. Auf sozialpolitischer Ebene: Tausende von Projekten, die sich gezielt für die Förderung junger Menschen einsetzen. Und die materiellen Ressourcen zur Förderung

Jugendlicher sind insgesamt 1980 umfangreicher als 1960. Aber all dieser materielle Zugewinn hat die Lebensqualität von Kindern keineswegs verbessert, im Gegenteil, sie ist in den vergangenen zwei Jahrzehnten deutlich abgesunken und der Anteil von Jugendlichen, die sich destruktiv gegenüber sich selbst und anderen verhalten, hat stark zugenommen. Wie soll man diese negativen Entwicklungen erklären?

Da ist es wohl an der Zeit, eine der grundlegenden Prämissen infrage zu stellen, von der die Arbeit der Sozialwissenschaftler in diesen Jahren ausging: die Überzeugung nämlich, daß Individuen und individuelle Familien nicht für die Probleme ihrer Kinder verantwortlich sind. Was Kenneth Keniston 1979 in „All Our Children" schrieb, wurde jahrelang ständig zitiert:

„Es führt nicht weiter, uns und anderen Menschen Vorwürfe zu machen für die Veränderungen, die sich heute im Familienleben abspielen. Wir müssen vielmehr die zugrundeliegenden ökonomischen und sozialen Kräfte untersuchen, die die Erfahrung von Kindern und Eltern bestimmen. Die Eltern danken nicht ab – sie werden entthront, und zwar von Kräften, die sie nicht beeinflussen und die sie noch viel weniger kontrollieren können".

Wir glauben, daß dieser Versuch, die Individuen aus der Verantwortung zu entlassen, die Aufmerksamkeit von wichtigen Determinanten des Kindes- und Jugendwohls abgelenkt hat, abgelenkt vor allem von einer Determinante, die vielleicht die entscheidende ist: die Bindung zwischen Eltern und Kindern.

Daß Sozialwissenschaftler vor allem die sozialen Strukturen untersuchen, hat naheliegende Gründe. Die Qualität von Beziehungen zu definieren, ist schwierig, und noch schwieriger, sie exakt zu messen. Es ist womöglich noch schwieriger, politische Maßnahmen zu empfehlen, die die Beziehungen zwischen Individuen in ihrer Intimsphäre verbessern, wogegen Einkommensunterschiede, Familiengrößen oder Bildungsausgaben recht einfach ermittelt werden können. Wenn es aber wirklich so ist, daß Probleme der amerikanischen Jugendlichen in erster Linie Probleme der Eltern-Kind-Beziehung sind, dann ist man auf dem Holzweg mit Programmen, die die Familie aus der Verantwortung entlassen. Vielleicht stecken wir in einer Situation, in der Politik nicht viel ausrichten kann. Zumindest scheint es, daß die notwendigen Veränderungen auf ganz anderen Ebenen geschehen müssen als den bisher anvisierten.

Läßt sich die Verschlechterung der Eltern-Kind-Beziehung nach 1960 quantifizieren? Empirisch ist sie schwer zu belegen. Dennoch behaupten wir, daß in den vergangenen Jahrzehnten die Bindung der Eltern an ihre Kinder schwächer geworden ist. Wir ziehen zwei Datenkategorien heran: die Antworten von Erwachsenen auf die Frage nach ihren persönlichen Werten und Bindungen einerseits, sowie Scheidungsraten und Berufstätigkeit von Frauen andererseits.

Über den gewachsenen Stellenwert „Individueller Selbstverwirklichung" in der Lebensplanung erwachsener Amerikaner ist viel geschrieben worden. Manche Autoren begrüßen diese Entwicklung, von anderen wird sie beklagt – aber es wird allgemein nicht infrage gestellt, daß sich in den 60er und 70er Jahren eine Verlagerung ins Private, auf die persönliche Entfaltung ereignet hat. Weil Kinder unfertig sind und weil sie abhängig sind, geht es ihnen möglicherweise weniger gut in einer Umwelt, in der Selbstaufopferung aus der Mode gekommen ist. Josef Veroff, Elizabeth Douvan und Richard Kula untersuchen in „The Inner American" diese Veränderungen anhand der Antworten von Erwachsenen auf Fragen zu ihren persönlichen Lebensbedingungen in den Jahren 1957 und 1976. Hinsichtlich der Elternrolle erkennen sie eine „insgesamt eher negative Orientierung gegenüber der Elternrolle, sowie ein allgemein verbreitetes Infragestellen des uneingeschränkten Engagements für Kinder als Weg zum individuellen Glück." Und weiter: „Eine dramatische Veränderung im Leben der Frauen ist die ganz offensichtlich erheblich verringerte Zufriedenheit mit der Hausfrauenrolle. Die Verlagerung des Lebenszentrums von der Hausfrauenrolle auf die Berufsrolle ist ein weiterer Hinweis für die gesteigerte Bedeutung von Selbstverwirklichung, die allen psychologischen Veränderungen der neuen Generation zugrunde liegt."

Daniel Yankelovich zog in „New Roles" (1981), einer Studie über veränderte Werthaltung in den 70er Jahren, ein ähnliches Fazit: „Eltern sind heute weniger bereit, viel für ihre Kinder zu opfern. Andererseits verlangen sie aber auch von ihren Kindern weniger Fürsorge in der Zukunft und unterscheiden sich darin stark von ihren eigenen Eltern, denen solche Erwartungen noch selbstverständlicher waren". Dazu zitiert er die Ergebnisse seiner Umfragen:

„Fast zwei Drittel aller amerikanischer Eltern (63 Prozent) lehnen es als Wert ab, daß Eltern ihren Kindern zuliebe zusammen bleiben sollten, auch wenn die Partner miteinander nicht glücklich sind. Eine vergleichbare Mehrheit (63 Prozent) stimmte der Meinung zu, daß Eltern ihr eigenes Leben leben sollen, auch wenn dadurch weniger Zeit für die Kinder bleibt, und viele Eltern (33 Prozent) vertraten es als ihr Recht, gut zu leben und zu konsumieren, auch wenn sie dadurch den Kindern weniger vererben können".

In dem Maße, wie Männer und Frauen die Selbstverwirklichung obenan stellen, reduziert sich das Engagement für die Lebensqualität ihrer Kinder. Daß sich Eltern in ihrer Elternrolle heute unsicher sind, ist kaum überraschend; diese Unsicherheit scheint aber nicht automatisch größere Investitionen in die Elternrolle auszulösen. Eine Vielzahl rhetorischer Floskeln rationalisiert diese Veränderungen, z.B.: „Eltern können sich nicht wirklich auf die Bedürfnisse ihrer Kinder einlassen, wenn sie die eigenen Bedürfnisse nicht erkannt und gelebt haben". Solche Rationalisierungen mögen einleuchten oder auch nicht – deutlich ist, daß Eltern die Kosten von Kindererziehung anders wahrnehmen und daß sie zunehmend weniger bereit sind, sich ihren Kindern bedingungslos zu widmen. Das heißt keineswegs, daß Eltern weniger sensibel wären für die Bedürfnisse von Kindern, oder daß sie weniger in der Lage wären, diese Bedürfnisse zu erfüllen. Es ist wohl eher so, daß sie sich dafür entschieden haben, mit Kindern anders umzugehen.

Was wird aus der Elternliebe?

Bekanntlich sind sowohl die Rate der Erwerbstätigkeit von Frauen als auch die Scheidungsraten seit 1960 gestiegen. Der Anteil berufstätiger Mütter mit Kindern unter 18 Jahren hat sich von 1960 bis 1980 verdoppelt (28 Prozent–57 Prozent). Im selben Zeitraum hat sich der jährliche Anteil von Kindern unter 18

Jahren, die die Scheidung ihrer Eltern erlebt haben, um 140 Prozent erhöht. Legt man die Daten von 1980 zugrunde, kann man davon ausgehen, daß ca. 40 Prozent aller weißen Kinder bis zum Alter von 16 Jahren die Auflösung der Ehe ihrer Eltern erlebt haben werden. Zählt man noch die Kinder dazu, die mit alleinerziehenden Elternteilen leben, leben fast die Hälfte aller weißen Kinder in Ein-Eltern-Familien – jedenfalls während einer längeren Zeitspanne ihrer Kindheit.

Man kann die absinkende Lebensqualität von Jugendlichen sicher nicht monokausal auf den Anstieg der außerhäuslichen Berufstätigkeit von Müttern beziehen, das wäre grob vereinfachend.

Aber ganz offensichtlich betrachten zunehmend weniger Frauen Haushalt und Mutterrolle als lohnenden Lebensinhalt. Und in dem Maße, wie die Mütter außer Haus arbeiten, verringert sich der Kontakt zwischen Mutter und Kind, verringert sich notwendig auch die elterliche Fürsorge. Die entstandene Lücke wird gefüllt durch verschiedene Ersatzpersonen, durch Tagesstätten, Babysitter, Nachbarn, durch vor- und außerschulische Programme und durch das Fernsehen. Die körperliche und emotionale Energie der Mütter wird durch Haushalt und Berufstätigkeit so beansprucht, daß die potentielle „quality time" der Mütter mit ihren Kindern zuhause zunehmend eingeschränkt wird. Und es gibt bislang keine empirischen Hinweise darauf, daß Väter neuerdings mehr Zeit zuhause verbringen. Aus der Perspektive des Kindes kann es kaum anders aussehen, als daß die Eltern nur ansprechbar sind zu Zeiten, die den Eltern in den Plan passen, nicht zu den Zeiten, in denen das Kind ihre Aufmerksamkeit vielleicht am nötigsten braucht.

Die Rückwirkung von Scheidung auf Kinder wird kontrovers eingeschätzt, obwohl Versuche, Scheidung als Wohltat für ein Kind darzustellen, eher die Ausnahme geblieben sind. Scheidung zieht gewöhnlich drei Konsequenzen nach sich, die für die gesamten Lebensbedingungen von Kindern besonders nachteilig sind. Alle Studien über Auswirkung von Scheidung kommen zum Ergebnis, daß sie mit erheblicher Gefühlsbelastung verbunden sind. Einfacher: die Scheidung der Eltern ist ein unangenehmes Kindheitserlebnis mit zum Teil längerfristigen emotionalen Folgen. Zweitens führt Scheidung meist zu einem Absinken des Lebensstandards in der Familie des Kindes. Drittens führt in der Regel die Scheidung dazu, daß das Kind denjenigen Elternteil, der das Sorgerecht nicht erhalten hat (und das ist in neun von zehn Fällen der Vater) seltener sieht und mit ihm weniger Zeit verbringt. Eine Repräsentativuntersuchung über Scheidungskinder ermittelte, daß die meisten denjenigen Elternteil, der das Sorgerecht nicht erhalten hatte, im vergangenen Jahr selten oder nie gesehen hatten. Nur eins von sechs Kindern, die nach der Scheidung bei der Mutter lebten, hatte wöchentlich Kontakt zum Vater. Trotz dieser eindeutigen Konsequenzen scheinen zunehmend weniger Amerikaner sie so beunruhigend zu finden, daß sie eine Scheidung nach Möglichkeit vermeiden. Dieser Trend liegt auf einer Linie mit anderen Indizien dafür, daß Eltern zunehmend weniger bereit sind, zugunsten der Kinder Einschränkungen ihrer Selbstverwirklichung in Kauf zu nehmen.

Urie Bronfenbrenner, Psychologe in Cornell, ein Wissenschaftler, der Sachverhalte ohne überflüssigen Jargon ausdrücken kann, sagte einmal, es sei die wesentliche Voraussetzung für gesunde menschliche Entwicklung daß „irgendjemand ins Kind vernarrt ist“ („Somebody has got be crazy about the kid“).

Wir glauben, daß die Bindung zwischen Eltern und Kindern einer Erosion ausgesetzt ist und daß das Engagement von Eltern für die Sache ihrer Kinder schwächer geworden ist. Wir glauben, daß die zurückgegangene Bereitschaft von Eltern, die eigenen Interessen zurückzustellen eine wesentliche Ursache für die seit 1960 absinkende Lebensqualität von Jugendlichen ist. Viele werden dem widersprechen und bestreiten, daß Individuen verantwortlich sind für die bestürzenden Veränderungen der vergangenen zwei Jahrzehnte. In ihren Argumenten werden sie die strukturellen Ursachen sozialer Probleme hervorheben und dadurch das Individuum aus der Verantwortung entlassen. Aber die Frage bleibt dennoch bestehen, warum es Jugendlichen 1980 schlechter geht als 1960, wenn doch alle Voraussetzungen für ihr physisches und materielles Wohlergehen sich in diesem Zeitraum so offensichtlich verbessert haben.

Aus dem Amerikanischen von Donata Elschenbroich.

Monika Oubaid

Das Mutter-Dilemma

Mutterbilder sind stark: die Mächtige, die Überbehütende, die Vernachlässigende, die Opfernde ... und doch völlig unzulänglich. Sie bleiben gefangen im innerfamilialen System – sonst müßten sie die gesellschaftliche Ohnmacht der Frauen berücksichtigen. Sie verharren in der intrapsychischen Dynamik, sonst könnten regressivkindlicher Haß und Wut nicht bei der Mutter enden. Sie sind leere Spiegelbilder des Bildes von Männlichkeit, sonst könnten sie die Realität der Geschlechterverhältnisse nicht verleugnen.

Mutterbilder konstruieren eine Alleinverantwortlichkeit der Mütter für das Schicksal der Kinder. Und sie leiten diese Alleinverantwortlichkeit aus der weiblichen Natur, der Gebärfähigkeit ab, anstatt sie als belastende Folge und Mittelpunkt einer geschlechtlichen Arbeitsteilung in einer kapitalistisch-patriarchalischen Gesellschaft zu sehen.

Mutterbilder sind Ausdruck patriarchalischer Macht und männlicher Definitionsgewalt. Selbst „Mutterliebe", die vielbeschworene und aus der Natur abgeleitete, die als vorherrschendes Strukturprinzip der abendländischen Familienform die väterliche Gewalt abgelöst hat, hat sich als kultur- und sozialabhängiger Gefühlswert erwiesen".[1]

Mutterbilder sind mächtig: sie stützten die geschlechtliche Arbeitsteilung und lenken von der Kinderfeindlichkeit unserer Lebensbedingungen ab. Sie setzen die Normen – positiv oder negativ – für die Erziehungsarbeit der Frauen und erkennen gleichzeitig die für das Aufziehen der Kinder notwendigen Tätigkeiten nicht als Arbeit an. Sie idealisieren Mutterschaft, um Frauen für ihre gesellschaftliche Machtlosigkeit zu entschädigen.

Mutterbilder verhindern eine Solidarisierung von Frauen als Mütter und Töchter und führen stattdessen zu einer vorzeitigen und falschen Versöhnung von Männern und Frauen im gemeinsamen Haß auf die Mütter.

Muttermythen sind fester Bestandteil von psychologischen Theorien und beruflichem wie privatem Alltagshandeln und -wissen. Vor allem sind sie Hemmblock im Kopf von Frauen bei der Erziehung von Kindern und repressives Instrument in den Händen von Partnern, Vätern, Erziehungsberatern und -theoretikern.

Ich möchte im folgenden zwei aufeinander bezogene Mutterbilder herausgreifen, die mir als die folgenreichsten und wichtigsten erscheinen: Das Bild der überbehütenden und das Bild der vernachlässigenden Mutter (Maternal Overprotection and Maternal Deprivation). Die Polarität von Überbehütung und Vernachlässigung ist älter als die jeweilige Schuldzuweisung an die Mütter, und sie bildet gewissermaßen die Voraussetzung für die spätere Wirksamkeit und Plausibilität. Freud bezieht sich auf sie: „Fr. Alexander hat in der ‚Psychoanalyse der Gesamtpersönlichkeit' (1927) die beiden Haupttypen der pathogenen Erziehungsmethoden, die Überstrenge und die Verwöhnung, im Anschluß an Aichhorns Studie über die Verwahrlosung zutreffend gewürdigt. Der übermäßig weiche und nachsichtige Vater wird beim Kinde Anlaß zur Bildung eines überstrengen Über-Ichs werden, weil diesem Kind unter dem Eindruck der Liebe, die es empfängt, kein anderer Ausweg für seine Aggression bleibt als die Wendung nach innen. Beim Verwahrlosten, der ohne Liebe erzogen wurde, entfällt die Spannung zwischen Ich und Über-Ich, seine ganze Aggression kann sich nach außen richten. Sieht man also von einem anzunehmenden konstitutionellen Faktor ab, so darf man sagen, das strenge Gewissen entstehe aus dem Zusammenwirken zweier Lebenseinflüsse, der Triebversagung, welche die Aggression entfesselt, und der Liebeserfahrung, welche diese Aggression nach innen wendet und dem Über-Ich überträgt."[2]

Schuld: Zu viel Liebe

Zwei Grundvoraussetzungen waren nötig, um den Schuldzuschreibungen an die Mütter den Weg zu ebnen: Die Verbreitung und Popularität der Psychoanalyse mit ihren Untersuchungen zu pathogenen Elterneinflüssen und die allgemeine Selbstverständlichkeit – nicht unbedingt die statistische Normalität – des bürgerlichen Familienmodells mit der nichterwerbstätigen Hausfrau, die sich voll und ganz den Kindern widmet. Hinzu kommen dann noch die jeweiligen politischen Strömungen oder ein allgemeines Klima, das je nach Arbeitsmarktsituation und den gerade geltenden Bildungsvorstellungen für Kinder, die überbehütende oder die vernachlässigende Mutter zur Zielscheibe machen.

Der Begriff der „Overprotective Mother" geht auf eine behaviouristische Untersuchung von D. M. Levy zurück, der in den dreißiger Jahren 20 verhaltensgestörte Kinder über einen längeren Zeitaum hinweg beobachtete. Seine Vorannahme war, daß diese Kinder an einer überbehütenden Mutter litten. Levys Typologie wurde Grundlage der amerikanischen „Mom", einer Karikatur, die auch heute noch Lacher findet, nicht nur auf dem amerikanischen Kontinent. Beim Lachen ist es aber leider nicht geblieben. Als die amerikanische Nation sich Sorgen machte, weil viele ihrer Soldaten im Zweiten Weltkrieg psychisch nicht so funktionierten, wie man es von ihnen erwartete, veröffentlichte E. A. Strecker 1951 seinen Bestseller „Their Mother's Son". Er führte das „Versagen" der Söhne darauf zurück, daß sie von ihren „overprotective" Müttern an „silbernen Ketten" gehalten wurden und daher keine richtigen Männer werden konnten. Der ungeheure Boom, den diese und ähnliche Veröffentlichungen erlebten, läßt geradezu auf eine Bewegung schließen.

Einen ähnlichen Erfolg und eine ähnliche Wirkung hatte in der Bundesrepublik H. E. Richters „Eltern, Kind, Neurose", – obwohl Richters Untersuchung eigentlich die Eltern entlasten und den affektiven Hintergrund von Eltern neurotischer Kinder differenzieren wollte. Richter rezipierte die Untersuchung von Levy für die Bundesrepublik und machte sie zur Grundlage eigener Forschungen. Er übersetzte die von Levy entwickelten

Kriterien für „überbehütendes“ mütterliches Verhalten wie folgt: „Die Mutter bietet dem Kind exzessiven Kontakt. Sie hält es überdurchschnittlich lange in kleinkindhafter Obhut. Sie versucht, es in besonderer Abhängigkeit zu halten. Viertes Kriterium ist das Maß an Kontrolle“[3]. Diese Maßstäbe klingen geradezu nach Liebesverbot und patriarchalischer Kontrolle über die Mutter-Kind-Beziehung. Interessant ist dabei übrigens, daß die Forscher im Zweifelsfall immer die Mutter-Sohn-Beziehung im Blick haben. Es wäre lohnend, in all den Untersuchungen dem allgemeinen Sexismus der Sozialwissenschaften nachzugehen, wo einseitig männlicher Blickwinkel konzentriert auf Frauen erscheint – oder Kind gleich Sohn, oder Männliches als das Wichtigere und die Norm.

Mir selbst ist in den frühen Kinderladendiskussionen, in denen das Mutterbild der „Überbehütenden“ eine auffallende Rolle spielte, klar geworden, welche Funktion es erfüllte: Es sichert die Kontrolle über die Mütter und Kinder, es schürt die Schuldgefühle der Mütter, um patriarchalische Maßstäbe für die Entwicklung der Kinder zu setzen, um Theorie gegen Praxis auszuspielen. Die Diagnose „Überbehütende Mutter“ war simpel und eingängig. In der Alltagsanalyse der gemeinsamen Kindererziehung stand sie für die Befreiung der Kinder und wurde vornehmlich von männlichen Theoretikern den Frauen in der praktischen Arbeit vorgehalten. Stellenweise war es ein mißlungener Versuch der Väter, sich Raum in dem von Frauen besetzten Gebiet der Kindererziehung zu erobern. Ich konnte das internalisierte Gebot „Sei keine überbehütende Mutter“ erst dann zurückweisen, als mein Sohn beinahe ertrank, weil es zwei Kollegen gelungen war, mich mit dieser Fessel davon abzuhalten, die Hilflosigkeit meines Kindes richtig einzuschätzen. Der Tochter zur Hilfe zu kommen hätte ich mir selbst und sie mir auch mit großer Wahrscheinlichkeit eher gestattet. So beginnt männerbündische Sozialisation sich gegen die Knaben zu richten und der patriarchalische Überbau von Entwicklungsmaßstäben sich vor die mütterliche Wahrnehmung kindlicher Fähigkeiten und Verhaltensmöglichkeiten zu schieben. Die kontrollierenden Blicke der Väter auf die Mütter sollten ersetzt werden durch den gemeinsamen Blick auf die Kinder – was sie tun, was sie können und was sie möchten.

Ende der sechziger Jahre hatte das Bild der überbehütenden Mutter Hochkonjunktur – und das waren gleichzeitig die Jahre des Baby-Booms. Liegt da nicht der Verdacht nahe, daß diese männliche Einmischung etwas mit dem Gebärneid der Männer zu tun haben könnte? Oder artikulieren die Männer, in Konkurrenz zu den Kindern, über die Theorie und ihrer Anwendung von der „overprotective Mother“ ihre Verlust- und Versorgungsängste um die Zuwendung und Hausarbeit von Frauen?

Schuld: Zu wenig Liebe

Die Kehrseite von der überbehütenden ist die deprivierende Mutter. 1945 (beziehungsweise 1940) wurden in den USA und in England die Untersuchungen von Spitz und Bowlby veröffentlicht, die ab den fünfziger Jahren fortlaufend auch in deutscher Sprache erschienen[4]. Es sind Untersuchungen, die die Forderungen der Psychoanalyse nach der primären mütterlichen Bezugsperson aufgreifen und für bessere Kinderheime, Erziehungsberatung, Familienhilfen und so weiter kämpfen. In diesem Bereich haben sie ihre Forschungen angesetzt und nur für diesen Bereich gelten ihre Schlußfolgerungen. Psychische Erkrankungen bei Kindern sind auf die Abwesenheit der Mutter, mangelnde mütterliche Zuwendung, „zerrüttete Familien“ zurückzuführen. Kurz: auf eine verwahrlosende, deprivierende Mutter. Geblieben ist von dem Einsatz von Spitz und Bowlby für bessere Heimunterbringung die Schuldzuschreibung an die Mütter. Sie setzt dann ein, wenn Frauen erwerbstätig sind und nicht sein sollen, wenn die Hausfrauenfamilie nicht mehr funktioniert, wenn Kinder in der Schule den geforderten Leistungen nicht nachkommen. Das Urteil lautet dann: Die Mütter versagen, sie sind schlechte Mütter. Es wird nicht etwa davon gesprochen, daß sie an diesem oder jenem Punkte eine versprochene Leistung nicht erbracht hätten, wie es im Erwerbsleben genannt würde. Die Mutter wird immer als ganzer Mensch verurteilt, sie hat als Frau versagt, denn Mutter-Sein ist – so wird unterstellt – eine biologische Qualität und nicht Arbeit.

Diese biologische Komponente der Verdammung macht die

Schuldzuschreibungen so fatal. Sie bringen pauschal die Gefühle von Unterlegenheit, die zur weiblichen Sozialisation gehören, zum Klingen. Die Tatsache, daß die Kritik die ganze Person erfaßt, macht es Müttern so schwer, sich dagegen zu wehren. Hinzu kommt, daß Fehler fast unvermeidbar erscheinen. In den Köpfen der Mütter tauchen die Polaritäten Überbehütung und Vernachlässigung als widersprüchliche Verhaltensanforderungen auf, denen Schuldgefühle, so oder so, folgen müssen. Wenn das eine nicht zutrifft, das andere paßt sicher. Mütter geraten so zwangsläufig in eine von der Gesellschaft gestellte Beziehungsfalle: Was immer sie auch tun, es ist auf jeden Fall falsch.

Ein weiterer Mechanismus, der als Verstärker für negative Mutterbilder genannt werden soll, ist das patriarchalische Denkmodell, das die Entwicklung der Kinder vorrangig als Trennung begreift, vom Geburtsvorgang über die ödipale Situation bis zur Pubertät und darüberhinaus. Ablösung, Loslösung und Distanzierung sind die Vokabeln der Entwicklungstheoretiker, die sich als Wörter gegen die Mütter richten. Warum nicht die gemeinsamen Prozesse in den Vordergrund stellen oder das „Selbst“ der Kinder vor das „Allein“?

Entschuldung

Für den erzieherischen und therapeutischen Umgang mit den bösen Mutterbildern sind drei Konsequenzen zu ziehen: die stärkere Gewichtung des jeweiligen Hier und Jetzt gegenüber den früheren Erfahrungen und ihre Verknüpfung, die Suche nach den Hintergründen für die „Deckerinnerung“ an die böse Mutter und als übergreifende Konsequenz die analytische Berücksichtigung der gesellschaftlichen Bedingungen von Mutterschaft, insbesondere der geschlechtlichen Arbeitsteilung.

Wie schwer die Ent-schuldung beider Beteiligter durch die Lösung der aktuellen Konflikte ist, habe ich in einer konkreten Situation mit meiner Tochter erfahren. Eines Tages hatte mich die 17jährige ertappt. Ein Photo hatte sie beim Großvater gefunden, das untrüglich zeigte, daß ich sie in früher Kindheit in einen Laufstall gesperrt hatte. Da nutzten meine Beteuerungen nichts, wir hätten mehr zum Spaß sie in den alten Laufstall aus unseren Kindertagen in der Großfamilienküche gesetzt, hätten im großmütterlichen Sommergarten das Laufenlernen am Gitter entlang erleichtern wollen. Und außerdem hätten wir sie nicht alleingelassen ... Meine Entschuldigungen wurden immer kläglicher und hilfloser, weil sich in mir der ganze Knoten von Unzulänglichkeiten und Belastungen aus all den Jahren der Kindererziehung in Bewegung setzte und weil angesichts ihres augenscheinlichen Leidens meine Ratlosigkeit wuchs. Denken und Reden und Abarbeiten über Tage hinweg im Haushaltalltag, Ringen um Vertrauen und Liebe bei ihr und bei mir, dann meine Beobachtung, daß sie zu schwanken schien zwischen der Lösung „Sie ist schuld" und der Entschlossenheit, die Schwierigkeiten ihres Lebens jetzt selbst in die Hand zu nehmen. Als wir darauf kamen, daß sie sich aktuell eingesperrt fühlte in Schule, in Berufssackgassen, bei abendlichen Ausgängen und überhaupt als Frau und ihr Bedürfnis nach Freiheiten deutlicher wurde, wuchs auch mein Vertrauen in sie, daß sie die Repressalien ihres Lebens, auch die für die ich stehe oder verantwortlich bin, selbst überwinden wird. Irgendwann konnte sie mich auslachen: „Du mit deinen freiheitlichen Erziehungszielen und dann kleine Kinder einsperren!" Sie stellte dann erleichtert fest, daß sie mich nicht hassen muß. Die Geschichte hatte ein deutliches Happy-End. Sie warf mir schelmisch lächelnd ein altes Album-Bild auf den Tisch. Abgebildet war ein pausbäckiges überdimensioniertes Baby, das einen Laufstall überragte. Das Geländer des Laufstalls war nämlich beim Herumwühlen in den alten Spielsachen zerrissen und das Bild wirkte so, als habe die Insassin die Ketten gesprengt. Meine Bemerkung „Du bist wohl über den Laufstall hinausgewachsen" ging unter im versöhnten und befreiten Lachen.

Ein eklatantes Beispiel für die Notwendigkeit der zweiten Konsequenz, nämlich Mutterbilder auch als mögliche Deckerinnerung zu behandeln, liegt in dem Bild von Max Ernst: Die Madonna verhaut das Jesuskind im Beisein von drei Zeugen [9]. Das in surrealistischer Manier gemalte Bild hat vordergründig etwas Befreiendes, weil es den Heiligenschein der Mütter vom Himmel holt. Es hat auch abstoßende Züge, insofern es die brutale Darstellung einer Kindesmißhandlung verbindet mit einer sinnlichen Ausmalung des Frauenkörpers. Auch eine Aufklärung über die gesellschaftliche Situation läßt sich herausinterpretieren: die Mutter als ausführendes Organ im privaten Bereich. Den Schlüssel für das Bild fand ich aber in einer Notiz, die auf einen biographischen Zusammenhang der Szene verwies. Max Ernst habe darin verarbeitet, daß er als Kind von seinem Vater geschlagen worden sei. Mein Verdacht ist, daß die Mutter herhalten muß, sogar die Mutter Maria, weil ein prügelnder Vater für eine Bildaussage zu normal und profan ist oder weil der Malende sich nicht getraute den mächtigeren Vater zu beschuldigen.

Die Rolle der Hausarbeit

Der wichtigste Zusammenhang, in dem die Wirksamkeit der Mutterbilder gesehen werden muß, ist die Sache mit der Hausarbeit. Hausarbeit im Sinne der Feministischen Theorie sind die Tätigkeiten, die von Frauen im Rahmen der geschlechtlichen Arbeitsteilung in verschiedenen Versorgungszusammenhängen erbracht werden, die im Gesamtkontext unserer Ökonomie als unbezahlte, verdrängte und diskriminierte Arbeit von Frauen eingebunden sind. Für diese Arbeit werden Frauen weiblich sozialisiert, und sie bringt ihnen Abhängigkeit und Unterdrükkung ein. Diese Arbeit wird ihnen zwar auch im außerhäuslichen beruflichen Bereich abverlangt, aber maßgeblich wird sie als Hausfrauenarbeit in den privaten Bereich abgedrängt und mit einem Mantel von Liebe getarnt. Private Erziehung, die Arbeit der Mütter, ist ein nicht unerheblicher Teil dieser Hausarbeit [5]. Kindheit als Zustand und Gegenstand von Erziehung hat sich mit der jetzigen Familienform historisch entwickelt. Kindererziehung stiftet erst den Sinn für die Hausarbeitsinstitution Familie.

In den Mutterbildern verschwindet Arbeit hinter Liebe. Beziehungen und Tätigkeiten werden vermischt. Auch im Bewußtsein der Mütter selbst ist die Arbeit mit den Kindern kaum als „wirkliche“ Arbeit greifbar. Auf die Frage nach der Erziehung der Kinder sprechen Mütter von Erziehungszielen und -normen und bestenfalls von der Beziehungsarbeit, aber nicht von dem täglich vielstündigen Haushaltsprogramm, das für das Leben der Kinder notwendig ist. Mutterbilder reduzieren die private Kindererziehung auf Beziehung. Nur so ist die Alleinverantwortlichkeit der Mutter für die Kindererziehung herstellbar, nur so wird das Aufziehen der kommenden Generation zu einer Sache privater Leistung und Schuld. In dem Moloch Hausarbeit verschwindet die Arbeit, die eine Frau in ihrer Funktion als Mutter leistet – was bleibt, sind die Mythen, über die verhandelt wird.

Wie die Hausarbeitsinstitution Familie nur über Mutterschaft erhalten werden kann, so ist die Nichtanerkennung und Unsichtbarkeit der Hausarbeit die Basis, auf der die Mutterbilder gedeihen können. Spätestens wenn Mütter alt werden, kippt die Situation um. Dann kämpfen die Kinder, vornehmlich die Töchter als die für die Pflege und Sorge Prädestinierten, mit Schuldgefühlen und vielleicht auch mit den realen und irrationalen Ansprüchen der Alten. Hier mischt sich erneut Liebe und Arbeit, Zuwendung und Pflege, Beziehung und Hausarbeit. Jetzt regredieren die Mütter. Rechnungen werden aufgemacht, Dankbarkeit gefordert. Ist es nicht verständlich, daß Mütter, die ihr Leben lang mit der Zukunft ihrer Kinder unter Druck gesetzt worden sind, im Zustand der Erschöpfung, des Alters, der Krankheit, die Verantwortung zurückgeben? So bleibt sowohl das Aufziehen der Kinder, wie die Versorgung alter Menschen ein privates, individuelles Problem, was eigentlich als gesellschaftliches Interesse gemeinschaftlich verantwortet werden müßte.

Die Alleinverantwortlichkeit der Mütter und die daraus resultierende Abhängigkeit der Kinder in der Kleinfamilie als Lebensform der geschlechtlichen Arbeitsteilung produziert Mütter- und Frauenhaß bei Männern und Frauen und perpetuiert die gegenwärtigen Geschlechterverhältnisse. Mütter stehen im Mittelpunkt kindlicher Entwicklung, weil sie in der Regel immer noch die alleinigen, ersten Bezugspersonen sind. Weil sie die Kinder durch die Brille patriarchalischer Theoriegebäude betrachten, werden sie ihnen häufig nicht gerecht. Weil sie verantwortlich gemacht werden und selbst nicht frei sind, können sie den Kindern die Lust des Lebens nicht uneingeschränkt gestatten. Weil Frauen im patriarchalischen Kontext unterdrückt sind, müssen sie sich der Kinder bemächtigen, „... aufgrund innerer Bedürftigkeit eine patriarchal deformierte Mutterrolle spielen“[6]. Weil sie weiblich, das heißt mit starker Orientierung auf andere, sozialisiert sind und gelernt haben, ständig auf andere zu achten, lassen sie die Kinder manchmal nicht aus dem Blick. Weil die Gesellschaft ihnen eine Doppelbelastung zumutet, sind sie mit Kindern oft überfordert. Weil sie unter diesen Bedingungen so wenig Selbstwert und Selbstbewußtsein entwickeln können, fehlt ihnen Stärke und Souveränität in der Kindererziehung. Weil Mütter, als erste Bezugsperson der Kinder, die Geschlechtsrollen weitergeben, schließt sich immer wieder der Kreis.

Frauen müssen als „gute“ Mütter konkurrieren. Die Strenge der Mutterbilder – die keine Frau je wirklich erfüllen kann – verhindert ein Zusammenarbeiten, das um so notwendiger wäre in einer Zeit, da Wissen um Kinderpflege und -erziehung im Alltagskontext kaum mitgeteilt und weitergegeben werden kann: Die Isolation in Kleinfamilien, die Trennung der Generationen, die Beschränkung auf Einzelkinder und die durchorganisierte Zeit von erwerbstätigen Müttern verhindert die Entstehung einer Frauenkultur, in der Wissen ausgetauscht und die Aufzucht des Nachwuchses zum allgemeinen Thema gemacht werden könnte. Dieser Zustand liefert Mütter den Professionellen aus, den Kinderärzten, den Bildungs- und therapeutischen Berufen und den entsprechenden Medien. Doch hier laufen sie Gefahr, in ihren Schuldgefühlen bestärkt zu werden.

Die kanadische Wissenschaftlerin Paula J. Caplan konnte in ihren Untersuchungen nachweisen, daß Muttermythen gerade bei den Professionellen noch äußerst lebendig sind. Inhaltsanalysen von 125 Artikeln, die im Zeitraum von 1970 bis 1982 in Fachzeitschriften veröffentlicht wurden, zeigten, daß Mütter immer noch – und sogar mit zunehmender Tendenz – von Psychologen und Psychiatern als Verursacherinnen kindlicher Störungen angesehen werden. Schon die Aufmerksamkeit der Professionellen gilt vornehmlich den Müttern und nicht den Vätern. Zugrundegelegt wird nach wie vor die an der Realität vorbeigehende Vorstellung von der heilen Kleinfamilie [7].

Auch in einem Faltblatt der „Deutschen Liga für das Kind“ (6/1986), dem Dachverband zahlreicher ärztlicher, psychologischer, Frauen- und Familienverbände werden alle möglichen

Probleme wie Verhaltensstörungen, Drogenmißbrauch und Kriminalität, auf zwei Ursachen zurückgeführt: Deprivation und Überbehütung, letzten Endes durch die Mütter hervorgerufen.

Neue Lösungen

Eine aktuelle Verstärkung der Schuldzuweisung und -annahme läßt sich auf drei Sachverhalte zurückführen:

1. Die Aktualität der „frühen Störungen" in der psychologischen Diskussion gibt den Schuldzuschreibungen an die Mütter einen neuen Auftrieb. Je früher wir die Ursachen für Fehlentwicklungen suchen, desto zwangsläufiger müssen wir bei den Müttern ankommen.

2. Die allgemeine politische Situation, die konservative Werte neu belebt und vor allem auch Frauen vom Arbeitsmarkt verdrängen möchte, hat in einer „neuen Mütterlichkeit" und flankierenden Maßnahmen ein wirksames Instrument gefunden.

3. Frauen wollen in dieser Gesellschaft weder auf Beruf noch auf Kinder verzichten. Da sich dies unter den herrschenden Bedingungen kaum vereinbaren läßt, erreichen mütterliche Schuldgefühle eine neue Qualität. Bleiben Mütter zu Hause, können ihre Kinder nicht selbständig werden. Gehen sie trotz Kind weiter dem Beruf nach, sind sie Rabenmütter.

„Frauen von heute suchen sich aus, welche Karriere sie machen wollen", heißt der Werbeslogan einer Illustrierten, die sich an Frauen wendet. Der Werbeträger arbeitet – abgesehen davon, daß suggeriert werden soll, Kinderaufziehen sei auch eine gesellschaftliche Karriere – mit der Vorstellung, Frauen könnten in Freiheit und unbeschwert entweder Mutterschaft genießen oder berufliche Karriere machen. Häufiger ist gegenwärtig das Leitbild der Karrierefrau, die auch noch Mutter ist. Dagegen wirkt das Bild der Hausfrau, die Schuldgefühle entwickelt, weil sie die Wäsche ihrer Kinder nicht mit xy spült, leicht antiquiert. Und doch stehen alle drei Bilder nebeneinander und konkurrieren als Lebensentwürfe für Frauen. Wie dem nachkommen? Wo ist der Frauenarbeitsplatz, dessen Entlohnung für Mutter und Kind reicht? Wo ist der Arbeitsmarkt, der einen mehrjährigen Ausstieg erlaubt, oder welcher Arbeitsplatz ermöglicht die Versorgung eines Kleinkindes nebenbei? Wo findet sich der Mann, der nicht nur als Partner in Frage kommt, sondern auch noch in der Lage ist, mit seinem Einkommen Frau und Kind zu ernähren? Es gibt bedrückende Fakten hinsichtlich der Lebenssituation von Frauen (alleinerziehend, niedriges Einkommen, Erwerbslosigkeit) und der Beteiligung von Vätern an der Kindererziehung. (Bis zu 12 Minuten täglich ist der weltweite Durchschnitt nach Untersuchungen des Club of Rome 1986. Auf eine partnerschaftliche Halbierung der Hausarbeit lassen sich bei uns nur 8–10 Prozent der Männer ein, laut der Studie von Metz-Göckel und Müller[8].)

„Neue“ Frauen, Frauen, die in der Frauenbewegung viel gelernt haben, versuchen den Teufelskreis von Beschuldigung und Verunsicherung zu durchbrechen. Sie haben heute bessere Karten, weil sie dem Zwang zur Mutterschaft nicht so ausgeliefert waren und weil sie auf eine bessere berufliche Basis aufbauen können. Diese neuen Frauen können sich gegen falsche Zumutungen in der Erziehung besser wehren, weil sie ihr Wissen um die Geschlechterfrage benutzen, um die Beziehung zum Kind von den gesellschaftlichen Bürden der Mutterschaft entlasten.

Bei der Suche nach Belegen für neue Lösungsmöglichkeiten habe ich zwei Frauen interviewt, die ich nach ihrer Einstellung und ihrem Verhalten für exemplarisch halte, in dem Sinne, daß sie zwei entgegengesetzte Lösungen für das Leben „neuer“ Frauen mit Kindern gefunden haben, die sie jeweils klar und pointiert repräsentieren.

Beide Frauen sind über 30 Jahre, voll erwerbstätig, alleinerziehend insofern, als sie nicht mit dem Vater des Kindes zusammenleben, ihm aber eine weitgehende Beteiligung an der Kindererziehung ermöglichen.

Eine der Frauen macht intensiv den Versuch, das Kind in ihr Leben voll zu integrieren, alltäglich und biographisch, bis zur erkämpften Mitnahme an den Arbeitsplatz. Sie agiert deutlich und öffentlich als Mutter.

Die andere, wohl wissend, was sie für ihr eigenes Leben braucht, organisiert auf der einen Seite ihren Lebensbereich so getrennt wie möglich und lebt andererseits mit einer intensiven Zuwendung wie in einer Liebesbeziehung mit ihrem Kind. Trotz gegensätzlicher Einstellung beider Frauen zu Kinderwunsch, dem eigenen Mutter-Sein und der Alltagsorganisation mit Kindern, ergaben sich eine Reihe auffallender Gemeinsamkeiten:

- Sie haben bewußte Entscheidungen gefällt für ein Kind, und mit der gleichen positiven Bewußtheit gestalten sie gelassen das Leben mit dem Kind, jenseits von erzieherischer Professionalisierung.
- Sie leben ihre Beziehung zu Kindern ähnlich den Erwachsenen-Beziehungen – mit normalem Respekt und Abgrenzungen.
- Sie bringen die erworbene Souveränität aus Erwachsenen-Beziehungen ein und erleben das Älterwerden der Kinder eher als Loslösung derselben denn als Verlust.
- Sie hinterfragen die sexistischen Inhalte und Voraussetzungen von Erziehungsmaximen und entlasten sich und das Kind.
- Sie versuchen, den Teufelskreis geschlechtsspezifischer Erziehung zu durchbrechen.
- Sie können trennen zwischen den gesellschaftlichen Implikationen des Mutter-Seins und der konkreten Beziehung mit dem Kind. Negative Impulse müssen nicht verdrängt werden.
- Sie haben gelernt, mit Hausarbeit umzugehen und sie in den richtigen Dimensionen zu sehen.
- Sie respektieren das Recht der Kinder auf vertrauenswürdige Bezugspersonen.
- Sie beobachten die Entwicklung der Kinder mit Neugier als Prozesse des Wachsens und des Lebenlernens.
- Sie verteidigen das Recht der Kinder auf eigenständige Entwicklung gegenüber der Umwelt und ihren normativen Übergriffen.
- Es ist ihnen vor allem wichtig, dem Kind sinnliche Erfahrungen und Freude zu ermöglichen.
- Ihr Lebensziel mit Kindern heißt – angesichts einer realistischen Zukunftseinschätzung (nicht nur nach Tschernobyl) –, heute und jetzt Spaß zusammen zu haben. Dieses Ziel hat das alte Streben, das Beste für die Zukunft der Kinder zu wollen, abgelöst.

- Sie machen sich frei von patriarchalischen Erziehungsnormen und ersetzen den pädagogischen Überbau durch das Bemühen um ein „Urvertrauen“ in das Kind.

Wer meinen professionellen Beobachtungen als Empirie nicht folgen mag, der nehme sie als Utopie.

V

Geschichte der Kindheit

Annemarie Bauer hat über 40 der bekanntesten Grimmschen Märchen daraufhin untersucht, inwieweit sie mit der historischen Realität übereinstimmen. Es ist leicht zu erkennen, daß Märchen weitgehend keine Märchen sind, sondern wichtige Hinweise auf das Alltagsleben vergangener Zeiten geben können.

Annemarie Bauer

Märchenkinder – Kindermärchen

Soziale und emotionale Realitäten in kindzentrierten Märchen der Brüder Grimm

Zugriffe auf Märchen erfolgen aus den unterschiedlichsten Richtungen: man bedient sich ihrer zur Unterstützung vielfältiger Thesen.

Als wichtigstes sind die Schulen der Psychoanalyse zu nennen, die im Märchen nicht nur Identifikationsfiguren und -ereignisse für die (kindliche) Psyche sehen, sondern Urbilder und Grunderfahrungen menschlichen Daseins überhaupt. Freud sieht beim Märchen vor allem Symbole der Wunscherfüllung, Jung sieht in ihnen vorwiegend Symbole der Wandlung. „Wie Jung und die durch ihn bestimmte psychoanalytische Märchenforschung die Einseitigkeit, ja Enge der Freudschen Überlegungen aufhellen und erweitern, so hilft die Nüchternheit von Freud, diese Erweiterung vor einem möglichen Abgleiten ins Unverbindliche zu bewahren."[1] Ulrich Grummes zeigt den Unterschied zwischen Freud und Jung am Beispiel des Rumpelstilzchens auf: Für Freud manifestiert „der possierliche kleine Kerl" einen latenten Wunsch, nämlich den Penisneid des Mädchens, das Rumpelstilzchen allerhand verspricht, zuletzt sogar ihr erstes Kind, damit er ihr hilft, Stroh zu Gold zu spinnen; für Josephine Bilz ist Rumpelstilzchen, und sie scheint sich auf C. G. Jung zu berufen, „eine Personifikation der Lebensmacht, die sich auf das Verwandeln versteht. Er ist ein ‚Archetypus der Gottheit'."[2]

Weiterhin werden Märchen in der Entwicklungspsychologie benötigt, zur Erziehung von Kindern, zu ihrer Therapie, zu ihrem Verständnis.

„Grimms Märchen werden als eine vorwissenschaftliche Entwicklungspsychologie gelesen, als Modelle von Krisen und Konfliktlösungen auf dem Weg von Symbiose über Ambivalenz zu

Ablösung bzw. auf dem Weg vom Jungen zum Mann, vom Mädchen zur Frau und Mutter."[3]

Beide psychoanalytischen Zugriffe sind sehr erst zu nehmen – und treiben doch so merkwürdige Blüten:

Es mag noch einleuchten, daß der Eisenhans, der seinen schmerzhaften Finger, den er sich beim Öffnen des Käfigs geklemmt hat, im Brunnen kühlen möchte und ihn dabei vergoldet, uns eine Onanietechnik erkennen läßt, daß er sich aber durchs Haar fährt und ihm dabei ein Haar in eben diesen Brunnen fällt, und wir darin „einen symbolische(n) Ausdruck von Masturbation"[4] verstehen sollen, fällt – zumindest ohne nähere Erläuterung – schon schwerer.

Auch der Therapiemarkt bedient sich der Märchen: Um für menschliche Konflikte in Beziehungen ein möglichst anschauliches Gerüst heranziehen zu können, scheut man keine Mühen und Kosten, sich in Seminaren z. B. mit Fröschen und Königstöchtern herumzuschlagen: Man gruppiert sich um vorlaute, arrogante Königstöchter und glitschige Frösche und nutzt sie als Modelle für die als unreif definierten symbiotischen Gelüste und betrachtet Aktivitäten, die Gewalt gegen Frösche symbolisieren, – er wird von der Königstochter an die Wand geklatscht –, als Ausdruck kreativer Reifungsschritte Richtung Individuation.

Wir wollen nicht die Symbolkraft von Märchengestalten und -ereignissen leugnen, sie auch nicht auf verschiedene Interpretationen und evtl. Überinterpretationen hin verfolgen, und schon gar nicht eine Theorie demontieren, deren Stellenwert sowohl für die Analyse und Erklärung von Menschen und Gesellschaften und deren praktische und therapeutische Fruchtbarkeit von der Autorin hoch geschätzt werden, – wir wollen in diesem Artikel viel kleinere Brötchen backen (und nicht gleich ganze Hexen in den Backofen schieben):

Spiegeln Märchen soziale Realitäten der Zeit wider, in der sie mündlich tradiert und endlich fixiert wurden?

Wir wissen um die Veränderungen der Märchentexte durch die Brüder Grimm, ihrer Reinigungs- und Entsexualisierungsaktion zugunsten der pädagogischen Verwendbarkeit und romantischen Erhöhung der Geschichten. Wesselski verfolgt an etlichen Märchen die von den Brüdern Grimm vorgenommenen Veränderungen und stellt fest, daß sie bereits bei ihren „handschriftlichen Quellen ebenso umgegangen sind, wie bei ihren gedruckten Vorlagen: sie schieden aus, was ihnen nicht paßte und fügten ein, was ihnen zu passen schien.“[5]

Aber nicht nur die Grimms haben die Märchen verändert, sondern es ist wahrscheinlich, daß die Märchen schon, als sie noch nicht fixiert waren, Veränderungen durch die jeweiligen Erzähler erfahren haben. Nach Wesselski nehmen mündliche Überlieferungen immer bereits Elemente des aktuellen Lebens auf.[6]

Auch für andere Autoren ist die These plausibel: Für Gmelin sind Märchen „konkrete, historisch bedingte, ökonomisch bedingte Handlungsanweisungen für Kinder und Erwachsene“[7], und Röhrich betont ihre realen Inhalte:

„Beispiele für die lokale Färbung von Märchen bietet fast jede Sammlung, und solche ortsgebundenen oder zeitbedingten Anknüpfungen sind nicht unwesentliche ... Züge, sondern sie sind oft sehr bezeichnend für das Wirklichkeitsbild der Erzählung und des Erzählers.“[8]

Er weist den Bezug zur Realität an Märchenfiguren, Landschaften und „ethischen Bezüge(n)“[9] u.a. durch interkulturelle Vergleiche nach. Für deutsche Märchen verschiedener Regionen stellt er fest: „Im Laufe des 19. und 20. Jahrhunderts hat sich nicht nur das Märchen selbst, sondern auch die gesellschaftliche Schichtung seiner Träger entscheidend verändert: Waren einst die dörflichen Spinnstuben die Hauptquellen der Sammler, so finden sich nach den Angaben der neueren Sammlungen unter unseren Märchenerzählern nur noch wenige Bauern. Etwas zahlreicher sind schon die Handwerker vertreten; am häufigsten jedoch trifft man das Märchen in den untersten Schichten der Bevölkerung.“[10] Die dörflichen unteren Schichten tauchen auch vorwiegend als handelnde Personen in den Märchen auf, sogar typische Königsmärchen spielen in verschiedenen Gegenden Deutschlands in anderen, niedrigeren Schichten.[11]

Richter/Merkel leiten aus den Märchen, die sie als Träume vom besseren Leben interpretieren, eine indirekte Beschreibung der Realität ab: So zeichnet die Aggression im Märchen ein Bild von der „Brutalität feudaler Unterdrückung ebenso wie von der Aggression der Unterdrückten gegen ihre Herren.“[12]

Röhrich hat wunderschöne Beispiele für das Märchen als „Spiegel der realen Welt“ zusammengetragen, die man auch sicher psychoanalytisch interpretieren kann, von denen wir aber einige zitieren wollen als Beweis für die hier im Mittelpunkt stehende These, daß die Märchen von vorgefundenen Wirklichkeiten ausgehen, Elemente von ihr aufnehmen, ja vermutlich aufnehmen müssen, damit die Geschichte den Hörern verstehbar ist. „Die Engel im Himmel dreschen Hafer, ... im Märchen der Zigeuner laust ein Mädchen den lieben Gott, ... In einem Zigeunermärchen hört der Kaiser, daß die Kaiserin ihm einen Sohn geboren hat; nun ging ‚er vor Freude in die Schenke und trank, bis er völlig betrunken war‘. Aber eigentlich will ein Zigeuner gar nicht König werden, heißt es in einem anderen Zigeunermärchen, ‚lieber ißt er Stachelbeeren und Grießbrei und schlägt sich mit seiner Frau‘. – Ein wenig zeremonielles Benehmen zeigt auch die Königstochter, die so lacht, daß ihr der Bauch wackelt und sie auf den Rücken fällt.“[13]

Dies sind nur einige wenige Beispiele aus der Fülle, die Röhrich zusammengetragen hat, wobei das Märchen mit den dreschenden Engeln aus der Sammlung der Brüder Grimm entnommen ist: Nr. 112, „Die Dreschflegel vom Himmel“.

Auch ein schönes Beispiel für vertrautes Alltagsverhalten in den Grimmschen Märchen wird auf den „König vom goldenen Berg“ (Nr. 92) übertragen: „Da legte er seinen Kopf auf ihren schoß und sie lauste ihn ein wenig bis er einschlief.“

Wir begrenzen uns in der vorliegenden Analyse sozialer Realitäten auf Märchen der Brüder Grimm der von ihnen noch durchgesehenen Auflage aus dem Jahr 1857 und betrachten vor allem familiale Beziehungen, familiale Rollen und die Bedeutung der Kinder. Dabei ziehen wir nur Märchen heran, in denen Kinder zentrale Rollen spielen und die weitgehend als Kindermärchen bekannt sind. Im Text bezeichnen wir die Märchen mit den Nummern der o.g. Ausgabe; sie sind im Anhang mit Titeln aufgeführt.

Soziale Herkunft der Familien

In 45 der ausgewählten 50 Märchen ist die Handlung in eine Familiengeschichte verwoben. Es handelt sich um 15 Königsfamilien, 22 Familien, die vorwiegend Bauern- und Handwerkerfamilien zuzurechnen sind, 6 Familien, deren Merkmal Armut, und 1 Familie, deren Merkmal Reichtum ist, sowie 1 Tierfamilie.

Ein Drittel der Märchen sind also Königsmärchen. Die Brüder Grimm, im ausklingenden 18. Jahrhundert geboren, sammelten ihre Märchen zu einer Zeit, in der politische Unruhen in Europa, vor allem in Frankreich einen Umbruch der gesellschaftlichen Veränderungen ankündigten. Während in Frankreich die feudale Gesellschaftsordnung ins Wanken geriet und durch die Französische Revolution ihr Untergang im wesentlichen besiegelt war, schienen die vielen kleinen Fürstentümer in Deutschland noch eine Weile in einem „Dornröschenschlaf" überleben zu können. Es gab also zahlreiche Herrscher.

In den meisten Märchen wird der König als tatsächlich politisch und ökonomisch Mächtigster im Land auf eine Weise in die Handlung einbezogen, die die krassen sozialen Unterschiede verwischen hilft. Der König ist volksnah dargestellt, er reitet durchs Land und bekommt problemlos Kontakte mit der Bevölkerung, er ist meistens gütig und milde oder unscheinbar. Möglicherweise handelt es sich um die Verherrlichung und/oder Verharmlosung von gesellschaftlichen Strukturen, die in der Realität eher völlig anders und zudem zum Zeitpunkt der Fixierung der Märchen von Veränderungen und Auflösung bedroht waren.

Die anderen Märchen spielen etwa zu gleichen Teilen in Bauern- und Handwerkerfamilien.

Der soziale Rahmen der Nicht-Königsfamilien spart eine Familienform erstaunlicherweise aus: die Bürgerfamilie. Zur Zeit der Fixierung der Märchen durch die Brüder Grimm hatte sich diese Familienform bereits etabliert und war zu erheblicher Macht gelangt. Wir könnten daraus schließen, daß die Märchen die sozialen Schichten früherer Zeiten darstellen und nicht die der historischen Zeit der Brüder Grimm. Denkbar ist aber auch, daß die Könige vielleicht gar keine Könige sind, sondern eher den Typ der bürgerlichen Familie verkörpern. Die Verhaltensmuster königlicher Familien unterscheiden sich in den hier analysierten Märchen kaum von den Verhaltensmustern anderer Familien. Dornröschen wird nur deshalb verzaubert, weil ihr Vater nur 12 goldene (immerhin!) Teller hat, so daß die 13. weise Frau nicht eingeladen werden konnte; Schneewittchens Mutter sitzt am Fenster und näht, während sie über ihren Kinderwunsch nachdenkt, und die 12 Königstöchter mit den zertanzten Schuhen schlafen alle in einem Saal, wo ihre Betten nebeneinanderstehen. Das sind eigentlich keine königlichen Lebensbedingungen, sondern eher bürgerliche, und diese sind für den Märchenerzähler und -sammler viel leichter einsehbar als die der Könige oder des Adels.

In 19 Märchen wird die Geschichte über zwei Generationen der Familie erzählt, so daß wir zwischen Herkunftsfamilie und Heiratsfamilie unterschieden. Interessant ist, daß es unter den Heiratsfamilien noch mehr Königsfamilien gibt als unter den Herkunftsfamilien, insgesamt 15. Von den hier analysierten 50 Märchen erlauben 11 den Aufstieg aus einer Handwerker- oder Bauernfamilie in den Adel bzw. in Königsfamilien (oder Bürgerfamilien?), die anderen 8 handeln von Kindern aus Königsfamilien, die in ihrer Schicht bleiben. Ein sozialer Abstieg wird in keinem Märchen thematisiert.

Diese Durchlässigkeit nach oben, wobei der Weg dahin über die Eheschließung geht, ist vermutlich eher nicht generelle soziale Realität, allenfalls ist der Aufstieg reicher Bauerntöchter ins Bürgertum denkbar. Wahrscheinlich müssen wir hier einer anderen Interpretation den Vortritt geben: Man kann in diesen Aufstiegsmöglichkeiten und Veränderbarkeiten der eigenen Situation Wünsche und Phantasien erkennen. Wenn wir das annehmen, so thematisieren diese Märchen kollektive Phantasien, in die sich Menschen flüchten, wenn sie ihre eigene Realität als bedrückend und unveränderbar erleben. Die im Märchen zum Ausdruck kommende Hoffnung auf ein besseres Leben, auf Durchlässigkeit und Aufstieg, kann als Hinweis auf die Einschätzung des Alltags gedeutet werden: Märchen geben auch da besonders deutliche Hinweise auf die Realität, wo sie besonders phantastisch sind.

Da hier aber die Märchen vor allem auf die in ihnen enthaltenen Darstellungen von Familien- und Kinderwelten analysiert werden sollen, werden die Königsmärchen, die ihrerseits übrigens alle Familienmärchen sind, mit Märchen, die Familien anderer Schichten zum Inhalt haben, gemeinsam betrachtet.

Familienstrukturen

In den 50 Märchen taucht als dominante Familienstruktur die Zwei-Generationen-Kernfamilie auf, oft auch die unvollständige Familie. Einige Märchen legen nahe, daß drei Generationen nebeneinander existieren und miteinander interagieren, z.B. „Die sechs Schwäne“: Die königliche Schwiegermutter bezichtigt die Frau ihres Sohnes ungerechtfertigterweise der Menschenfresserei.

Aber nur zwei Märchen haben die Drei-Generationen-Familie explizit zum Thema: In „Der alte Großvater und der Enkel“ lebt die Familie unter einem Dach; in „Der undankbare Sohn“ handelt es sich um den Typus der modifizierten Großfamilie. Wie Mitterauer dezidiert nachgewiesen hat, kann es den Typ (der unter einem Dach lebenden oder miteinander wirtschaftenden oder auch nur durch Interaktionen miteinander verbundenen) Großfamilie nur höchst selten oder nur über einen sehr kurzen Zeitraum innerhalb des Familienzyklus' gegeben haben: Je höher das Heiratsalter und je niedriger das durchschnittliche Sterbealter, desto seltener die Großfamilie.[14] Wir können daraus schließen, daß die übliche Märchenfamilie der sozialen Realität der Kernfamilie entspricht und allenfalls eine kurzfristige Form der modifizierten Großfamilie zuläßt. Im Märchen Nr. 144, „Das Eselein“ lebt der König nach der Heirat seiner Tochter nur noch ein Jahr, es wird nicht erwähnt, ob die Tochter inzwischen schon ein Kind bekommen hat, so daß es sich um eine Drei-Generationen-Familie handelte.

Die Qualität der emotionalen Beziehung in diesen Drei-Generationen-Familien ist ähnlich: Die Einstellung den Alten gegenüber ist äußerst ambivalent, – bedingt durch das bäuerliche

Erbrecht durchaus Realität –, und die emotionale Einstellung der vorwiegend Schwiegermütter zu ihren Schwiegertöchtern ist ebenfalls eher von Haß denn von Akzeptanz geprägt.

Kinderzahl

In 46 der 50 Märchen tauchen Angaben über die Anzahl der in den Familien lebenden Kinder auf. In Märchen 9, 25 und 49 handelt es sich um eine große Kinderzahl und um ein ganz ähnliches Motiv: 12 Brüder sollen für das Mädchen sterben, 7 Söhne werden zu Raben verwünscht; 6 Söhne und eine Tochter aus erster Ehe werden vom Vater vor der zweiten Frau geschützt und in der Einsamkeit ausgesetzt. In allen Märchen taucht das einzige Mädchen als Retterin der Geschwistergruppe auf.

In diesen Märchen ist die Geschlechtsverteilung extrem ungleich, während in den anderen Märchen gleichermaßen Jungen und Mädchen zu den handelnden Personen gehören.

In den weitaus meisten Märchen haben die Familien nur ein Kind, was der Lebenssituation vieler historischer Familien entspricht. Das heißt aber nicht, daß in vielen Familien nur ein Kind gezeugt und geboren wurde. Viele Gründe bedingen, daß häufig nur wenige Kinder in einer Familie aufwuchsen. „Für die Zeit vor 1900 lag nach seinen (Knodel, d. V.) Berechnungen die effektive Kinderzahl bei Ehepaaren, deren Ehe bis zum 45. Geburtstag der Frau bestand (!), nicht höher als drei.“[15] Das Zitat bezieht sich auf Untersuchungen in bayerischen Dörfern.

Rosenbaum zitiert eine Zahl für Göttinger Handwerkerfamilien, die im Zeitraum 1760 bis 1860 2–3 Kinder hatten.[16]

Weiterhin weist Rosenbaum für die Bürgerfamilie nach, daß sich im 19. Jahrhundert die Kinderzahl auch bei ihnen drastisch verringert hat.[17] Imhof listet in seinen demographischen Analysen mit genauen Geburts- und Sterbedaten Familien auf, in denen von neun lebend geborenen Kindern nicht eines die Eltern überlebte. „Neun Lebendgeborene, ... waren an sich weder außerordentlich viel, noch unverhältnismäßig wenig. Es wären indes aber viel zu viele gewesen, wenn man damals ‚normalerweise‘ nicht mit einer

Säuglings- und Kindersterblichkeit von 50 Prozent hätte rechnen müssen."[18]

Auch die Heiratsfamilien in den Märchen sind gekennzeichnet durch eine extrem niedrige Kinderzahl: In 7 Märchen wird sie genannt, davon gibt es fünfmal nur ein Kind.

Ehen im Märchen

„Die Ehe ist Ziel der meisten Märchen. Aber sie ist nicht ihr Gegenstand."[19]

Und in der Tat sind in allen Familienmärchen Ehen implizit, sie bieten aber allenfalls den Rahmen, in denen die Familiengeschichte geschehen kann. Die Mann-Frau-Beziehung steht in allen Familienereignissen nur am Rande. Oft taucht die Paarbeziehung auch gar nicht auf, sondern es wird nur die Figur vorgestellt, die für den Gang der Handlung wichtig ist. Vielleicht ist das nun zu weit interpretiert, vielleicht ist es doch auch zulässig: Wir wissen aus der Sozialgeschichte, daß die „Liebesehe", sei sie „vernünftig" oder „romantisch", mit dem Bürgertum entstanden ist und sich mit diesem entwickelt hat. Rosenbaum behauptet, daß bis ca. zur Mitte des 18. Jahrhunderts im deutschen Bürgertum, ebenso wie bei Handwerkern, Bauern, aber auch beim Adel, „die traditionelle, sehr sachliche Einstellung zur Ehe" dominiert habe.[20] Wir können sogar annehmen, daß sich im Bauerntum, bei den Handwerkern und erst recht bei der bäuerlichen Unterschicht dieses Liebesideal als Voraussetzung für die Ehe noch später entwickelt hat. Die Ehe war zwar notwendig – aber möglicherweise nicht wichtig.

Umgang mit Kindern

Wir haben die Märchen weiter unter dem Aspekt der zentralen Beziehung, in der Regel der Beziehung mit dem Kind, analysiert. Rein quantitativ ergibt sich folgendes Bild:[21]

Zentrale Beziehung	positiv	negativ
Vater–Mutter		1
Eltern–Kind	4	2
Mutter–Kind	4	6
Vater–Kind	10	2
Stiefvater–Kind		1
Stiefmutter–fremdes Kind		5
Stiefmutter–eigenes vs. fremdes Kind		5
Geschwisterbeziehung	6	3
Paarbeziehung	1	
Diener–Kind	1	
Eltern–Kind im Alter		2
zusammen	26	27

Wir haben absichtlich ein grobes Raster für die Einschätzung der emotionalen Beziehung gewählt, da wir weiter unten detailiertere Angaben machen werden.

„Nicht Harmonie, sondern Spannung, Auseinandersetzung, Widerstreit herrschen im Familienverbande des Märchens vor.“[22] Überraschend ist, daß quantitativ ebenso viele Beziehungen als positiv eingestuft werden können wie es negative Bewertungen gibt. Das entspricht in der Tat nicht unserer Ausgangshypothese, nach der Märchenkinder in der Regel Familienterror ausgesetzt sind. Dennoch ist aber die Anzahl der negativen Beziehungen sehr hoch.

Im Folgenden schlüsseln wir auf, was wir als positive und was als negative Beziehungen deklariert haben.

Positive Mutter-Kind-Beziehungen finden wir in folgenden Märchen:

Nr. 5: Mutter rettet ihre Geißenkinder
Nr. 9: Mutter rettet Kinder vor dem Vater
Nr. 37: Eltern lieben den kleinen Daumesdick
Nr. 50: Eltern freuen sich über die Geburt von Dornröschen
Nr. 55: Mutter kämpft gegen das Rumpelstilzchen um ihr Kind
Nr.161: Schneeweißchen und Rosenrot haben eine glückliche Beziehung mit ihrer Mutter

Negative Mutter-Kind-Beziehungen

Nr. 14: Die faule Tochter wird weggegeben, um arbeiten zu lernen
Nr. 15: Hänsel und Gretel werden ausgesetzt
Nr.117: Eine Mutter schlägt ihr gestorbenes Kind endgültig tot
Nr.130: Mutter benachteiligt das normale Kind (Zweiäuglein)
Nr.144: Mutter will ihr mißgestaltetes Kind weggeben

Positive Vater-Kind-Beziehungen

Nr. 1: Der König ist ein strenger, aber liebender Vater
Nr. 31: Der Vater verweigert sein Kind dem Teufel
Nr. 45: Der Vater liebt seinen Daumerling
Nr. 52: Der Vater ist streng mit der arroganten Tochter, lenkt aber ihr Schicksal zum Guten
Nr. 85: Der Vater ist fürsorglich für seine arme Familie
Nr. 92: Vater verteidigt sein Kind, will es nicht weggeben
Nr.124: Vater findet eine gute Erbregelung für seine drei Söhne
Nr.144: Vater möchte das mißgestaltete Kind behalten
Nr.166: Vater freut sich über die Rückkehr seines Sohnes

Negative Vater-Kind-Beziehungen

Nr. 9: Vater haßt seine Söhne
Nr. 36: Vater lehnt Söhne ab und verstößt sie

Eine Vater-Tochter-Beziehung können wir nicht eindeutig einordnen: In „Allerleirauh“ liebt der Vater seine Tochter nicht nur, sondern begehrt sie auch sexuell.

Es fällt auf, daß die Vater-Kind-Beziehungen häufig positiver eingeschätzt werden als die Mutter-Kind-Beziehungen, abgesehen von der noch drastischeren Stiefmutter-Problematik, die wir später diskutieren.

Aus der Literatur zur Sozialgeschichte der Bauern- und Handwerkerfamilien ergibt sich ein Bild grundsätzlich eher distanzierterer denn herzlicher Eltern-Kind-Beziehung. Die Autoritätsstruktur der Familien legt nahe, die Väter als dominante, mächtige, Gehorsam und Unterordnung verlangende Rollenträger zu betrachten, die für Einfühlungsvermögen in das Kind oder gar zärtlichen Umgang mit ihm nicht nur kaum Zeit, sondern auch wenig Sensus hatten. Emotionen standen hinter der Sache, d. h. der Arbeit, des Erhalts des Hofes etc., weit zurück. Die Märchenväter unterscheiden sich von diesem Bild.

Die Beziehungen zwischen den Märchenkindern und ihren Müttern wird zur Hälfte als positiv, zur anderen Hälfte als negativ eingeschätzt. Nicht nur die Thesen Badinter's und Shorter's[23] sondern auch die anderer historischer (Sozialisations-)Forscher, Mutterliebe und die Liebe zum Kind seien eine „Erfindung“ neuerer Zeiten, können zur Erklärung herangezogen werden, sondern möglicherweise auch folgende Überlegungen: Frauen sind für den Binnenraum der Familie zuständig; kleine Kinder kollidieren mit ihrer Bedürfnisstruktur wahrscheinlich eher mit den im Haus präsenten Müttern als mit den außerhalb des Hauses arbeitenden Vätern.

DeMause beschreibt die Geschichte der Kindheit als eine Kette von immer enger werdenden Beziehungen zwischen den Erwachsenen und den Kindern.[24] Positive emotionale Beziehungen oder wenigstens Kindzentrierung der Familie werden als Resultat der Verbürgerlichung angesehen. Frühere Jahrhunderte und andere Schichten haben die Notwendigkeit der emotionalen Sorge für das Kind als noch weniger notwendig erachtet wie die körperliche Sorge.

Spiel gibt es für Märchenkinder kaum, außer für Königstöchter, die damit Frösche verführen, aus dem Brunnen aufzutauchen;

Märchenkinder arbeiten, und sie arbeiten hart. Die Märchen, in denen Kindern unlösbare Aufgaben gestellt werden, übertreiben die Realität, sie erfinden aber nicht etwas völlig Neues. Im Gegenteil: Man kann sich gut vorstellen, daß Kinder mit vielen Aufgaben, die sie gestellt bekamen, tatsächlich völlig überfordert waren oder sich überfordert fühlten.

Märchenkinder werden auch kaum anders „erzogen" als mit Schlägen, Prügeln und Fußtritten (Nr. 11, 14, 136, 166, 186). Im Märchen 166 fragt der Junge nach seinem Vater und erhält eine solche Ohrfeige, daß er unter den Tisch kugelt.

Viele Faktoren mögen zu dem unemotionalen oder gar vernachlässigenden Umgang beigetragen haben und Erklärungen dafür reichen von der ambivalenten Einstellung zum kindlichen Hoferben bis hin zur Kindersterblichkeit, die so hoch war, daß man sich emotionalen Qualen durch die Verluste besser erst gar nicht aussetzte. Aber diese Gründe sind vielfältig diskutiert und sollen hier nicht mehr aufgezählt werden.

Die Qualität der Eltern-Kind-Beziehung drückt sich in folgendem Zitat aus: „Der Bauer freut sich, wenn sein Weib ihm das erste Pfand der Liebe bringt, er freut sich auch noch beim zweiten und dritten, aber nicht mehr so beim vierten ... Er sieht alle nachkommenden Kinder für feindliche Geschöpfe an, die ihm und seiner vorhandenen Familie das Brod (!) vor dem Munde wegnehmen. Sogar das zärtlichste Mutterherz wird schon für das fünfte Kind gleichgültig, und dem sechsten wünscht sie schon laut den Tod, daß das Kind ... himmeln sollte." So ein bayerischer Zeitgenosse aus dem Jahr 1800.[25]

Die Märchen weisen erstaunlich viele positiv miteinander lebende Geschwistergruppen auf. Das dürfte in der Realität eher anders gewesen sein. Die bäuerliche Ökonomie legt nahe, daß Geschwister häufig in einem Konkurrenzverhalten miteinander gestanden haben müssen. Bei beiden Erbformen, dem Anerbenrecht und der Realteilung, ist nicht mit geschwisterlicher Solidarität zu rechnen. Das Anerbenrecht bevorzugt ein Kind ganz klar vor den anderen, das in der Geschwisterreihe eine privilegierte, wenn auch sicher nicht ambivalenzfreie Stellung einnahm. „In den Gebieten mit Realteilung ... bestanden andere, nicht weniger gravierende (Probleme, d. V.). Ilien/Jeggle weisen darauf hin, daß die Kinder sehr früh lernten, daß jeder neue Esser nicht nur ihren Anteil bei Tisch schmälerte, sondern auch ihre Zukunftsaussichten."[26]

Stiefmütter

In den 50 analysierten Märchen tauchen immerhin 11 Stiefeltern auf, ein Stiefelternpaar und 10 Stiefmütter. Die Familienkonstellationen sind sehr unterschiedlich, aber alle sind für das Stiefkind bzw. die Stiefkinder gleichermaßen dramatisch.

Im Märchen Nr. 51, „Fundevogel", ist die zentrale Kinderfigur ein Findelkind, das mit dem eigenen Kind der Familie aufwächst und zu ihm eine sehr enge Beziehung knüpft. Es soll aber von den Stiefeltern getötet werden. Die Stiefschwester hilft und rettet das bedrohte Kind.

Viermal steht die Stiefmutter-Stieftochter-Beziehung im Zentrum des Märchens.

- „Die wahre Braut", Nr. 186: Die Stieftochter erhält von der Stiefmutter unlösbare Aufgaben, die sie nur mit „märchenhafter" Hilfe lösen kann; die Stiefmutter versucht weiterhin, ihr den königlichen Verlobten zu nehmen.
- „Aschenputtel", Nr. 21: Das Stiefkind wird benachteiligt, soll nicht den königlichen Gemahl bekommen.
- „Frau Holle", Nr. 24: Auch hier erhält die Stieftochter unlösbare Aufgaben, ihr Tod wird nicht gerade betrieben aber in Kauf genommen.
- „Schneewittchen", Nr. 53: Die Stiefmutter versucht mehrfach, das Mädchen zu töten.

Zwei Märchen stellen einen Jungen und seine Stiefmutter in den Mittelpunkt des Märchens:

- Im „Machandelboom", Nr. 47, tötet die Mutter den Stiefsohn; damit es niemand merkt, zerhackt sie ihn, kocht ihn und setzt ihn dem leiblichen Vater als Essen vor.
- „Der arme Junge im Grab", Nr. 185: Ein Findelkind wird von

bösen, reichen Leuten angenommen und so mißhandelt, daß es sich das Leben nimmt.

In vier Märchen handelt es sich um Geschwister, die sich und einander vor der bösen Stiefmutter schützen.

- „Brüderchen und Schwesterchen", Nr. 11: Die Stiefmutter ist eine Hexe, die, nachdem die Kinder weggelaufen sind, den Jungen in ein Reh verwandelt.
- „Die sechs Schwäne", Nr. 49: Die Kinder werden vom Vater vor der Stiefmutter versteckt, sie findet sie und verwandelt die Söhne in Schwäne.
- „Die weiße und die schwarze Braut", Nr. 135: Die Stiefmutter versucht, das Glück der Stieftochter zu unterlaufen; das Mädchen erhält Hilfe vom Bruder.
- „Das Lämmchen und Fischchen", Nr. 141: Ein Geschwisterpaar wird von der Stiefmutter ausgestoßen.

Die Stiefmutter im Märchen ist grundsätzlich böse. Manchmal reicht als Erklärung schlicht die Tatsache des Stiefverhältnisses aus; selten gibt es eine Erklärung wie in Schneewittchen, das der Stiefmutter allein durch ihre erblühende Schönheit gefährlich ist.

Man hat viele Vermutungen angestellt, warum das Märchenmotiv der bösen Stiefmutter so beliebt ist und universal auftaucht. Man versucht, die Stiefmutter als die in der Familie lebende Hexe zu interpretieren; weiterhin hat man versucht, der Theorie folgend, daß die Stoffe unserer Märchen in Indien entstanden seien, rivalisierende Co-Frauen in polygynen Ehen als Stiefmutter-Problematik zu interpretieren.

Doch die ödipale Theorie psychoanalytischer Provenienz ist eine der wichtigsten, die nicht nur für Stiefmütter, sondern für Mütter allgemein annimmt, daß während der Reifezeit das Mädchen für die (Stief-)Mutter zu einer gefährlichen Rivalin um die Gunst des Vaters bzw. Ehemannes werden könnte. Dann wäre die böse Stiefmutter der Ersatz für die gute Mutter, die aus Gründen des ödipalen Neides „sterben" mußte.[27]

Lincke hingegen interpretiert die Stiefmutter in ihrer bösen

Darstellung als ein kontrastierendes Kompositionsmotiv, das den Helden hervorheben hilft und das ausschließlich aus der märchenüblichen Schwarz-Weiß-Malerei entsteht. Diesen Kontrast findet er in der Kombination der Figuren: Das Stiefmuttermotiv ist nicht isoliert zu betrachten, sondern korrespondiert mit dem Motiv des mißhandelten Stiefkindes.[28]

Spieler und Gegenspieler sind eindeutig herausgemeißelt: auf der einen Seite das bestimmende, agierende Böse, auf der anderen Seite das erduldende, passive Gute, zwei einander ergänzende und verstärkende Rollen: Je schlimmer und grausamer das Verhalten der Stiefmutter, desto besser, schöner und reiner das Stiefkind.

Ergänzend zur bösen Stiefmutter wird auch die leibliche Tochter als dumm, häßlich und faul dargestellt; die Beziehung zwischen ihr und ihrer Mutter aber ist ungetrübt, da sie die rechtmäßige Tochter ist.

Dem Stiefkind geht es schlecht: Nicht nur, daß es alle Arbeiten erledigen muß, sondern es erhält auch unlösbare Aufgaben. Eigentlich soll das Stiefkind beseitigt werden; um aber einen direkten Mord zu umgehen werden solche Aufgaben gestellt, die den Tod zur Folge hätten, wenn nicht märchenhafte Wunder geschähen.

Doch auch für die Stiefmutter-Thematik gibt es über die angebotenen Theorien hinaus einen einfacheren Ansatz: Sowohl bei den Bauern als auch bei den Handwerkern gab es durch den sog. Rollenergänzungszwang, den Zwang zur Wiederverheiratung nach dem Tod eines Partners, viele Stieffamilien. Die beiden zentralen Positionen im Bauern- und Handwerkerhaushalt mußten besetzt sein. „Aus dieser Notwendigkeit erklärt sich der hohe Anteil von Mehrfachverehelichungen in der vorkapitalistischen Gesellschaft, in der die Sterblichkeit hoch war und die Ehen meist nicht lange bestanden."[29]

Geschwistergruppen aus leiblichen Geschwistern, Halbgeschwistern und Stiefgeschwistern, die aus zusammengesetzten Familien und/oder aus vor- oder außerehelichen Beziehungen stammten, waren nicht die Ausnahme. Rivalitäten zwischen diesen Kindern einer solchen zusammengesetzten Familie müssen zwangsläufige Folgen gewesen sein.

Das Märchen „Von dem Machandelboom" thematisiert es sehr deutlich – wir werden es später als Beispiel für Ambivalenzen Kindern gegenüber zitieren.

Ambivalenzen

In 23 von 50 Märchen ist der Tod von Kindern ein zentrales Thema. Dabei ist das natürliche Sterben von Kindern nur selten ein Ereignis. Angesichts der hohen Zahl der Kindersterblichkeit mag dies verwundern, könnte aber durch die Alltäglichkeit des Ereignisses gedeutet werden.

Der natürliche Tod eines Kindes kommt in folgenden Märchen vor:

- Die Unke (105): Die Mutter tötet ein Tier, das das Kind bislang vorm Tod geschützt hat. Das Kind stirbt, von Trauer wird in dem Märchen nichts gesagt.
- Das Totenhemdchen (109): Eine Mutter trauert über alle Normen und das Kind verlangt seine Ruhe.
- Das eigensinnige Kind (117): Ein Kind wird wegen Ungehorsams von Gott mit dem Tod bestraft; es wird nicht getrauert.
- Der gestohlene Heller (154): Ein gestorbenes Kind kommt wegen Schuldgefühlen zurück. Die Mutter erkennt es: „Ach, das ist mein liebes Kind, das vor vier Wochen gestorben ist."

Trauer ist keine hervorragende Emotion nach dem Tod eines Kindes; eher im Gegenteil: Übermäßiges Trauern wird kritisiert, woraus wir auf eine Norm des zulässigen Ausmaßes an Trauer schließen können.

In einem Märchen begeht ein Junge Selbstmord, weil er von den Stiefeltern in eine ausweglose Situation gebracht wird: Der Junge denkt: „... kommt er (der Vater, d. V.) zurück, so schlägt er mich tot. Lieber will ich mir selbst das Leben nehmen" (Nr. 185). In anderen Märchen sind häufig die Eltern oder ein Elternteil die ausstoßenden oder tötenden Personen. In zwei Märchen stoßen Kinder sich quasi selber aus und begeben sich in die Einsamkeit oder Gefahr: Brüderchen und Schwesterchen wegen der Stiefmutter, Allerleirauh wegen dem sie sexuell begehrenden Vater. In zwei Märchen setzt der Vater seine Kindergruppe aus erster Ehe aus, Nr. 9 und Nr. 49, um sie gegen die Stiefmutter zu schützen. Ein Vater gibt seine Tochter wegen Armut weg, Nr. 3, und drei weitere Märchen haben die Ausstoßung von Kindern wegen Ungehorsams, Nr. 25 und Nr. 136, und vermeintlichen Ungehorsams, Nr. 36, zum Thema.

Am häufigsten aber taucht das Phänomen Kindestötung im Märchen auf, wobei wir nicht unterscheiden zwischen dem in Kauf genommenen Tod, z. B. durch unlösbare Aufgaben wie in „Frau Holle“, und geplantem und/oder durchgeführtem Mord. Insgesamt handelt es sich um 9 der 50 Märchen:

- Hänsel und Gretel (15)
- Frau Holle (24)
- Der Teufel mit den drei goldenen Haaren (29)
- Von dem Machandelboom (47)
- Fundevogel (51)
- Schneewittchen (53)
- Die Nelke (76)
- Die weiße und die schwarze Braut (135)
- Das Lämmchen und Fischchen (141)

Bei Hänsel und Gretel sind die Eltern die ausstoßenden Personen, Fundevogel soll von den Stiefeltern getötet werden, und in den meisten Märchen sind die Stiefmütter die agierenden Personen.

Vor allem deMause hat in seinem Buch „Hört ihr die Kinder weinen“ eine Fülle von Material zum Thema Kindesaussetzung und -tötung zusammengetragen. Er belegt, daß bis ins 19. Jahrhundert institutionalisierte und informelle Formen der Weggabe der Kinder praktiziert wurden: „Manchmal gaben sie auch zu, man gebe Kinder deshalb weg, weil sie unerwünscht seien. ... Mrs. Hares Mutter brachte die allgemeine Gleichgültigkeit, die hinter dem Weggeben der Kinder steckt, zum Ausdruck, als sie sagte: ‚Ja sicher, das Baby wird weggeschickt, sobald es entwöhnt ist; und wenn noch jemand eins haben möchte, erinnere ihn bitte daran, daß wir noch mehr haben.“[30] Der hier zitierte Text ist aus dem Jahre 1896, da es sich um eine Autobiographie handelt, könnte der Ausspruch der Mutter von ca. 1830 sein, etwa der gleiche Zeitraum wie die Sammlung der Märchen durch die Brüder Grimm.

Es ist hier nicht der Platz, dem Phänomen der Kindesaussetzung und -tötung während der Jahrhunderte detailliert nachzugehen. Die Motive werden sehr zahlreich gewesen sein und sind im Märchen wahrscheinlich zu undifferenziert dargestellt. „Wie die Tiere und Pflanzen können sich auch die Menschen nahezu unendlich vermehren. Zu allen Zeiten sind mehr Kinder geboren worden, als Wohn- und Arbeitsplätze vorhanden waren oder von der Gesellschaft geschaffen werden konnten. Wahrscheinlich liegt darin der Hauptgrund für die weitverbreitete Praxis des Kindesmordes, der stets hauptsächlich Mädchen zum Opfer gefallen sind, die ja eines Tages weitere Kinder gebären könnten.“[31] Sicher ist aber auch, daß es immer wieder Versuche gab, dieses Phänomen einzudämmen, wenn auch lange Zeit nur mit geringen Erfolgen.

Die Ambivalenz Kindern gegenüber ist wahrscheinlich zu allen Zeiten eine ausgeprägte Emotion. Ökonomische Gründe zwangen früher eher als heute dazu, Nachwuchs in die Welt zu setzen, der eines Tages u. U. auf den Tod der Eltern lauert, um das Erbe endlich übernehmen zu können. Heute könnten emotionale Aspekte im Vordergrund stehen, die nicht weniger ambivalent sein müssen: Das Glück, Kinder zu haben, sie aufwachsen zu sehen, sich evtl. in ihnen (mehr oder weniger narzißtisch) wiederzufinden kann, getrübt sein dadurch, daß man an ihnen den eigenen Alterungsprozeß erleben muß. Auch das legt bei aller Liebe zum Kind, die heute wenigstens als geforderte Norm herrscht, Ambivalenz nahe. Es wäre keine geforderte Norm, wenn Liebe zum Kind selbstverständlich und quasi natürlich angelegt wäre.

Aber: Unsere Möglichkeiten im Umgang mit den Ambivalenzen sind vielleicht vielfältiger, indem wir z. B. den Zeitpunkt und die Größe der Familienerweiterung potentiell bestimmen können. Wir können die Ambivalenzen wenigstens teilweise steuern, müssen ihnen nicht ausgeliefert sein, wir müssen Kinder nicht mehr aussetzen oder töten, wenn wir sie nicht aufziehen können oder wenn wir sie nicht mögen. Und doch wissen wir auch, welche Dramen um Kinder sich am Ende des 20. Jahrhunderts in Westeuropa abspielen.

Aber auch die Märchen drücken die andere Seite der Ambivalenz aus: Es gibt mehrfach einen dezidierten Kinderwunsch. Insgesamt wird er in 8 der analysierten 50 Märchen geäußert. Das entspricht fast der Zahl der geplanten oder durchgeführten Kindestötungen. Aber auch mit diesen erwünschten Kindern passiert immer etwas Schreckliches, als wäre es nicht gut, wenn der Wunsch erfüllt wird.

Nr. 12: Rapunzel: wird verwünscht und lebt einsam in einem Turm.
Nr. 25: Die sieben Raben: Für die sehr gewünschte Tochter werden die sieben Söhne verwünscht.
Nr. 37: Daumesdick: das Kind bleibt ganz klein.
Nr. 47: Von dem Machandelboom: Das gewünschte Kind wird von der Stiefmutter getötet.
Nr. 50: Dornröschen: Das Kind wird von einer Fee verwünscht.
Nr. 76: Die Nelke: „Es war eine Königin, die hatte unser Herrgott verschlossen, daß sie keine Kinder gebar." Der Koch versucht, das Kind, das dann doch entstand, zu töten.
Nr. 144: Das Eselein: „Ich bin wie ein Acker, auf dem nichts wächst." Das ersehnte Kind ist ein Esel.

Auch historisch ist nachweisbar, daß Menschen sich nicht nur gegen Kinder gewehrt haben. In seiner demographischen Analyse weist Imhof nach, daß im 17. bis 19. Jahrhundert die Geburten sich keineswegs gleichmäßig auf die einzelnen Monate im Jahr verteilen: Die meisten Kinder kamen in den Monaten Januar, Februar und März zur Welt, am seltensten wurden Kinder in den Monaten Juni und Juli geboren. In bäuerlichen Familien hatten die Mütter, wenn sie die Kinder in den Wintermonaten bekamen, zunächst einige Monate, in denen sie sich ihren Kindern intensiver widmen konnten, als wenn sie im Hochsommer zur Welt kamen. Die Säuglingssterblichkeit war nachweislich bei den im Sommer geborenen Kindern um einiges höher. Imhof zögert, von bewußter Geburtenplanung zu sprechen, die Kindern eine verbesserte Lebenschance einräumt, andere Gründe für diese Tatsache aber, z.B. jahreszeitlich bedingtes Sexualverhalten, müssen ähnlich zögernd betrachtet werden.[32]

Für die Analyse der Märchen sind diese hochinteressanten demographischen Feinheiten, bzw. – so Imhof – das „delikate(s) Thema"[33] nur am Rande von Belang; wichtig ist vielmehr, daß die tatsächlich real existierenden Ambivalenzen im Märchen auftauchen und in vielfältigen Formen den Gang der Handlung bestimmen. Sogar die Urmutter Eva in „Die ungleichen Kinder Evas", Nr. 180, die jedes Jahr ein Kind zur Welt bringt, versteckt vor Gott die häßlichen; Gott will alle Kinder sehen und so „kam die ganze grobe, schmutzige, grindige und rußige Schar."

Das bereits mehrfach angeführte Märchen vom Machandelboom beschreibt die Ambivalenz in geradezu klassischer Form:

Ein Mann hat aus erster Ehe einen sehr erwünschten Sohn, dessen Mutter bei der Geburt stirbt, weil sie sich zu sehr freute. „Mit der tweeden Fru kreeg he eene Dochter, dat Kind awerst von der eersten Fru wöör een lüttje Sähn ... Wenn de Fru eere Dochter so anseeg, so had se se so leef, awerst denn seeg se den lüttjen Jung an, un dat güng eer so dorch't Hart, un eer düchd, as stünn he eer allerwegen im Weg, un dachd dann man jümmer, wo se ehr Dochter all dat Vormägent towenden wull, un de Böse gaf eer dat in, dat se dem lüttjen Jung ganß gramm wurr und stöd em herüm von een Eck in de anner, un buffd em hier un knuffd em door, so dat dat aarme Kind jümmer in Angst wöör." Der Fortgang der Geschichte ist bereits erwähnt: Die nicht bewältigbare Ambivalenz den Kindern gegenüber führt zum Mord an dem Jungen, am Stiefkind.

Märchenkinder – Kindermärchen

Nicht alle Phänomene, die in Märchen im Zusammenhang mit Kindern und Familien auftauchen, können wir als Abbild sozialer Realitäten betrachten. Familienstrukturen, Kinderzahlen, Rivalitäten, Ambivalenzen und Umgang mit Kindern können aber sicher ein Stückchen auch darüber erklärt werden: Die Wirklichkeit war nicht oder nicht viel anders.

Wir können aber nicht die vielen Königsfamilien und ihr Verhalten als Realität ansehen, es sei denn, wir deuten sie als bürgerliche Familien um. Hier haben wir auf die These von Richter/Merkel zurückgegriffen, daß wir von der Phantasie auf die Realität Rückschlüsse ziehen dürfen. Wir stellen auch fest, daß z. B. das Sterben von Kindern zu selten auftaucht und greifen hier auch auf ein anderes Interpretationsschema zurück.

Wir betrachten unsere Ergebnisse als nur einen Zugang zu den Märchen; wir wollen den Reichtum, die Vielfalt und die Vielschichtigkeit keineswegs in dem Abbild von Realitäten auflösen, wir wollen keineswegs behaupten, daß sie damit endgültig zu „erklären“ wären – das wäre ja auch viel zu schade.

Die Brüder Grimm wollten mit den Märchen geistiges Gut eines Volkes bewahren, da „sie gewiß aus jener ewigen Quelle kommen, die alles Leben betaut“.[34]

Gleichzeitig aber verfolgen sie auch ein pädagogisches Anliegen und haben ihre Sammlung „Kinder- und Hausmärchen“ genannt. Durch diese Dichtung geht „jene Reinheit, um derentwillen uns Kinder so wunderbar und selig erscheinen: sie haben gleichsam dieselben blaulichweißen, makellosen, glänzenden Augen, die nicht mehr wachsen können, während die anderen Glieder noch zart, schwach und zum Dienste der Erde ungeschickt sind.“ Und: „Kindermärchen werden erzählt, damit in ihrem reinen und milden Licht die ersten Gedanken und Kräfte des Herzens aufwachen und wachsen; ...“[35]

Die Ehrfurcht vor dem kindlichen Wesen, der kindlichen Reinheit und Unschuld, die die Brüder Grimm veranlaßte, die Märchen zu verändern, kindgerechter zu machen und zu entsexualisieren, steht im krassen Gegensatz zu den Kinderfiguren der Märchen: Die Märchenkinder der Bauern, Handwerker, dörflichen Unterschichten und sogar die der Königsfamilien haben mit den (Vor-)Lesekindern nichts gemein: Werden die letzteren romantisch überhöht, feinsinnig gebildet, bürgerlich vor dem Ungemach der Welt lange bewahrt, so erzählen die Märchenkinder als Repräsentanten des weitaus größeren Teils der Kinder davon, wie ungeschützt sie der harten und brutalen Welt und ihren Mitmenschen ausgesetzt sind, wie sie an ihnen verzweifeln können und von ihnen sogar zerstört werden können.

VI

Rezension

Einzelrezension

Ute Andresen: So dumm sind sie nicht. Von der Würde der Kinder in der Schule, Beltz-Verlag, Weinheim 1985, 255 S.

Wenn die Autorin drei Wünsche freihätte, würde ihre Schulreform so aussehen: „1. Alle Lehrer, die Kinder nicht lieben, sollen plötzlich begreifen, daß sie gar nicht Lehrer sein wollen und still die Schule verlassen, irgendwohin. 2. Jeder Lehrer, der dazu ansetzt, Kindern ein Lese-Erlebnis zu verhunzen, soll auf der Stelle schamrot werden. 3. Wenn einer über die Schule und die Kinder dort spricht, soll ihm jedes Wort, dessen Bedeutung er selber nicht weiß und fühlt, als eine häßliche Kröte aus dem Maul hüpfen" (S. 241). Getragen von einem einfühlenden Verständnis in die Lebenswelt ihrer Kinder hat die Lehrerin Ute Andresen eine sanfte Streitschrift gegen die Entmenschlichung der Schule verfaßt. In unzähligen kleinen Szenen, Analysen und Schilderungen legt sie nicht nur dar, wie gründlich den Kindern durch die normale Schule das Lernen ausgetrieben wird. Vielmehr zeigt sie, daß und wie man es auch anders machen kann. Ob es um den Mathematikunterricht, das Lesen- und Schreiben-Lernen oder um Sachkunde geht – zu allen verschulten Lernformen weist sie eine spannende Alternative. Hier eine Textprobe:

„Beispiel 1 (aus einem Buch für das 5. Schuljahr):

Auf einem Lastwagen, der höchstens mit 12 Tonnen beladen werden darf, stehen 12 Kisten mit je 540 kg Gewicht. Wieviel Kisten von je 240 kg dürfen noch zugeladen werden? Da ist von 12 Tonnen und 12 Kisten die Rede. Das tut für ein unsicheres Kind so, als müßte man die beiden Größen wegen der 12 miteinander in Beziehung setzen.

Vielleicht in jede Tonne eine Kiste? Mit t zu rechnen, ist sehr schwierig, weil die Anschauung dazu fehlt, man kann ein so großes Gewicht nicht heben. Und die Tonnen, die man kennt, sind rund. Man kann die Aufgabe auch so stellen:

Karl fährt einen 12-Tonner. Er hat bei einem Kunden bereits 12 Kisten aufgeladen, jede wiegt 540 kg. Nun kommt er zu einem Kunden, bei dem er weitere Kisten aufladen soll. Jede dieser Kisten wiegt 240 kg. Karl sagt zu dem Kunden: ‚Ich weiß nicht, ob ich noch all Ihre Kisten mitnehmen kann. Platz hätten sie schon, aber ich darf den Laster nicht überladen.‘ Der Kunde meint: ‚Laden Sie soviel von diesen Kisten auf, wie Sie dürfen! Der Rest muß stehenbleiben.‘ Wieviel Kisten lädt Karl dann auf? (Du mußt wissen: Ein 12-Tonner ist ein Lastwagen, den man mit 12 Tonnen Gewicht belasten darf, mehr nicht.)“ (S. 80)

Mir kommen diese Aufgaben nur allzu vertraut vor. Mit wievielen solcher Aufgaben bin ich in der Schule traktiert worden! Wie sehr hat man mein abstraktes Denkvermögen auf Kosten der Lust am Lernen strapaziert!

Ute Andresen ist aber nicht nur eine engagierte Lehrerin und Autorin. Sie muß ihre Kinder auch liebhaben. Nur so kann sie von ihnen annehmen, was diese aus ihren Aufgabenstellungen machen. Und das ist beileibe nicht immer das, was sich Ute Andresen vorgestellt hat. Es ist mehr, es ist persönlicher und es ist bereichernder. Da ist z. B. von einem Ausflug die Rede, über den die Kinder am nächsten Tag in ihr Tagebuch schreiben sollen. Als sie die Schilderung eines Kindes vom Durcheinander auf der Spielplatzwippe nicht versteht und die übrigen Kinder bittet, zu dem selben Ereignis ebenfalls zu schreiben, ist sie überrascht über die Vielfalt der Perspektiven, mit der man ein und dasselbe Ereignis betrachten kann, eigentlich eine ganz normale Erfahrung. Aber die normale Schule, die nach richtig und falsch urteilt, kann ja nur zwei Beschreibungen zulassen: richtig oder falsch.

Die Autorin richtet hin und wieder ihren Blick auch auf Kollegen und Vorgesetzte. Hier erweist sich, daß ihr Unterricht wahrscheinlich ein Einzelfall, ein Glücksfall für die Kinder ihrer Klasse ist. Zu erdrückend erscheinen die Verhältnisse, die einer optimalen individuellen Förderung aller Kinder entgegenstehen. Zu drängend erscheint die Funktion der Schule als Institution der Auslese. Hier ist persönlicher Mut zur Nutzung aller Spielräume und Engagement in der Auseinandersetzung mit Kollegen, Schulleitung und Schulamt gefordert, wenn man sich nicht nur als Pauker versteht. Das Buch kann Mut machen, weil es sicherer macht, dem (Lern-)Weg der Kinder zu folgen. Hier wird eine Lernpsychologie entfaltet, die ohne theoretische Formulierungen auskommen kann und die die herrschende Pädagogik und Psychologie z.T. karikiert. Die Lernpsychologie à la Ute Andresen ist über die gesamten 255 Seiten des Buches hinweg so zwingend, daß nur sehr unsichere Lehrer an ihr vorbeikönnen. Und für diese gibt die Autorin ja die Empfehlung, sich zu überlegen, ob sie wirklich Lehrer sein wollen.

Ein schönes Buch, ein wichtiges Buch für jeden Lehrer, der es eigentlich schon immer geahnt hat, der aber ein Buch zur letzten Bestätigung braucht.

Christian Büttner

Anmerkungen und Literatur

Werner Helsper: Idealität und Lebensgeschichte

1 Vgl. Cohen, P.: Die Jugendfrage überdenken. In: Cohen, P. u. a.: Verborgen im Licht. Neues zur Jugendfrage. Frankfurt 1986, S. 73

2 Belgrad arbeitet in Anlehnung an Lorenzer heraus, wie etwa Kunstwerke und deren „verdichtete", traumähnliche, metaphorische Welten relativ angstfreie Projektionsflächen für die Darstellung eigener Geschichte bilden können. Im indirekten Thematisieren wird „nicht das Fremde, sondern Eigenes thematisiert, das uns nur auf den ersten Blick fremd erscheint. Dieses indirekte Thematisieren erlaubt uns, subjektive Erlebnisse ohne große Widerstände zur Sprache zu bringen. Da diese öffentlichen Charakter hat (s. o.), unterliegen auch die Selbstgespräche einer Lizensierung durch herrschende Imperative. Die indirekte Form der Mitteilung kann die Zensur entschärfen und ermöglicht Zugänge zu geheimeren Wünschen und Ängsten. Gleichzeitig schafft das „Fremde" als das indirekt Eigene eine Distanz, die für Selbst-Reflexion nötig ist, ein Zurückkommen auf sich selbst – ohne die verdinglichenden Gefahren der direkten Thematisierung und ohne allzu große Widerstände zu produzieren." (Belgrad J.: Verdichtete Welten. Annäherungen an die Aufklärung der Lebensgeschichte. In: Reijen van, W./Schmid-Noerr, G.: Vierzig Jahre Flaschenpost: ‚Dialektik der Aufklärung' 1947 bis 1987. Frankfurt 1987, S. 224)

3 Vgl. Lenk, E.: Die Entmachtung des Traumes oder: Über das alltägliche Drama von der Vertreibung der Subjektivität. In: Kamper, D. (Hrsg.) Macht und Ohnmacht der Phantasie. Darmstadt/Neuwied 1986, S. 17–38. Aus dieser These folgert sie weiter, „daß in jedem Augenblick zwei Personen und, schattenhaft, auch zwei Bewußtseine in einer Person koexistieren, zwei Personen, die gleichzeitig am

Leben sind, die sich beide zur aktuellen Welt verhalten, allerdings so, daß sie völlig verschiedenen, ungleichzeitigen Interessen und Wünschen nachhängen. Es hieße, daß der Traum ein Interese an den jeweiligen Tagessorgen der Person nur mimt, daß die Interessen der wachenden und der träumenden Person nicht identisch sind. Eine andere Person lebte in uns, die nicht hat entstehen können, eine geisterhafte Person. Es gäbe also einen verborgenen Menschen in uns, einen Menschen, der sich ständig auf abweichende Weise zu unserer Realität verhielte, eine Kraft, die sich ständig in unsere Realität einmischte, sie umspülend, untergrabend und bis ans Ende begleitend. Während die Tagesperson gelernt hat, daß die menschliche Lebenszeit, an der sie parasitär teilhat, sich in ihrer Konkretheit, in der Vielheit der Zustände und Leidenschaften, in der Raserei des Schmerzes oder der Verliebtheit nicht manifestieren darf, weil sie Wert hat nur, insofern sie sich in affektiv neutrale Arbeitszeit ummünzen läßt, drängt das andere, nächtliche Ich auf Partizipation und selige Verwandlung. Es besteht darauf, was bei Tage nur der Künstler tut, daß Vorstellungen mehr sein dürften als bloße Vorstellungen, daß sie Realitätscharakter annehmen wollen." (ebd., S. 20f.)

4 Vgl. hierzu etwa die Beiträge in Hahn, A./Kapp, V. (Hrsg.): Selbstthematisierung und Selbstzeugnis: Bekenntnis und Geständnis. Frankfurt 1987

5 Jenseits dieser rationalen Konstruktionen, in denen das Ich nicht als „armes Ding" erscheint, das drei Herren zu Diensten sein muß, der Außenwelt, den unbewußten Wünschen des „Es" und dem Über-Ich und dabei droht zerrissen zu werden, sondern vielmehr als souveränes, autonomes Ich erscheint, als „Herr im Haus" (vgl. Freud, S.: Das Ich und das Es. In: Sigmund Freud. Studienausgabe. Band III, Frankfurt 1975, S. 273–331), gibt es die innere Realität der vorsprachlichen Bilder, die den rationalen Konstruktionen in die Quere kommen. So etwa Müller-Funk: „Im individuellen Leben wie im kollektiven der Geschichte sind die ‚dramatischen' Bilder handlungs- und geschichtswirksam, vor allem jene, die von Ekstase, Trauer, von Traumata und initiatorischen Erfahrungen zeugen. Das zeitlich Naheliegende ist nur per Zufall zugleich das Anstehende, das Dringliche. Und so ist auch die Kontinuität jener neuzeitlichen Lebensgeschichten und Autobiographien eine Täuschung, die mit ihren Wachstums-Metaphern die nichtlineare Korrespondenz elementarer Bilder unterschlägt. Nicht wir erinnern uns, sondern die Bilder tauchen unangemeldet in uns auf, erinnern uns an eine zeitlich

abgelegene Begebenheit aus unserer Vergangenheit. Hinter dem Gegensatz von Bild und Begriff taucht ein anderer auf: Die ‚Rückkehr der Bilder' läßt uns gewahr werden, daß wir gar nicht so sehr Herr unserer selbst sind, wie das der Griff mittels unseres Denkens suggeriert, sondern vielmehr den Wunschbildern unserer Imagination folgen." (Müller-Funk, W.: Die Rückkehr der Bilder. In: Kamper, D. (Hrsg.): Macht und Ohnmacht der Phantasie. Darmstadt/Neuwied 1986, S. 41)

6 Phil Cohen führt dazu aus: „Mit dem Begriff ‚Familienroman' bezieht sich Freud auf jene Familiengeschichten, die Kinder über ihre Eltern oder andere Familienangehörige erfinden, in denen sie imaginäre, überlebensgroße Rollen als Helden, oder Schurken spielen. Später in der Adoleszenz übernehmen Film- und Rockstars eine ähnliche Rolle bei der negativen oder positiven Verkörperung von kulturellen Ich-Idealen. Der ‚Familienroman ist ebenso in den Märchengeschichten der Eltern oder Großeltern präsent, die vom ‚reichen Onkel in Amerika' handeln oder der ‚Schwägerin, die mit einem reichen Geschäftsmann durchgebrannt ist'. Diese Familienerzählungen sind der Stoff, aus dem Autobiografien gemacht werden. Gleichzeitig haben diese Geschichten die besondere ideologische Funktion, imaginäre Verwandtschaftsbeziehungen zu anderen Klassen herzustellen. Deshalb kann man aus diesen Texten, die die Sprache des Ich-Ideals sprechen, die gesamte verborgene Geschichte klassenkultureller Aushandlungen herauslesen." (s.o., S. 74)

7 Freud, S.: Der Familienroman der Neurotiker. In: Sigmund Freud. Studienausgabe. Band IV. Frankfurt 1970, S. 226

8 Vgl. dazu, wenn auch von unterschiedlichen metapsychologischen Konzepten aus: Kohut, H.: Narzißmus. Frankfurt 1976; Ders.: Die Heilung des Selbst. Frankfurt 1979; Kernberg, O. F.: Objektbeziehungen und Praxis der Psychoanalyse. Stuttgart 1981; Lacan, J.: Das Spiegelstadium als Bildner der Ichfunktion wie sie uns in der psychoanalytischen Erfahrung erscheint. In: Lacan, J.: Schriften 1. Frankfurt 1979; Mahler, M. u.a.: Die psychische Geburt des Menschen. Symbiose und Individuation. Frankfurt 1978; Gruneberger, B.: Vom Narzißmus zum Objekt. Frankfurt 1977

9 Chasseguet-Smirgel spitzt zu: „Mensch sein, das ist zweifellos und vor allem die Sehnsucht nach der alten Vollkommenheit. Der Mensch ist somit ein krankes Tier auf der Suche nach der verlorenen Zeit, in der ‚er selbst sein eigenes Ideal' war." (Chasseguet-Smirgel, J.: Das Ichideal. Psychoanalytischer Essay über die ‚Krankheit der Idealität'. Frankfurt 1981, S. 15)

10 Allerdings macht bereits Freud darauf aufmerksam, daß dies kein einsamer Vorgang beim Kind ist, sondern der Prozeß des Zerbrechens der ersten narzißtischen Selbstform und die daran ansetzenden Prozesse der Selbstidealbildung sind immer schon sozialisatorisch-interaktiv vermittelt, insbesondere durch die Ambitionen und Ansprüche der Eltern: „Das Kind soll es besser haben als seine Eltern, es soll den Notwendigkeiten, die man als im Leben herrschend erkannt hat, nicht unterworfen sein. Krankheit, Tod, Verzicht auf Genuß, Einschränkung des eigenen Willens sollen für das Kind nicht gelten, die Gesetze der Natur wie der Gesellschaft vor ihm haltmachen, es soll wirklich wieder Mittelpunkt und Kern der Schöpfung sein. His Majesty the Baby, wie man sich einst selbst dünkte. Es soll die unausgeführten Wunschträume der Eltern erfüllen, ein großer Mann und Held werden an Stelle des Vaters, einen Prinzen zum Gemahl bekommen zur späten Entschädigung der Mutter. Der heikelste Punkt des narzißtischen Systems, die von der Realität hart bedrängte Unsterblichkeit des Ichs, hat ihre Sicherung in der Zuflucht zum Kinde gewonnen. Die rührende, im Grunde so kindliche Elternliebe ist nichts anderes als der wiedergeborene Narzißmus der Eltern, der in seiner Umwandlung zur Objektliebe sein einstiges Wesen unverkennbar offenbart." (Freud, S.: Zur Einführung des Narzißmus. In: Sigmund Freud. Studienausgabe. Band III. Frankfurt 1975, S. 57f.)

12 Vgl. Schmidbauer, W.: Die Ohnmacht des Helden. Reinbek 1980

13 Vgl. hierzu etwa Bietau, A./Breyvogel, W./Helsper, W.: Zur Selbstkrise Jugendlicher zwischen Schule und Subkultur. In: Zeitschrift für Pädagogik, Heft 3, 1981, S. 339–362; Dies.: Subjektive Verarbeitung schulischer Anforderungen und Selbstkrisen Jugendlicher – Schülerfallstudien und deren vergleichende Interpretation, Essen 1983; Helsper, W./Bietau, A.: Zur Dynamik von Macht und Ohnmacht im Jugendalter. In: Psychologie und Gesellschaftskritik, Heft 1/2, 1984, S. 18–50

14 Vgl. Helsper, W.: Jugendliche Gegenkultur und schulisch-bürokratische Rationalität – Zur Ambivalenz von Informalisierungs- und Individualisierungsprozessen. In: Breyvogel, W. (Hrsg.): Pädagogische Jugendforschung. Opladen 1988 (im Erscheinen)

15 Vgl. Bietau, A. u.a.: Handlungsforschung – Ethnologie und die Radikalisierung der Subjektivität als Erkenntnismittel. Zwischenbericht des DFG-Projektes „Das Selbstbild Jugendlicher zwischen Schule und Subkultur". Essen 1982

16 Vgl. hierzu die Fallstudie: Helsper, W.: Vom Hippie zum Punk –

Selbstkrise und gegenkulturelle Lösungsversuche: Fallstudie Moritz, P. Essen 1987

17 Eine differenziertere und detailliertere Analyse dieser Verkehrungs- und Verkennungsprozesse unter der Dominanz des Imaginären als es hier möglich ist, findet sich in einer ausdifferenzierten Fallanalyse: Helsper, W.: Fallstudie Anne B.: „Jeder ist ein Individuum und am Ende allein" – Intensität, Entgrenzung und Kampf um Autonomie und Einzigartigkeit. Postmoderne Subjektrettung im Ausgang der Moderne. Essen 1987

18 Vgl. zu dieser Fallgeschichte auch: Helsper, W.: Jugendliche Motivationskrise und schulisches Lernen. In: Kremer, A./Stäudel, L. (Hrsg.): Praktisches Lernen im naturwissenschaftlichen Unterricht. Marburg 1987, S. 84–123

19 Vgl. zur Gottesähnlichkeit des Selbst unter dem Vorzeichen imaginärer Grandiosität etwa Gruneberger, B.: Vom Narzißmus zum Objekt. Frankfurt 1977 und Richter, H. E.: Der Gotteskomplex. Reinbek 1979

Udo Rauchfleisch: Die psychodynamische Bedeutung der Lebenslüge

Literatur:

Horney, K.: New Ways in Psychoanalysis. W. W. Norton, New York 1939.

Morgenthaler, F.: Homosexualität, Heterosexualität, Perversion. Fischer, Frankfurt/M. 1987.

Perrez, Th., Rauchfleisch, U.: Katamnestische Untersuchung über ambulante psychiatrische Behandlungen nach Art. 43 des Schweizer Strafgesetzbuches. Mschr. Krim. *68,* 19–28, 1985.

Rauchfleisch, U.: Dissozial. Entwicklung, Struktur und Psychodynamik dissozialer Persönlichkeiten. Vandenhoeck & Ruprecht, Göttingen 1981.

Rauchfleisch, U.: Die ambulante psychiatrische Behandlung nach StrGB Art. 43 im Urteil von Richtern und Psychotherapeuten. Schweiz. Z. Strafrecht *102,* 176–191, 1985.

Rauchfleisch, U.: Psychoanalyse und theologische Ethik. Universitätsverlag Freiburg i. Ue./Herder, Freiburg, Br. 1986.

Stoller, R. J.: The Transsexual Experiment. Hogarth Press, London 1975.

Winnicott, D. W.: Ego Distortion in Terms of True and False Self. 1960. In: The Maturational Process and the Facilitating Environment. Hogarth Press, London 1965.

Christa Hartmann/Ursula Hellert: Die Förderung besonders begabter Mädchen und Jungen durch die Schule

Literatur

Eichholz, B.: 1987. In: Weinert, F. E. u. Wagner, H. (Hrsg.): Die Förderung Hochbegabter in der Bundesrepublik Deutschland: Probleme, Positionen, Perspektiven. Verlag K. H. Bock. Bad Honnef.

Fend, H. u.a.: 1976. Sozialisationseffekte der Schule. Beltz-Verlag. Weinheim.

Hagemann-White, C.: 1984. Sozialisation: Weiblich – männlich? Leske & Budrich. Opladen.

Horstkemper, M.: 1987. Schule, Geschlecht und Selbstvertrauen. Juventa-Verlag. Weinheim.

Urban, K. K.: 1982. Hochbegabte Kinder. G. Schmidele Verlag. Heidelberg.

Peter Uhlenberg/David Eggebeen: Die absinkende Lebensqualität amerikanischer Jugendlicher

1 Original in: Public Interest, No 82 (Winter, 1986) S. 25–38. Übersetzt mit freundlicher Genehmigung des Verlags. © National Affairs Inc., 1986. Übersetzt von Donata Elschenbroich.

Monika Oubaid: Das Mutter-Dilemma

Literatur

1 Badinter, E.: Die Mutterliebe. Geschichte eines Gefühls vom 17. Jahrhundert bis heute, München 1982

2 Freud, S.: Das Unbehagen in der Kultur. Gesammelte Werke. Bd. IV, S. 490. Fußnote
3 Richter, H. E.: Eltern, Kind, Neurose. Psychoanalyse der kindlichen Rolle, Stuttgart 1972[3]
4 Spitz, R.: Vom Säugling zum Kleinkind. Naturgeschichte der Mutter-Kind-Beziehung in den ersten Lebensjahren. Stuttgart 1969[2]
Bowlby, J.: Mütterliche Zuwendung und geistige Gesundheit, München 1973
5 Oubaid, M.: Erziehung und Hausarbeit – oder warum Erziehungswissenschaftler immer wieder an den grundlegenden Problemen vorbeigehen, in: Schlüter, A., A. Kuhn: Lila Schwarzbuch. Zur Diskriminierung der Frau in der Wissenschaft, Düsseldorf 1986
6 Ortmann, H.: Plädoyer für eine feministische Lebenswissenschaft, in: Zeitschrift für Pädagogik, 19. Beiheft. Weinheim 1985
7 Degen, R.: Immer sind die Mütter schuld, in: *Psychologie heute* 1/1986
8 Metz-Göckel, S., U. Müller: Der Mann. Die Brigitte-Studie. Weinheim 1986
9 Meier, M., Oubaid, M.: Mütter – die besseren Frauen. Über den Zusammenhang von § 218 und Hausarbeit. Braunschweig 1987

Annemarie Bauer:
Märchenkinder – Kindermärchen

Folgende Märchen der Brüder Grimm aus der von ihnen durchgesehenen Auflage von 1859 sind in die Analyse eingegangen:

Nr. 1: Der Froschkönig oder der eiserne Heinrich
Nr. 3: Marienkind
Nr. 5: Der Wolf und die sieben jungen Geißlein
Nr. 6: Der treue Johannes
Nr. 9: Die zwölf Brüder
Nr. 11: Brüderchen und Schwesterchen
Nr. 12: Rapunzel
Nr. 13: Die drei Männlein im Walde
Nr. 14: Die drei Spinnerinnen
Nr. 15: Hänsel und Gretel
Nr. 21: Aschenputtel
Nr. 24: Frau Holle
Nr. 25: Die sieben Raben

Nr. 26: Rotkäppchen
Nr. 29: Der Teufel mit den drei goldenen Haaren
Nr. 31: Das Mädchen ohne Hände
Nr. 36: Tischchen deck dich, Goldesel und Knüppel aus dem Sack
Nr. 37: Daumesdick
Nr. 45: Daumerlings Wanderschaft
Nr. 47: Von dem Machandelboom
Nr. 49: Die sechs Schwäne
Nr. 50: Dornröschen
Nr. 51: Fundevogel
Nr. 52: König Drosselbart
Nr. 53: Schneewittchen
Nr. 55: Rumpelstilzchen
Nr. 65: Allerleirauh
Nr. 76: Die Nelke
Nr. 78: Der alte Großvater und der Enkel
Nr. 85: Die Goldkinder
Nr. 92: Der König vom goldenen Berg
Nr. 97: Das Wasser des Lebens
Nr. 105: Märchen von der Unke
Nr. 109: Das Totenhemdchen
Nr. 117: Das eigensinnige Kind
Nr. 124: Die drei Brüder
Nr. 130: Einäuglein, Zweiäuglein und Dreiäuglein
Nr. 133: Die zertanzten Schuhe
Nr. 135: Die weiße und die schwarze Braut
Nr. 136: Der Eisenhans
Nr. 141: Lämmchen und Fischchen
Nr. 144: Das Eselein
Nr. 145: Der undankbare Sohn
Nr. 153: Die Sterntaler
Nr. 154: Der gestohlene Heller
Nr. 161: Schneeweißchen und Rosenrot
Nr. 166: Der starke Hans
Nr. 180: Die ungleichen Kinder Evas
Nr. 185: Der arme Junge im Grab
Nr. 186: Die wahre Braut

Anmerkungen

1 Grummes, U.: Die Bedeutung des Märchens für die Psychoanalyse. In: Psychologie des 20. Jahrhunderts: Freud und die Folgen. München 1976, S. 578.
2 Grummes a. a. O., S. 579.
3 Rosenkötter, R. M.: Das Märchen – eine vorwissenschaftliche Entwicklungspsychologie. Psyche 34/1980, S. 169.
4 Rosenkötter a. a. O., S. 183.
5 Wesselski, A.: Versuch einer Theorie des Märchens. Reichenberg i. B., 1931, S. 107.
6 Wesselski a. a. O., S. 126.
7 Gmelin, O. F.: Böses kommt aus Kinderbüchern. München 1972, S. 25.
8 Röhrich, L.: Märchen und Wirklichkeit. Wiesbaden 1964, S. 155.
9 Röhrich ebda.
10 Röhrich a. a. O., S. 162.
11 Röhrich a. a. O., S. 165.
12 Richter, D., Merkel, J.: Märchen, Phantasie und soziales Lernen. Berlin 1974, S. 81.
13 Röhrich a. a. O., S. 171–2.
14 Mitterauer, M.: Der Mythos von der vorindustriellen Großfamilie. In: Rosenbaum, H. (Hrsg.), Familie und Gesellschaftsstruktur. Frankfurt 1978, S. 139ff.
15 Rosenbaum, H.: Formen der Familie. Frankfurt 1982, S. 65.
16 a. a. O., S. 142.
17 a. a. O., S. 352ff.
18 Imhof, A. E.: Die gewonnenen Jahre. Von der Zunahme unserer Lebensspanne seit 300 Jahren oder von der Notwendigkeit einer neuen Einstellung zu Leben und Sterben. München 1981, S. 46.
19 Lüthi, M.: Volksliteratur und Hochliteratur. Menschenbild, Thematik, Formstreben. Bern, München 1970, S. 67.
20 Rosenbaum a. a. O., S. 263.
21 In einigen Märchen haben wir die Beziehung von Vater und Mutter zu ihren Kindern unterschiedlich bewertet, was n=53 erklärt.
22 Lüthi a. a. O., S. 63.
23 Badinter, E.: Die Mutterliebe. Geschichte eines Gefühls vom 17. Jahrhundert bis heute. München 1981.
Shorter, E.: Die Geburt der modernen Familie. Reinbek 1977.
24 DeMause, L.: Hört ihr die Kinder weinen. Frankfurt 1980, S. 15.
25 Imhof a. a. O., S. 44.

26 Rosenbaum a. a. O., S. 101.
27 Lincke, W.: Das Stiefmuttermotiv in Märchen der Germanischen Völker. Germanische Studien Heft 142. Berlin 1933, S. 22–25.
28 Lincke a. a. O., S. 27–28.
29 Rosenbaum a. a. O., S. 69–70.
30 DeMause a. a. O., S. 59.
31 Langer, W. L.: Vorwort. In: DeMause a. a. O., S. 8.
32 Imhof a. a. O., S. 50.
33 Imhof a. a. O., S. 52.
34 Brüder Grimm, zitiert nach: Gerstl, Qu.: Die Brüder Grimm als Erzieher. München 1964, S. 29
35 ebda.
* Eigentlich gehörte dieser Artikel meiner Schwester Ulrike gewidmet, die mich, als sie klein und ich etwas älter war, nun, sagen wir: anstrengte mit ihrem Vorlesehunger nach Märchen. Anstelle davon danke ich ihr für ihre Hilfe beim ersten Strukturieren und letzten Korrigieren des „Märchenartikels“.

Anschriften der Autoren

Bauer, Annemarie, Dr.
Hauptstraße 133
6900 Heidelberg

Goerdeler, Carl D.
c/o HSFK
Leimenrode 29
6000 Frankfurt 1

Hartmann, Christa, Dipl. Psych
Hellert, Ursula, Stellv. Schulleiterin
c/o Jugenddorf-Christophorusschule Braunschweig
Georg-Westermann-Allee 76
3300 Braunschweig

Helsper, Werner
Fichtestr. 18
6000 Frankfurt 1

Hilgendorf, Erwin
c/o Pädagogisches Zentrum
Uhlandstraße 97
1000 Berlin 31

Lützenkirchen, Willy
Kaisersescher Str. 16
5000 Köln 41

Müller, Hermann, Prof. Dr.
Leipziger Straße 26
6452 Hainburg 2

Oubaid, Monika, Dr. phil.
Lange Straße 25
4800 Bielefeld 1

Rauchfleisch, Udo, Prof. Dr.
c/o Kantonsspital
Petersgraben 4
CH-4031 Basel

Springer, Anne, Dipl. Psych.
Psychoanalytikerin
Hundekehlstraße 11
1000 Berlin 33

Uhlenberg, Peter
Eggebeen, David
c/o HSFK
Leimenrode 29
6000 Frankfurt 1